Buch

Guter Rat ist oft teuer – und vor allem schwer zu finden. Christian Ankowitsch schafft endlich Abhilfe. Erstmals hat er das ratgeberische Weltwissen aus zwei Jahrtausenden gesichtet und das Wichtigste, Eigentümlichste und Überraschendste in einem Buch zusammengefaßt. Das Kleine Universal-Handbuch versammelt all die genialen Lösungen, kleinen Kniffe, praktischen Tipps und entwaffnenden Lebensweisheiten, die bisher weit verteilt und versteckt waren – etwa in Ratgebern für die Hausfrau, in Computerfachblättern, in Goethes »Faust«, in Bedienungsanleitungen für Nähmaschinen und in viktorianischen Benimmbüchern.

Autor

Christian Ankowitsch wurde 1959 in Klosterneuburg bei Wien geboren. Der promovierte Kunsthistoriker war von 1993 bis 2001 Redakteur der Wochenzeitung »Die ZEIT«. Heute lebt Ankowitsch als Journalist und Buchautor mit seiner Familie in Berlin.

Im Goldmann Verlag ist von Christian Ankowitsch außerdem erschienen:

Dr. Ankowitschs Kleines Konversationslexikon (15381)

Christian
Ankowitsch

Dr. Ankowitschs Kleines Universal-Handbuch

Unter Mitarbeit von Elisabeth Gronau

Gestaltet von Cosima Schneider

GOLDMANN

FÜR BETTINA

Umwelthinweis:
Alle bedruckten Materialien dieses Taschenbuches
sind chlorfrei und umweltschonend

1. Auflage
Vollständige Taschenbuchausgabe April 2007
Wilhelm Goldmann Verlag, München,
in der Verlagsgruppe Random House GmbH

Umschlaggestaltung: Design Team München
unter Verwendung der Original-Axt der Eichborn-Ausgabe
(Zeichnung von Andreas Karner)
Lektorat: Oliver Thomas Domzalski
Gestaltung des Innenteils: Cosima Schneider
KF · Herstellung: Str.
Druck und Bindung: Clausen & Bosse, Leck
Printed in Germany
ISBN: 978-3-442-15413-5

www.goldmann-verlag.de

So schreiben Sie das Vorwort zu einem kleinen Universal-Handbuch

Eines der wunderbarsten Bücher aus der Kindheit des Autors ist das »schlaue Buch« von Tick, Trick und Track – jener Ratgeber also, in dem die Neffen von Donald Duck immer die richtige Antwort finden: Ob es um das Entfachen eines Lagerfeuers ohne Streichhölzer, die Bestimmung eines altpersischen Trötenhirsches oder die Entschlüsselung einer bislang unbekannten Geheimsprache geht – das Bändchen der Pfadfindergruppe »Fähnlein Fieselschweif« weiß Rat. Kein Wunder, soll es doch die Quintessenz der Bibliothek von Alexandria sein.
Dieser Ratgeber hat lediglich einen Nachteil: Es gibt ihn nur in den Geschichten über die Familie Duck. Das konnte den Autor dieses Büchleins freilich nicht davon abbringen, ihn so intensiv herbeizuwünschen, daß er sich eines Tages an die Arbeit machte, um ein geistesverwandtes Werk zu schreiben. Er wollte alles Nützliche, das über die Welt, die Zeiten und die Köpfe der Menschen verteilt ist, in einem handlichen Bändchen versammeln – wohl wissend, daß er das bewunderte Original der Ducks nie würde erreichen können.

So liegt es denn vor Ihnen, geschätzte Leserin, geschätzter Leser, **Dr. Ankowitschs Kleines Universal-Handbuch.** Es versammelt Ratschläge und Handreichungen aus den verschiedensten Sachgebieten, um Ihnen in den Fährnissen Ihres Lebens ein wenig beizustehen: bei der Begegnung mit einer Sphinx, beim Verlust eines Knopfes, den es wieder anzunähen gilt, in den Momenten, da Sie einen Pop-Hit schreiben wollen, sich aus einem versinkenden Auto retten müssen, einen Kritiker zu beleidigen gedenken, mit einem Abendessen imponieren sollen oder einen Buchsbaum beschneiden müssen.

Weil das Leben nicht geordnet, sondern nach dem Prinzip der Abschweifung und des Zufalls verläuft, finden Sie die Ratschläge nach eben diesem Prinzip geordnet: Literarisches neben Trivialem, Essentielles neben Kindlichem, Wichtiges neben Beiläufigem* – ganz so, wie das der Autor bereits in seinem **Kleinen Konversations-Lexikon** verwirklicht hat, das im Jahre 2004 im nämlichen Verlag erschienen ist.

Möge Ihnen dieses Büchlein ein verlässlicher Freund und Ratgeber werden. Das wünscht sich von Herzen

Ihr

Wählen Sie einen persönlichen Beginn, der Ihr Buch als das erscheinen läßt, was es ist: als Herzensangelegenheit und als gelegentliche Nervensäge.

Bleiben Sie realistisch und räumen Sie ein, daß Ihr Werk dem anvisierten Vorbild nur bedingt gerecht werden kann. Das läßt Sie im Lichte Ihrer Bescheidenheit erstrahlen und mindert überzogene Erwartungen.

Dann erzählen Sie den Lesern am besten, was Sie sich bei Ihrem Buch so gedacht haben. Wenn es Ihnen erst während des Aufschreibens einfällt, ist das auch nicht weiter schlimm, denn oft macht man etwas und wird sich erst hinterher darüber klar, womit man sich da die ganze Zeit beschäftigt hat.

Fügen Sie Ihrem Vorwort ein Bild bei, das Ihnen gefällt – selbst dann, wenn es sich um einen Uroboros aus dem Jahr 1735 von Abraham Eleazar handelt, also das Symbol für die Unendlichkeit.

Dankadressen und technische Hinweise hingegen gehören ans Ende des Buchs und zwar in Form eines Nachworts (siehe Seite 170).

* Allen, die gezielt nach Hilfreichem suchen, sei der umfangreiche Index ab Seite 171 empfohlen.

Bedenken Sie das Ende

Der spanische Schriftsteller und Philosoph BALTHASAR GRACIÁN (geb. 1601) wirkte im deutschen Sprachraum vor allem auf Arthur Schopenhauer, der die definitive deutsche Übersetzung der 300 Aphorismen anfertigte, die 1647 als »Handorakel« erschienen waren. Seinem Wunsch, es zu verlegen, kam Schopenhauers Verlag Brockhaus nicht nach, weil sein Werk »Die Welt als Wille und Vorstellung« unverkäuflich im Leipziger Verlagshaus lag. Erst 1862, zwei Jahre nach Schopenhauers Tod, erschien »sein« Handorakel – und wurde ein Welterfolg.

Balthasar Graciáns Aphorismus Nummer 59 ist mit dem Titel »Das Ende bedenken« überschrieben. Er gibt den lebensnotwendigen Rat, sich weniger um den Beginn einer Sache zu bekümmern als um deren glückliches Ende.

»Wenn man in das Haus des Glücks durch die Pforte des Jubels eintritt, so wird man durch die des Wehklagens wieder heraustreten, und umgekehrt. Daher soll man auf das Ende bedacht sein, und seine Sorgfalt mehr auf ein glückliches Abgehn als auf den Beifall beim Auftreten richten. Es ist das gewöhnliche Los der Unglückskinder, einen gar fröhlichen Anfang, aber ein sehr tragisches Ende zu erleben. Das so gemeine Beifallsklatschen beim Auftreten ist nicht die Hauptsache, allen wird es zuteil; sondern das allgemeine Gefühl, das sich bei unserm Abtreten äußert. Denn die Zurückgewünschten sind selten, wenige geleitet das Glück bis an die Schwelle: so höflich es gegen die Ankommenden zu sein pflegt, so schnöde gegen die Abgehenden.«

Ein sicheres System zur Bewertung eines Weines

Es existieren verschiedene Systeme, mit deren Hilfe die Qualität von Wein allgemein nachvollziehbar dargestellt werden soll. Dieser Vielfalt hat HUGH JOHNSON, Herausgeber des am weitesten verbreiteten Weinführers der Welt (Hallwag Verlag), ein eigenes System hinzugefügt. Es leitet seine Kategorien davon ab, wie man auf einen Wein reagiert.

einmaliges Schnuppern	geringste Wertung
einmaliges Nippen	nächste Stufe
zweimal nippen	schwaches Interesse (oder Ungläubigkeit)
ein halbes Glas	leichte Zweifel
ein ganzes Glas	beifällige Zustimmung
zwei Gläser	Sie mögen den Wein (oder es gibt nichts anderes zu trinken)
drei Gläser	Sie finden ihn mehr als annehmbar
vier Gläser	Er macht sie echt an.
eine Flasche	Er ist voll und ganz nach Ihrem Geschmack.
zwei Flaschen	Eindeutig die Daumen nach oben.
eine ganze Kiste	Von diesem Wein wollen Sie sich keinen Tropfen entgehen lassen.
Kauf des ganzen Weinbergs	Höchstwertung des Johnson-Systems

So verwenden Sie Eßstäbchen

1. Beide Stäbchen weit am oberen Ende halten – sonst entsteht der Eindruck, Sie berühren mit der Hand das Essen. Unteres Stäbchen stabil zwischen Daumen und Ringfinger einklemmen.

2. Oberes Stäbchen mit Daumen, Zeigefinger und Mittelfinger beweglich halten (ähnlich wie einen Stift).

3. Speisen durch Bewegung des oberen Stäbchens fassen und zum Mund führen.

Den meisten ist der Gebrauch von Eßstäbchen vertraut. Gleichwohl erscheint es sinnvoll, sich die Technik aus berufenem Munde nochmals erklären zu lassen – samt einiger Ratschläge, die den weiteren Gebrauch der Eßstäbchen betreffen. Die nebenstehenden Hinweise stammen vom JAPANISCHEN GENERALKONSULAT in Hamburg.

Einige weitere Hinweise zum richtigen Gebrauch (japanischer) Eßstäbchen:

NICHT KREISEN

⌽ Stehen viele Speisen vor Ihnen, die Stäbchen keinesfalls über dem Essen kreisen lassen, während Sie Ihre Wahl treffen, sondern die Stäbchen auf das Stäbchenbänkchen legen – mit den Spitzen nach links zeigend.

NICHT STECKEN

⌽ Stäbchen nicht ins Essen stecken, besonders nicht in eine Schale mit Reis. Auf diese Weise wird der Reis – lt. buddhistischer Tradition – nur den Verstorbenen dargeboten.

NICHT JONGLIEREN

⌽ Beim Austausch von Kostproben mit den Tischgenossen Speisen nicht von Stäbchen zu Stäbchen weiterreichen.

SCHLÜRFEN

⌽ Gibt es Suppe – Schale zum Mund führen, trinken. Nur die Einlage (Nudeln) mit den Stäbchen essen. Sowohl beim Trinken der Suppe als auch beim Essen der Nudeln ist Schlürfen expliziter Bestandteil japanischer Eßgewohnheiten.

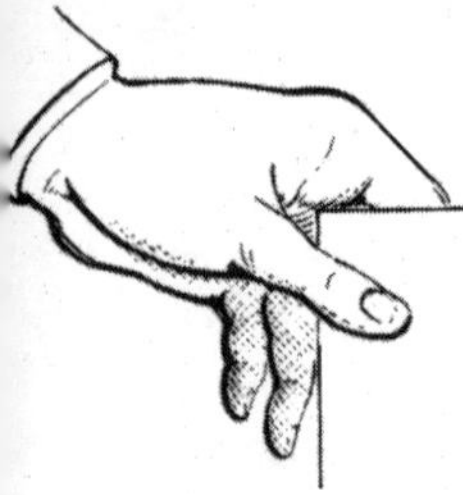

Einige neutestamentliche Ratschläge

Im Neuen Testament findet sich eine große Zahl von mitunter sehr beherzigenswerten Ratschlägen, so zum Beispiel im Evangelium nach Matthäus.

»Selig sind die Sanftmütigen; denn sie werden das Erdreich besitzen.« Matthäus 5,5

»Eure Rede aber sei: Ja, ja; nein, nein. Was darüber ist, das ist vom Übel.« Matthäus 5,37

»Wenn dich jemand auf deine rechte Backe schlägt, dem biete die andere auch dar.« Matthäus 5,39

»Liebt eure Feinde und bittet für die, die euch verfolgen, damit ihr Kinder seid eures Vaters im Himmel.« Matthäus 5,44–45

»Bittet, so wird euch gegeben; suchet, so werdet ihr finden; klopfet an, so wird euch aufgetan.« Lukas 11,9–12

»Seht euch vor vor den falschen Propheten … An ihren Früchten sollt ihr sie erkennen.« Matthäus 7,15-17

»Ihr sollt das Heilige nicht den Hunden geben, und eure Perlen sollt ihr nicht vor die Säue werfen.« Matthäus 7,6

»Alles nun, was ihr wollt, daß euch die Leute tun sollen, das tut ihnen auch!« Matthäus 7,12

»Aber sogleich redete Jesus mit ihnen und sprach: Seid getrost, ich bin's; fürchtet euch nicht!« Matthäus 14,27

Erweitern Sie Ihren Wortschatz

In seinem Roman »Fräulein Smillas Gespür für Schnee« **zitiert** PETER HOEG **eine Reihe grönländischer Ausdrücke für Schnee und Eis, die die Inuit verwenden. Eine animierende Vielfalt.**

qanik	–	feinkörniger Pulverschnee
frazil	–	Eis
pirhuk	–	leichter Schnee
kangirluarhuq	–	Blöcke aus Süßwassereis
hiku	–	Festeis
hikuaq	–	Eisscholle
puktaaq	–	Eisscholle
ivuniq	–	Eisplatten (Eisstau)
maniilaq	–	Eisbuckel
apuhiniq	–	Schnee, der durch den Wind zu harten Barrikaden komprimiert wurde
agiuppiniq	–	Schneefahnen
sikussaq	–	altes schwarzes Eis, das sich in geschützten Fjorden gebildet hat
névé	–	drei Jahre alter Schnee
hikuliaq	–	Neueis

Hilfe bei kaputten Scheibenwischern

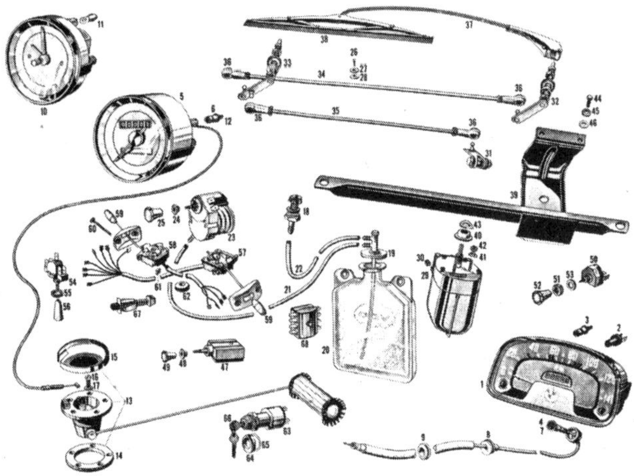

Sollte Ihnen bei Regen der Scheibenwischer des Autos ausfallen, hilft Ihnen eine Flasche Coca-Cola, die Fahrt bis zu einer Werkstatt zu überbrücken: Gießen Sie etwas von der Limonade über die Windschutzscheibe – sie läßt den Regen eine Zeit lang abperlen.
Nebenstehend die Scheibenwischanlage der legendären Isetta von BMW.
Quelle: www.isetta-online.de

Die Reinigung selten verwendeter Gegenstände und Materialien

Reiherfedern: Die Federn auf einen Tisch oder ein Brett legen, mit gewöhnlicher Seife vorsichtig darüberstreichen, anschließend mit einem reinen Schwamm in Richtung der Federspitzen waschen; in reinem Wasser spülen und über dem Ofen zum Trocknen aufhängen.
Panama- und Strohhüte, weiße: 5 Kaffeelöffel Weinsteinsäure in 0,5 Liter Wasser auflösen; sauberen Lappen befeuchten und Geflecht nach und nach abreiben.
Federboa: Naß gewordene Federboas lassen sich wieder kräuseln, indem man sie sachte und gründlich mit Kochsalz einreibt; vor dem Feuer schütteln, bis sie wieder trocken ist.
Glacéhandschuhe: Schwarze G. frischt man auf, indem man einige Tropfen Tinte in 1 Teelöffel Salatöl gibt; Handschuhe mit Pinsel oder Feder einreiben; in der Sonne trocknen lassen.
Ölflaschen: Gewöhnliches Löschpapier zu Kügelchen formen, mit Wasser befeuchten und mit Salz bestreuen; in die Flasche geben, kaltes Wasser eingießen, tüchtig schütteln, Flasche entleeren, mit warmem Wasser nachspülen.

Die nebenstehenden Hinweise sind dem Heftchen »Der praktische Ratgeber für Alle – Ein Sammelwerk höchsten Wertes! Für Jedermann unentbehrlich!«, H. Rabsilber Verlag (o.J.) entnommen.
Es empfiehlt sich, die Tips zumindest einmal durchzulesen, um sich gegebenenfalls dunkel daran zu erinnern.

So schreiben Sie gelungene Aufsätze

In seiner Biographie »Der junge Lenin« (Molden, Wien, 1969) schildert **Leo Trotzki,** wie dieser Aufsätze schrieb. Wenn man Zutrauen zum späteren Führer der russischen Revolution und zu seinem Biographen hat, kann man daraus eine kleine Handreichung für das Verfassen gelungener Aufsätze ableiten.

Keine Phrasen

Rechtzeitig zu schreiben beginnen

Nur schreiben, was nötig und wichtig ist

Möglichst harten Bleistift benutzen

Scharf zuspitzen

Grundstruktur des Textes vorab festlegen

Hinweise & Zitate festlegen und numerieren

Einleitung & Schluß vorab entwerfen

Mit Sorgfalt ins Reine schreiben

Eine Fünf bekommen

Lenin »hatte keinerlei Sympathie für Phrasen. [...] Wenn er sich hinsetzte, um einen Aufsatz zu schreiben – nicht in der letzten Minute, sondern beizeiten –, dann wußte er schon im vorhinein, daß er alles sagen wird, was nötig ist und wie es nötig ist. Er nahm einen möglichst harten Bleistift und spitzte ihn scharf zu, damit die Buchstaben dünn und gedrängt aufs Papier kamen, er entwarf zunächst einen Plan, um von vornherein eine vollständige Entwicklung seiner Gedanken sicherzustellen. Rund um das entworfene Schema gruppierten sich dann die Hinweise und Zitate, nicht nur aus den Schulbüchern, sondern auch aus anderen Büchern. Wenn die Vorbereitungsarbeiten fertig, die Quellenhinweise numeriert, Einleitung und Schluß entworfen waren, dann ging die Niederschrift des Aufsatzes fast von selbst. Er mußte dann nurmehr mit aller Sorgfalt ins Reine geschrieben werden. Der Literaturlehrer Kerenskij – er war auch Direktor des Gymnasiums – schätzte diesen kräftigen, rotblonden Schriftsteller sehr, stellte seine schriftlichen Arbeiten den anderen als Beispiel hin und belohnte ihn mit der besten Note: Fünf plus.«

Höhere kindliche Mathematik

Bevor Kinder in der Schule mit klassischem Mathematikunterricht konfrontiert werden, haben sie schon einige Lektionen hinter sich. Sollten die Tage Ihrer Kindheit zu lange her sein oder Sie in einer Waldorfschule groß geworden sein, hier vier Abzählreime zur freundlichen Weitergabe an Ihre Kinder – inkl. eines politisch nicht korrekten Bonustracks.

1 – 3

Eins, zwei, drei,
Butter an den Brei,
Salz auf den Speck,
und du mußt weg.

1 – 5

Eins, zwei, drei, vier, fünf,
der Storch hat keine Strümpf,
der Frosch hat kein Haus,
und du mußt raus!

1 – 7

Eins, zwei, drei, vier, fünf, sechs, sieben,
eine alte Frau schneid't Rüben,
eine alte Frau schneid't Speck,
und du bist weg.

1 – 10

Eins zwei, Polizei,
drei vier, Offizier
fünf sechs, alte Hex,
sieben acht, gute Nacht
neun zehn, du mußt geh'n.

Bonustrack

Little Joe
hockt auf'm Klo,
hat den Finger im Popo,
kriegt ihn nicht mehr raus,
und du bist aus.

So reduzieren Sie den Kohlensäuregehalt eines Getränks

Wenn Sie vor einem Glas eines Getränks sitzen, das zuviel Kohlensäure (H_2CO_3) enthält, streuen Sie eine winzige Prise Salz (NaCl) hinein – und schon beginnt es zu sprudeln, was darauf hinweist, daß ein wesentlicher Teil der Kohlensäure entweicht.*

* Der Grund für dieses Phänomen ist ein chemischer Prozeß, den man freilich nicht kennen muß, um den Rat erfolgreich anzuwenden. Für alle, die Genaueres wissen wollen: Die weiterführenden Stichwörter heißen »Ionen« und »Löslichkeitsprodukt«.

Die Grundaufstellung des Backgammon

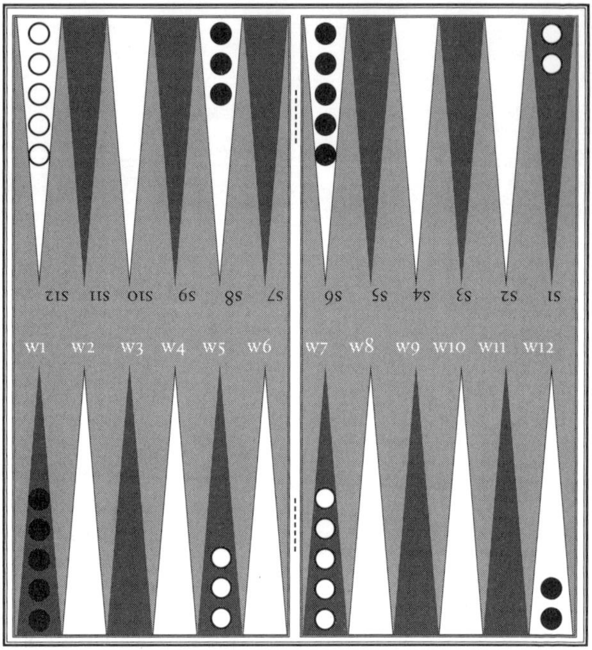

Backgammon ist eines der ältesten Brettspiele.

Das Homeboard von Weiß befindet sich rechts unten (w7–w12), jenes von Schwarz rechts oben (s6–s1).

Die 15 schwarzen und weißen Steine befinden sich in der Grundaufstellung auf den Dreiecken (»Points«) wie dargestellt.

Zwei Würfel · Ziel des Spiels · Schlagen · Pasch

Die Grundregeln sind einfach, das Spiel selber gestaltet sich komplex. Es wird mit zwei Würfeln gewürfelt; gemäß der Augenzahl kann der Spieler entweder einen Stein ziehen (die gewürfelten Zahlen addieren) oder je einen Stein pro gewürfelter Zahl. Ziel ist es, als erster alle 15 eigenen Steine vom Feld zu entfernen. Dazu muß man erst alle seine Steine ins Homeboard bewegen, dann kann man mit dem Aussteigen beginnen. Wenn ein einsamer Stein auf einem Feld steht, kann er vom Gegner geschlagen werden; sobald zwei Steine gleicher Farbe auf einem Feld stehen, kann der Gegner es nicht mehr besetzen. Würfelt man einen Pasch (zwei gleiche Zahlen), kann man das Doppelte der angezeigten Zahl ziehen (2 x 2 gewürfelt = 8 Felder ziehen).

So vermeiden Sie es, zu ertrinken

Wer in offenen Gewässern, vor allem aber im Meer badet, sollte sich ein wenig umsehen. Beispielsweise, ob irgendwo eine DLRG-Flagge gehisst wurde. Sie signalisiert nämlich: »Hier gibt es eine einsatzbereite Station der Deutschen Lebensrettungsgesellschaft, die Hilfe leisten kann.«

Weniger beruhigend ist ein anderes Zeichen: Wird am Strand ein roter Ball hochgezogen, so bedeutet das: Badeverbot für Nichtschwimmer. Sind es zwei rote Bälle: allgemeines Badeverbot.

Achten Sie auf den roten Ball

Wenn Sie als Schwimmer in Gefahr geraten, so empfiehlt Ihnen die DLRG, durch Winken mit beiden Armen oder durch lautes Rufen auf Ihre Notsituation aufmerksam zu machen. Es wird Ihnen geholfen werden.

Bei Gefahr: Rufen und Winken

Die Härtegrade und die Verwendung von Bleistiften

Man unterscheidet prinzipiell zwischen harten und weichen Bleistiften. Wie hart bzw. weich ein Bleistift schreibt, wird durch das Verhältnis bestimmt, in dem die Bestandteile Graphit und Ton, aus denen die Mine besteht, gemischt werden. Je mehr Graphit ein Bleistift enthält, desto weicher schreibt er (und umso leichter läßt er sich verwischen).

Die Härtegrade von Bleistiften werden grundsätzlich mit Hilfe von Buchstaben bezeichnet (sie stammen aus dem Englischen).

B	=	weich (»**b**lack«)
HB	=	mittelweich (»**h**ard-**b**lack«)
F	=	mittelhart (»**f**irm«)
H	=	hart (»**h**ard«)

Um die unterschiedlichen Grade der Weiche bzw. Härte eines Bleistifts anzugeben, werden den beiden Buchstaben **B** und **H** Zahlen vorangestellt; je höher die Zahl ist, desto weicher bzw. härter schreibt ein Bleistift. **9 B** ist also ein extrem weicher, **2 B** ein weicher, **2 H** ein härterer und **8 H** ein extrem harter Bleistift. In der Regel bewegen sich die Zahlen zwischen 2 und maximal 9.

Will man eine präzise Zeichnung anfertigen, so empfiehlt sich ein härterer Bleistift, zum Schreiben ein **HB**-Stift und für Schüler ein **2 B**.

H *zum Zeichnen*
HB *zum Schreiben*
2 B *für Schüler*

Die klassischen Mengeneinheiten, mit denen die Bleistiftindustrie bis heute rechnet, lauten:
1 Dutzend = 12 Stück und 1 Gros = 12 Dutzend, also 144 Stück.

Bewahren Sie die rechte Proportion

Eine besondere Proportionslehre schuf der Architekt, Maler, Bildhauer und Theoretiker LE CORBUSIER **in der ersten Häfte des 20. Jahrhunderts. Sie beruht auf der menschlichen Gestalt und dem goldenen Schnitt und soll dazu dienen, eine menschenwürdige Architektur zu schaffen.**

Die Proportionslehre von Le Corbusier basiert auf dem Modulor. Das sind zwei Maßzahlen-Reihen, die Rote (RR) und die Blaue Reihe (BR). Ihre Basis bietet ein 6 Fuß (183 cm) großer Mensch; von ihm leitete Le Corbusier zwei erste Zahlen ab – die Größe vom Scheitel bis zur Sohle (183 cm / RR) und mit erhobenen Armen (226 cm / BR) – und verdichtete sie in der Folge zu einem komplexen System auf der Basis der Fibonacci-Reihe. Seine Skizze eines Menschen zeigt an, welche menschlichen Maße die Zahlen der Roten bzw. Blauen Reihe angeben.

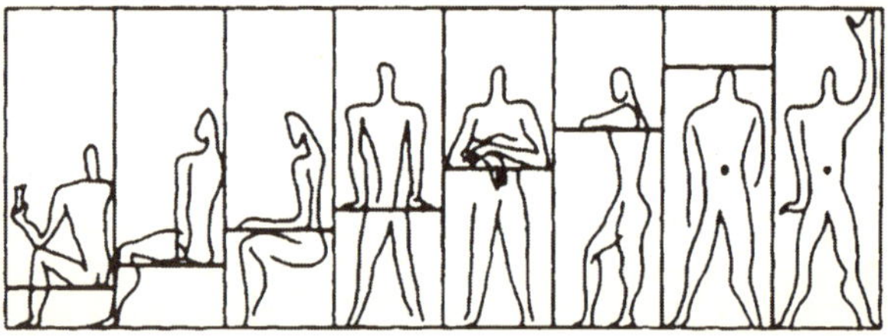

27 cm	43 cm	70 cm	86 cm	113 cm	140 cm	183 cm	226 cm
RR	RR	RR	BR	RR	BR	RR	BR

Die Guten bei Star Wars

Sollte Ihr Kind nach den Guten im sechsteiligen Film-Epos »Star Wars« von **George Lucas** fragen, dann verweisen Sie auf die Jedi-Ritter – die Mitglieder jenes Ordens also, die stets als Beschützer des freien Universums auftreten (bis auf eine unrühmliche Ausnahme).

Die Jedi-Ritter zeichnen sich durch hohe ethische Grundsätze und ebenso hohe Lichtschwert-Kampfeskünste aus. Sie haben ihr Hauptquartier in Coruscant, im Herzen der Galaxis, und wünschen einander stets »May the force be with you« bzw. »Möge die Macht mit dir sein«.

STASS ALLIE • DEPA BILLABA • BEAR CLAN • KYP DURRON • KIT FISTO • ADI GALLIA • CORRAN HORN • QUI-GON JINN • KYLE KATARN • OBI-WAN KENOBI • PLO KOON • EETH KOTH • KI-ADI-MUNDI • JOCASTA NU • BARRISS OFFEE • PABLO-JILL • EVEN PIELL • YARAEL POOF • ULIC QEL-DROMA • OPPO RANCISIS • AAYLA SECURA • LUKE SKYWALKER • BULTAR SWAN • SIRI TACHI • SHAAK TI • SAESEE TIIN • COLEMAN TREBOR • LUMINARA UNDULI • TRU VELD • MACE WINDU • YADDLE • YODA

Reaktionszeit

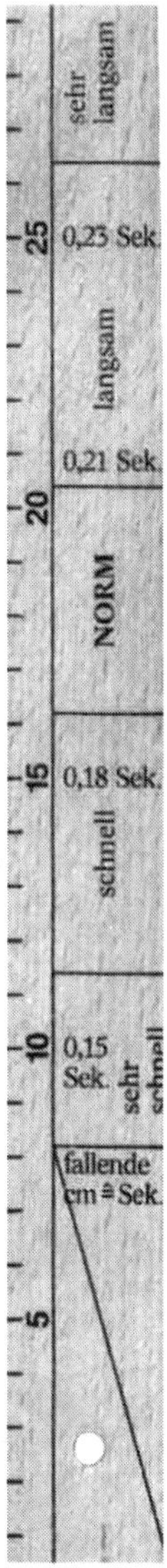

Um Ihre Reaktionszeit zu messen, bedienen Sie sich eines speziellen Lineals und bitten eine zweite Person, es an einer glatten Wand herabgleiten zu lassen. Die Stelle auf dem Lineal, an der Sie das Lineal mit Ihrem Daumen festhalten, gibt Aufschluß über Ihre Reaktionszeit.

Entwickelt wurde das Lineal von **Dr. H. von Kügelgen** nach langjährigen Versuchen. Sie erhalten es gegen einen kleinen Eurobetrag bei der Arbeitsgemeinschaft Deutscher Verkehrserzieher e.V. (www.advev.de) in Lahstedt inklusive einer genauen Gebrauchsanleitung .

So bauen und verwenden Sie eine Wünschelrute

Um Wasseradern zu finden, zieht man immer wieder Rutengeher zu Rate. Obwohl deutlich mehr als die Hälfte der Deutschen glaubt, daß man mittels einer Wünschelrute Wasseradern finden kann, gilt Rutengehen allgemein als Scharlatanerie. Einen Versuch ist es aber allemal wert.

Die Wünschelrute: Suchen Sie eine Astgabel, die zwei gleich starke Gabelzweige hat. Schneiden Sie den Ast ungefähr 3 bis 5 cm vor der Gabelung ab. Die Gabelzweige müssen so lang wie Ihre Unterarme sein. Legen Sie die Rute eine Zeit lang ins Wasser, um ihre Elastizität zu erhöhen.

Das Rutengehen: Vermeiden Sie schwere Nahrung, bevor Sie die Wünschelrute verwenden. Weitere Voraussetzungen sind eine gute körperliche und geistige Verfassung sowie konzentriertes Vorgehen.

Die Wünschelrute mit beiden Händen halten; dadurch wird sie ein Teil des Körpers, der auf Strahlung reagiert. Die Rute reagiert nicht erst direkt über einer Reizstelle mit einem Ausschlag, sondern bereits früher.

Beginnen Sie nach etwas Übung mit der Suche nach unterirdischen Wasserläufen. Gehen Sie langsam, so entspannt wie möglich, und beobachten Sie die Rutenspitze. Laufen Sie ein ausgewähltes Grundstück im Zickzack von Ost nach West und Süd nach Nord ab und markieren Sie die Reizstellen mit Pflöcken.

Während Sie beim Rutengehen die Rute waagerecht halten sollten, halten Sie sie bei der Richtungsbestimmung von Wasseradern senkrecht. Die Rutenspitze wird sich in die Richtung des Wasserflusses stellen.

Arabisch lernen mit Karl May

Der Roman »Durch die Wüste« (1892) von Karl May ist voll von arabischen Begriffen, Koransuren und Aussprüchen Allahs. Bereits auf den ersten 10 Seiten kann man nicht umhin, einiges zu lernen.

Sihdi	Herr
Giaur	Ungläubiger
Ikrâr bi'l=lisân	heiliges Zeugnis
Barsach	Zustand zwischen Tod und Auferstehung
Jôm al achir	der Jüngste Tag
el Achiret	das Ende
el Kurs	der Sessel Gottes
er Ruh	der Heilige Geist
el Lauh el mafus	die Tafel
el Kalâm	die Feder der göttlichen Vorherbestimmung
Dschennet	das Paradies
Hawus Kewser	großer Brunnen, aus dem alle Seligen trinken
Huri	Mädchen des Paradieses, wörtlich »Die Weißen«, Einzahl Haura
Israfil	Engel
el Tuba	der Baum der Glückseligkeit
el Halâk	der Abgrund des Verderbens
el Hisâb	die Musterung
el Kitâb	das Buch, in dem die guten und bösen Taten der Menschen verzeichnet stehen
en Nar	das ewige Feuer
Sakkum	Baum in der Hölle, auf dessen Zweigen Teufelsköpfe wachsen
Thabek	Strafengel
Dschehenna	die erste der sieben Abteilungen der Hölle, hier büßen die Muslime
Ladha	zweite Abteilung für Christen
Hothama	dritte Abteilung für Juden
Sair	vierte Abteilung für die Sabier
Sakâr	fünfte Abteilung für Magier und Feueranbeter
Gehin	sechste Abteilung für alle, die Götzen und Fetische verehren
Zaoviat oder Derk Asfal	siebente Abteilung für alle Heuchler
Bülbül	Nachtigall
Hadschi	Mekkapilger
Ben	Sohn
Wadi	Tal, trockenes Flußbett
Alîm	Gelehrter
Hammâr	Eseltreiber
Bilâd er Rum	Europa
Dschemel	Kamel
el Büdsch	Bartgeier
Maschallah!	Was Gott will!
Ibn Arab	Araber
Allah kerîm!	Gott ist gnädig!
Inglisi	Engländer
Nemsi	Österreicher oder Deutscher

Vier Punkte für ein besseres Leben abseits der Herde

TEX RUBINOWITZ ist **Zeichner, Musiker, Marathonläufer und Verfechter einer streng individualistischen Lebensführung. Er lebt in Wien und hat eine Reihe von Büchern veröffentlicht (zuletzt »*Auf der Uni gibt's Gratis-Rettich*«,** Falter Verlag). **Hier sein Vier-Punkte-Programm für ein besseres Leben, abseits der Herde.**

1. Niemals am Abend oder am Wochenende ins Kino
Immer 5. Reihe am Rand (ab hier beginnen die teuren Plätze, und wer die bezahlt, setzt sich meist nach ganz hinten). Immer nachmittags und im Hochsommer.

2. Immer mit dem falschen Reiseführer verreisen
Und zwar getreu der Erkenntnis, daß sich Reisen mit der Vorbereitung bereits vollenden und daher schon auf der Fahrt zum Flughafen abgeschlossen sind. So ist es auch schon egal, wenn man nach Buenos Aires einen Seoul-Reiseführer mitnimmt. Die Städte sind alle identisch und leicht überschaubar aufgebaut. So kann man sich bereits auf die nächste Reise vorbereiten und freuen.

3. Schwimmen nur im Winter
Im Sommer sind die Bäder voll und man selbst, siehe 1., im Kino. Baden im Eiswasser bietet neben dem medizinischen Vorteil eine weitere, weithin unbekannte Sensation: Die vom Schwimmer verursachte Bugwelle bringt entstehende Eisdecken zum Zerspringen. Dadurch beginnt das Eis eigentümlich und hoch zu singen.

4. Blamieren als Ausweg
Sollten Sie sich in einer ausweglosen Situation befinden, hat es keinen Sinn, die Lage oder sich zu erklären. Stattdessen empfehle ich, plump unflätig zu werden, so daß sich die Beleidigungen letztlich gegen Sie selber richten. Niemand will mehr etwas mit Ihnen zu tun haben, Sie treten der Kaste der Unberührbaren bei. Womit Ihr Problem nicht vertagt, sondern gelöst wäre.

So erkennen Sie, wie weit ein Gewitter entfernt ist

Um sich rechtzeitig vor einem Gewitter in Sicherheit zu bringen, ist es wichtig, seine Entfernung richtig einzuschätzen.
Dazu bedarf es nur ein wenig Kopfrechnens: Zählen Sie die Anzahl der Sekunden, die zwischen dem Blitz und dem Donner vergehen. Teilen Sie die Sekunden durch 3↯.
Das Ergebnis ist die Entfernung des Gewitters in Kilometern. Vergehen 15 Sekunden, ist das Gewitter z.B. sichere 15 : 3 = 5 Kilometer entfernt. Bei 5 Sekunden = 1,6 km wird es langsam gefährlich.

↯ **Sekunden zwischen Blitz und Donner zählen**

↯ **Sekunden durch 3 teilen**

↯ **Ergebnis = Entfernung des Gewitters in Kilometern**

↯ Anm.: Einfaches physikalisches Gesetz hinter dieser Zahl:
Schall breitet sich mit einer Geschwindigkeit von 330 Metern pro Sekunde aus.

Billigfluglinien

Jeder kennt die unglaublichen Angebote der Billigfluglinien – in Wirklichkeit sind sie schwer zu bekommen (mit Ausnahme von easyjet). Dennoch lohnt sich ein Blick auf die Homepages dieser Linien. Sie sind hier nach dem Ranking eines Tests der STIFTUNG WARENTEST aufgeführt.

Air Berlin	www.airberlin.de	gut (2,2)*
DBA	www.flydba.com	gut (2,2)**
Condor	www.condor.de	gut (2,3)
Hapag-Lloyd Express	www.hlx.de	gut (2,3)
easyjet	www.easyjet.de	gut (2,5)***
Germanwings	www.germanwings.com	befriedigend (2,7)
Ryanair	www.ryanair.de	befriedigend (2,8)

* Alle Bewertungen lt. Stiftung Warentest, Heft 2/2005

** empfiehlt sich lt. Stiftung Warentest für innerdeutsche Flüge

*** lt. Stiftung Warentest hat easyjet »meist die niedrigsten Preise«

So stellen Sie einen Blumenstrauß zusammen

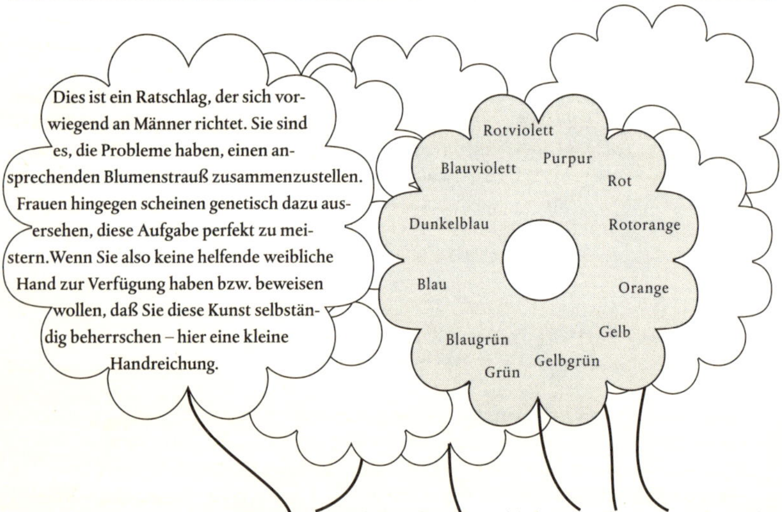

Orientieren Sie sich bei der Auswahl der einzelnen Blumen an der Regel, daß Komplementärfarben am besten zusammenpassen. Darunter versteht man jene Farben, die auf dem Farbenkreis gegenüberliegen und einander somit ergänzen (komplementieren).
Orientieren Sie sich dabei an einem symmetrischen Farbkreis, beispielsweise dem von **Isaac Newton.**

So sagen Sie nichts und doch alles

Der nebenstehende Text sieht aus wie Latein, ist es aber nicht. Er ergibt keinen Sinn, denn es handelt sich um »Blindtext«. Sie sollten ihn verwenden, wenn Sie eine Zeitschrift, ein Buch oder eine andere Publikation gestalten wollen, aber noch keinen Originaltext vorliegen haben. Mit Hilfe des »Lorem ipsum« können Sie die Verteilung des Textes auf einer Seite, die Gestaltung der Zeitschrift und deren Typographie beurteilen. Seine Sinnlosigkeit und die lateinische Anmutung sind die Stärken des Textes; so lenkt er nicht von der Gestaltung ab.

Der Text stammt angeblich aus dem 16. Jahrhundert; ein unbekannter Buchdrucker soll ihn für ein Musterbuch verwendet und hierfür einen lateinischen Klassikertext verstümmelt haben. So sind für den Insider Bruchstücke aus Marcus Tullius Ciceros Werk »De Finibus Bonorum et Malorum« erkennbar. Von »Lorem ipsum dolor« gibt es unzählige Varianten, das Original ist nicht eruierbar. Inzwischen haben sich auch Blindtexte in lebenden Sprachen entwickelt; ein sehr beliebter deutschsprachiger ist der PeeWee-Blindtext.

Um auf Blindtext zu stoßen, müssen Sie nicht allzu lange suchen. Manchmal genügt es schon, eine halbe Stunde fernzusehen. Sollten Sie das weit verbreitete Textverarbeitungsprogramm »Word« von Microsoft benutzen, können Sie durch einen kleinen Trick einen Blindtext einfügen, der freilich nur aus einem Satz besteht. Dazu müssen Sie in eine leere Zeile den Text »=rand()« einfügen und auf Enter bzw. Return drücken. Und schon erscheint …

Lorem ipsum dolor sit amet, consectetuer adipiscing elit, sed diam nonummy nibh euismod tincidunt ut laoreet dolore magna aliquam erat volutpat. Ut wisi enim ad minim veniam, quis nostrud exerci tation ullamcorper suscipit lobortis nisl ut aliquip ex ea commodo consequat. Duis autem vel eum iriure dolor in hendrerit in vulputate velit esse molestie consequat, vel illum dolore eu feugiat nulla facilisis at vero et accumsan et iusto odio dignissim qui blandit praesent luptatum zzril delenit augue duis dolore te feugait nulla facilisi.

Vor diesen heimischen Pflanzen sollten Sie sich hüten

Abendländischer Lebensbaum – Almrausch – Alpenveilchen – Asthmakraut – Aucuba – Bilsenkraut – Bärenklau – Christrose – Christuspalme – Echter Sturmhut – Efeu – Eibe – Eisenhut – Engelstrompete – Gefleckter Aronstab – Glyzinie – Goldregen – Grüne Gartenbohne* – Herbstzeitlose – Kartoffelkraut – Liguster – Lupine – Maiglöckchen – Oleander – Pfaffenhütchen – Robinie – Rotbeerige Zaunrübe – Roter Fingerhut – Seidelbast – Stechapfel – Tollkirsche – Tomatenkraut – Tulpe – Wasserschierling – Weihnachtsstern – Wolfsmilch

*im ungekochten Zustand

In europäischen Gärten und Wäldern gibt es deutlich mehr giftige Pflanzen(-teile), als man gemeinhin annimmt.

Die Maße eines Tennisplatzes

1 — Länge: 23,77 m
2 — Breite (Einzel): 8,23 m
3 — Breite (Doppel): 10,97 m
Höhe des Netzes (Spielfeld): 0,914 m
4 — Auslauf hinten: 5,50–6,50 m
5 — Auslauf seitlich: 3,00–3,70 m
Beläge: Hartplatz, Sand, Rasen

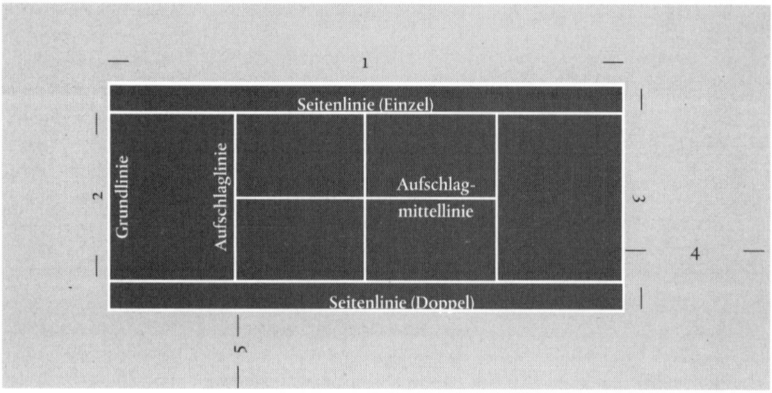

So errechnen Sie Wahrscheinlichkeiten

Die Wahrscheinlichkeit eines sicheren Ereignisses beträgt – mathematisch gesehen – 1, die eines unmöglichen 0. Alle anderen Wahrscheinlichkeiten liegen dazwischen, lassen sich also in Form von Brüchen bzw. Prozentzahlen angeben.

Um zu errechnen, wie hoch die Wahrscheinlichkeit (p) ist, daß ein bestimmtes Ereignis eintrifft, wenden Sie eine einfache Formel* an.

$$p = \frac{\text{Zahl günstiger Ereignisse}}{\text{Zahl möglicher Ereignisse}}$$

Das bedeutet: Wollen Sie, daß jemand eine in Ihrer Hand verborgene Münze entdeckt (= Zahl der günstigen Ereignisse = 1) und strecken Sie ihm Ihre beiden geschlossenen Hände (= Zahl der möglichen Ereignisse = 2) entgegen, beträgt die Wahrscheinlichkeit, daß Ihr Gegenüber die Münze findet, $^1/_2$.
Wollen Sie hingegen eine Sechs würfeln (= 1) und verwenden dafür einen Würfel (= der 6 Seiten, also 6 Zahlen hat), reduziert sich die Wahrscheinlichkeit auf $^1/_6$.

* die Laplace'sche Definition

So machen Sie es sich einfacher

Wenn Sie Ihren Arbeitsalltag nach der Eisenhower-Methode organisieren, lernen Sie, Wichtiges und Eiliges voneinander zu unterscheiden und dementsprechend zu handeln.
Fragen Sie sich bei jeder Sache, die auf Ihren Schreibtisch gelangt, wohin sie auf diesem Diagramm gehört.

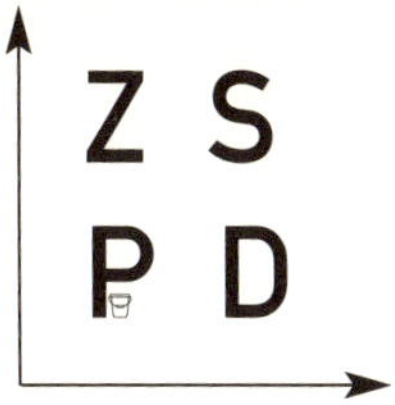

S = sofort erledigen (wichtig & eilig)
Z = in Zeitplan eintragen, erledigen (wichtig & nicht eilig)
D = delegieren bzw. zusehen, daß Sie immer weniger damit befaßt werden (nicht wichtig & eilig)
P = ab in den Papierkorb damit (nicht wichtig & nicht eilig)

Geht es nach dem aktuellen Angebot erfolgreicher Ratgeber, könnte man glauben, wir Menschen seien unfähig, Dinge wegzuwerfen und unseren Alltag zu organisieren. Seit Jahren erleben entsprechende Bücher Auflagenrekorde. Gleichwohl sind in ihnen Wahrheiten versteckt, die zu beherzigen sich lohnt.

Einige weitere Hinweise zur einfachen Lebensführung:

► Werfen Sie regelmäßig alles weg, was Sie nicht mehr brauchen (wie lange haben Sie das rosa Kleid bzw. den grünen Anzug nicht mehr getragen? Na sehen Sie!)

► Schaffen Sie wirkliche Ordnung! Dinge also nicht im Keller oder in wenig beachteten Ecken verschwinden lassen, sondern bewußt entscheiden: behalten oder weg damit.

► Halten Sie Ordnung, indem Sie den ursprünglichen Zustand sofort wieder herstellen. Im Kochbuch etwas nachgeschlagen – sofort wieder zurückstellen. Den Hammer verwendet – wieder zurücklegen.

► Vergessen Sie Ihren Anspruch, alles perfekt zu machen – es reicht, wenn Sie es so gut wie nötig machen.

Blutflecken entfernen und nebenbei erfahren, warum hohes Fieber eigentlich gefährlich ist

Nur kaltes Wasser verwenden!

Verwenden Sie zur Entfernung von Blutflecken aus Kleidungsstükken ausschließlich kaltes Wasser. Denn unter der Einwirkung von Wärme verändern sich die im Blut enthaltenen Proteine (Eiweiße) irreversibel, das heißt: Sie denaturieren, verändern also ihre Struktur, und haften plötzlich fest an den Fasern der Kleidung.

Sonst denaturieren die Eiweiße

Um sich den Vorgang des Denaturierens plastisch vorzustellen, denken Sie an Ihr Frühstücksei: Unter dem Einfluß von Wärme verändert sich dessen glibbriges Eiweiß, es wird weiß und fest; dasselbe passiert mit den Proteinen des Blutes.

Der Vorgang des Denaturierens ist übrigens auch daran schuld, daß zu hohes Fieber gefährlich für den Menschen wird: Einige Proteine der roten Blutkörperchen verändern sich bereits bei 42 Grad Celsius und können daher ihre Aufgabe nicht mehr erfüllen.

e

Auf vielen Verpackungen und Flaschen findet sich neben der Angabe des Gewichts oder des Volumens ein geheimnisvolles »e«. Dabei handelt es sich um ein Zeichen der EU, das dem Käufer signalisieren soll: Die Gewichts- bzw. Volumenangabe ist korrekt.

Verwenden darf der Hersteller dieses Zeichen nämlich nur, wenn er eine Reihe von Bestimmungen der »Verordnung über Fertigpackungen« (FertigPackV 1981) befolgt. So muß er:

- das Zeichen im selben Sichtfeld wie die Angabe der Nennfüllmenge anbringen,
- die Füllmenge nach Gewicht (Gramm oder Kilogramm), Volumen (Milliliter, Zentiliter oder Liter), Länge (Zentimeter oder Meter), Fläche (Quadratzentimeter oder Quadratmeter) oder Stückzahl angeben,
- die Füllmenge leicht erkennbar, deutlich lesbar, unverwischbar und in einer vorgeschriebenen Schriftgröße angeben,
- die Nennfüllmenge regelmäßig überprüfen,
- den Namen oder die Firma und den Ort der gewerblichen Niederlassung dessen, der die Fertigpackungen hergestellt hat, angeben.

So vermeiden Sie Grundsatzdebatten

Sachgebiet	Alternativen
Musik	Beatles oder Rolling Stones
Urlaub	Alpen oder Meer
Auto	BMW oder Mercedes Benz
Süßigkeiten	Keks oder Schokolade
Kinder	Junge oder Mädchen
Körperpflege	duschen oder baden
Getriebe	automatisch oder manuell
Softdrinks	Coca Cola oder Pepsi
Essen	Fleisch oder vegetarisch
Cola	light oder classic
Haarfarbe	blond oder schwarz
Sehhilfen	Brille oder Kontaktlinsen
Roulette	rot oder schwarz
Penne	rigate oder lisce
Lingerie	Straps oder Stay ups
Fußball	ja oder nein
Musikalische Früherziehung	fiedeln oder flöten
Sex	oben oder unten
Putzen	mit Handschuhen oder ohne
Alpinsport	Snowboard oder Skier
Ding um den Hals	Fliege oder Schlips
Politik	rechts oder links
Pumps	rund oder spitz
TV	Dallas oder Denver Clan
Steak	rare oder medium
Kochen	Jamie Oliver oder Nigella Lawson
Computersysteme	Apple oder Windows oder Linux
Tageszeitung	Süddeutsche oder FAZ
Handy	Nokia oder Sony-Ericsson
MP3 Player	iPod oder irgendein anderer
Gesundheitsvorsorge Kinder	gleich impfen oder später
Fastfood	Burger King oder McDonalds
Park	Englisch oder Französisch
Gott	Gibt's oder nicht

Wollen Sie Konflikte meiden, die automatisch zu Grundsatzdebatten führen, machen Sie um die nebenstehnden, quasireligiösen Fragen einen großen Bogen. Begnügen Sie sich stattdessen mit unverbindlichem Gemurmel.
Die Methode ist freilich auch umkehrbar: Wenn Sie Streit suchen, versteifen Sie sich auf eine der Alternativen.

So erkennen Sie einen Fahrkartenkontrolleur

Die Zeiten, als Fahrkartenkontrolleure an ihren Uniformen und Herrenhandtäschchen zu erkennen waren, sind in den meisten Städten vorbei. Heute treten sie in Zivilkleidung auf. Das Zeichensystem, an dem Kontrolleure zu erkennen sind, ist deutlich feiner geworden. Dennoch gibt es den einen oder anderen Anhaltspunkt.

U Kontrolleure treten stets in Zweier- oder Dreiergruppen auf.

S Haben sie die U- oder S-Bahn betreten, setzen sie sich nie, vielmehr bleiben sie direkt neben den Ausgangstüren stehen.

U Kontrolleure sind meist weder teuer noch ausgesucht geschmackvoll gekleidet. Gerne tragen sie Jacken mit Taschen.

S Sie haben weder Gepäck noch Einkaufstüten bei sich, oft jedoch kleine Taschen, in denen Zahlscheine bzw. Notizblöcke stecken.

U Kontrolleure lesen auf den Bahnsteigen niemals Zeitung.

S Beim Warten schweigen sie oder führen betont beiläufige Gespräche. Sie sind bei der Arbeit.

Kurze Bemerkungen – weitreichende Folgen

Auf offiziellen Einladungen finden sich oft kleine Hinweise auf den Charakter des Anlasses, die erwünschte Kleidung und die Erwartung die Pünktlichkeit betreffend. Hier einige Hinweise auf jene kurzen Bemerkungen auf Einladungen, die zuweilen weitreichende Folgen haben.

R.s.v.p.	Répondez s'il vous plaît	Bitte um Rückantwort
U.A.w.g.	Um Antwort wird gebeten	
U.A.w.g. bei Zusage		Um Antwort wird gebeten nur für den Fall, daß man kommen will
p.m.	pour memoire	Erinnerung an bereits zugesagte Einladung
s.t.	sine tempore	pünktlich
c.t.	cum tempore	akademische Viertelstunde möglich
Business casual		Geschäftskleidung
Cravatte noire bzw. *Black tie*		Abendkleid für Damen, Smoking für Herren
Cravatte blanche bzw. *White tie*		festliches Abendkleid für Damen, Frack für Herren
Habit noir		Wahlfreiheit zwischen Frack und Smoking
Sektfrühstück		eine Kleinigkeit zum Essen, Sekt
Brunch		Mischung aus spätem Frühstück und frühem Mittagessen
Déjeuner		kleines Mittagessen
Teatime		Tee ab 15 Uhr, Kuchen und Gebäck

So kommunizieren Sie mit einem Suchflugzeug

Ernsthafte Verletzung, benötigen Arzt oder sofortige Evakuierung

Brauchen Medikamente

Brauchen Verpflegung und Wasser

Brauchen Karte und Kompaß

Sichere Landung möglich

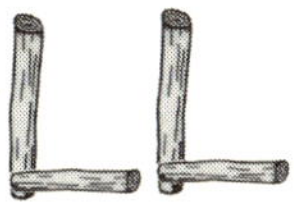

Alles in Ordnung

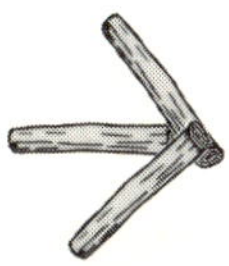

Schlagen diese Richtung ein

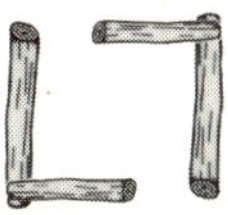

Flugzeug beschädigt

Kommen Sie in die Lage, mit Suchflugzeugen Kontakt aufnehmen zu müssen – sei es, weil Sie festsitzen oder in Not geraten sind – so gibt es dafür eine Reihe international anerkannter Bodensignale. Damit sie von den Piloten erkannt werden können, müssen die Signale mindestens zehn Meter lang und drei Meter breit sein. Suchen Sie eine große freie Fläche und legen Sie die Zeichen mit klar erkennbaren Materialien – seien es Steine, Baumstämme, Plastikplanen oder Kleider.

Bleiben Sie den Klassikern treu

Entgegen der landläufigen Meinung ist das typische Schweizer Taschenmesser nicht rot und hat auch keine fünfundzwanzig mehr oder weniger sinnvollen, ausklappbaren Bestandteile. Vielmehr ist der Klassiker silbern, hört auf die Warennummer 0.8610.26 und wird unter dem Namen »Soldier« und der Klassifizierung »Offizielles Soldatenmesser der Schweizer Armee« geführt. Hersteller ist die Victorinox AG in 6438 Ibach-Schwyz. Seit 1961 gehört »Soldier« zur Standardausrüstung eines jeden Schweizer Soldaten.
Das Messer hat eine Schalenlänge von 91 mm, seine Schalen bestehen aus geripptem Alox, also eloxiertem Aluminium. Es hat 4 ausklappbare Instrumente, die 7 Funktionen erfüllen:

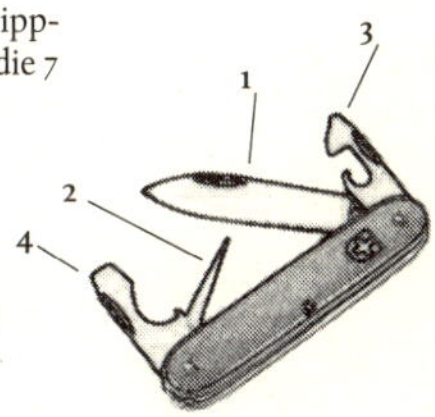

1. große Klinge
2. Stech-Bohrahle
3.1 Dosenöffner mit
3.2 kleinem Schraubenzieher (auch für Kreuzschrauben)
4.1 Kapselheber mit
4.2 Schraubenzieher und
4.3 Drahtabisolierer

So spülen Sie Geschirr per Hand

In Zeiten, da Geschirrspülautomaten glücklicherweise die vorletzte wirklich stupide Haushaltstätigkeit erledigen (es ist nurmehr das Fensterputzen geblieben), erscheint es angebracht, für den Fall der Fälle festzuhalten, wie man Geschirr per Hand spült. Kleiner Trost: Abtrocknen ist out, wegen der Keime im Tuch.

Vorbereitung ist eine solide Basis für die erfolgreiche Erledigung aller möglichen Aufgaben – so auch des Geschirrspülens. Sortieren Sie also alles nach Geschirrgruppen: Gläser – Teller – Besteck – Kochtöpfe. In dieser Reihenfolge sollten Sie die Dinge auch abwaschen. Stark verschmutztes Geschirr sowie Zitronenpressen und mit Eigelb behaftete Stücke sofort vorspülen bzw. einweichen.

Das Spülwasser sollte so heiß sein, daß Sie es mit bloßen Händen gerade noch ertragen. Das (ökologisch abbaubare) Spülmittel gezielt dosieren. Als klassische Spülhilfe hat sich der gelb-grüne Schwamm »Scotch-Brite« der Firma 3M längst etabliert.

In vielen Haushalten eingebürgert hat sich die Unsitte, das Geschirr nur einem Reinigungsdurchgang zu unterziehen; es ist jedoch dringend zu empfehlen, das Geschirr mit heißem Wasser nachzuspülen – nur so wird das Spülmittel entfernt. Geschirr im entsprechenden Abtropfkorb trocknen lassen. Eines der ewigen Mirakel des Spülens ist, daß – trotz immer schmutziger werdenden Wassers – letztlich doch alles Geschirr sauber wird.

Wichtige Dinge für das Handschuhfach

Es gibt keine offizielle Vorschrift dafür, was sich im Handschuhfach eines Autos befinden sollte. Die nebenstehende Liste hat also rein empfehlenden Charakter. Die Notwendigkeit einzelner Dinge ist vom Temperament der Fahrerin bzw. des Fahrers abhängig.

- Betriebsanleitung für das jeweilige Automodell
- Für Unfälle: eine Wegwerfkamera, ein Maßband, ein Stück Kreide, ein Bleistift bzw. Kugelschreiber, ein Unfallbericht einer Versicherung und ein Unfallbericht des Europäischen Versicherungsverbands (fürs Ausland)
- Grüne Versicherungskarte
- Notfallhammer inkl. Gurtschneider
- Taschenlampe
- Eiskratzer
- Sonnenbrille
- Straßenkarten
- Lappen
- Kotztüten
- Taschentücher & feuchte Tücher
- Scharfe Bonbons

Tun Sie es

SAGE ES MIR, UND ICH VERGESSE ES;
ZEIGE ES MIR, UND ICH ERINNERE MICH;
LASS ES MICH TUN, UND ICH BEHALTE ES.

Der chinesische Philosoph KONFUZIUS (551 – 479 v.Chr) bringt erfolgreiche pädagogische Arbeit auf den Punkt.

So machen Sie sich glücklich

Der Weg zum persönlichen Glück führt über geheimnisvolle Substanzen namens Endorphine (zusammengesetzt aus den beiden Wörtern **endogene**, also körpereigene **Morphine**). Sie bilden das »Glückshormon« Ihres Körpers und bewirken beispielsweise, daß Schmerzreize im Gehirn nicht weitergeleitet werden. Endorphine haben eine vielfältige, durchweg positive Auswirkung auf Ihren Körper: Sie beruhigen Sie, hemmen Schmerzen, lösen Angst, durchfluten Sie mit dem Gefühl des Glücks und der Zufriedenheit, ja, der Ekstase, und sie verleihen Ihnen höhere Wahrnehmungsfähigkeit. Die alles entscheidende Frage ist also: Wann schüttet Ihr Körper Endorphine aus?

— Beim Sport, nach intensiver sportlicher Belastung. Die Endorphine unterdrücken die Schmerzen und geben Ihnen noch einmal Kraft. Läufer kennen den Effekt unter dem Begriff »runner's high«.
— In extremen Stress-Situationen: So ist es nach einem Unfall trotz schwerster Verletzungen möglich, zu flüchten. Die Endorphine unterdrücken kurzzeitig das Schmerzempfinden.
— Bei Hunger: Das erklärt auch, warum manche Menschen immer wieder Diäten machen.
— Während der Geburt eines Kindes.
— Wenn Sie lachen.
— Durch die Einstrahlung von UV-Licht.
— Beim Genuss von Schokolade.
— Wenn Sie verliebt sind.

Letztlich ist Glück nichts anderes als Chemie: Schüttet unser Körper Endorphine aus, so beginnen wir, durchs Leben zu schweben, und sind davon überzeugt, daß es schön ist.

Vorsicht, es besteht eine gewisse Suchtgefahr. Ihr Körper gewöhnt sich an die regelmäßige Ausschüttung von Endorphinen – obwohl er sich selbst davor schützt, nach körpereigenen Morphinen süchtig zu werden (wohl aber nach ähnlich wirkenden Opioiden, also Rauschdrogen). Dennoch sollten Sie etwa beim Sport auf das rechte Maß achten – bei plötzlichem Ausbleiben der Endorphine können Sie unter Entzugserscheinungen, also Depressionen leiden.

Ein Rezept, das Sie jedem plausibel machen können

Kochen ist eine Kunst, die meist komplexer Rezepte bedarf. Das Berliner Graphikbüro »Neue Gestaltung« **hat ein Kochbuch für Menschen gestaltet, die es möglichst einfach haben wollen. Herausgekommen ist das** »Lookcookbook« **(Neue Bücher Verlag, Berlin), das die Kommunikation zwischen Buch und Koch auf das Notwendigste reduziert. Nebenstehend finden Sie das Rezept für … ach was, versuchen Sie es einfach.***

* Lösung: Lemon-Spaghetti und als Nachtisch Kastanien-Dessert

So finden Sie den richtigen Anfang

Planen Sie ein Abendessen oder ein Fest, sollten Sie dem Auftakt besondere Aufmerksamkeit schenken. Ist der geschafft, entwickelt sich der Rest des Abends um einiges leichter. Die nebenstehenden Tips stammen von ALEXANDRA VON REHLINGEN, **die in München, Hamburg und Berlin als bekannte PR- und Eventmanagerin wirkt.**

Tun Sie alles, damit sich Ihre Gäste vom ersten Moment an wohlfühlen. Das erreichen Sie, indem Sie

- die Gäste in einem kleineren Raum empfangen und eine intime, gedämpfte Beleuchtung wählen; das schafft Nähe, Ihre Gäste fühlen sich geborgen.
- für angenehme Hintergrundmusik sorgen.
- den Gästen sofort nach Ankunft einen Drink reichen.
- die Gäste einander vorstellen; das erleichtert ihnen, Kontakte zu knüpfen.

Allgemein gilt:

- Sorgen Sie dafür, daß Ihr Haus voll ist; laden Sie daher lieber zu viele als zu wenige Gäste ein.
- Setzen Sie eher zu viele Gäste an einen Tisch als zu wenige.
- Wählen Sie eher kleine als zu große Räume. Der *horror vacui* verdirbt Ihren Gästen sonst die Laune.

Korrektes Verhalten für den Fall der Begegnung mit einer Sphinx

* Für gewöhnlich lagert die Sphinx auf einem Felsen. Treten Sie respektvoll an sie heran, denn gleich wird sie Ihnen ein Rätsel aufgeben.

* Sie sollten sich bemühen, das Rätsel zu lösen. Sind Sie dazu nicht in der Lage, riskieren Sie, von der Sphinx zerrissen und aufgefressen zu werden. Lösen Sie hingegen das Rätsel, wird sich die Sphinx aus Scham und Verzweiflung über ihre Niederlage vom Felsen und zu Tode stürzen.

* Das schwierigste der sphingischen Rätsel lautet: »Es ist am Morgen vierfüßig, am Mittag zweifüßig, am Abend dreifüßig. Von allen Geschöpfen wechselt es allein mit der Zahl seiner Füße; aber eben wenn es die meisten Füße bewegt, sind Kraft und Schnelligkeit seiner Glieder ihm am geringsten.«

Sollten Sie, wie einst Oidipus vor der Stadt Theben, der Sphinx begegnen, müssen Sie darauf gefaßt sein, daß Ihnen das geflügelte Ungeheuer, das vorne wie eine Jungfrau aussieht und hinten wie ein Löwe, sein berühmtes Rätsel aufgibt. Details zu dieser Geschichte entnehmen Sie am besten Gustav Schwabs »*Schönsten Sagen des klassischen Altertums*«.

* Antworten Sie darauf mit jener Formel, die Oidipus wählte – hüten Sie sich jedoch davor, sich den Königssohn zum weiteren Vorbild zu nehmen, denn er endete bekanntermaßen schrecklich: Nachdem er – all das ohne es zu ahnen – erst seinen Vater tötete, dann seine Mutter heiratete (sie war der Preis für den Sieg über die Sphinx) und mit ihr vier Kinder bekam, blendete er sich schließlich selbst, nachdem er erkannt hatte, wie grausam sich sein Schicksal erfüllt hatte, das seinem Vater Laïos von einem Orakel vorhergesagt worden war.

* Die Antwort auf das Rätsel lautet: »Dein Rätsel ist der Mensch, der am Morgen seines Lebens, solange er ein schwaches und kraftloses Kind ist, auf seinen zwei Füßen und seinen zwei Händen geht; ist er erstarkt, so geht er am Mittag seines Lebens nur auf den zwei Füßen; ist er endlich am Lebensabend als ein Greis angekommen und der Stütze bedürftig geworden, so nimmt er den Stab als dritten Fuß zu Hilfe.«

* Gehen Sie, sobald die Sphinx die angemessene Reaktion auf Ihre Antwort gezeigt hat, Ihrer Wege.

So lesen Sie ein Fußballspiel

Das Alphabet des Fußballs hat 22 Buchstaben, das sind die Spieler, und drei Sonderzeichen: den Schiedsrichter und seine beiden Assistenten an der Linie. Die zu lesende Seite ist der Platz, der Text existiert nur auf Zeit, er ist das Spiel selbst.

CHRISTOF SIEMES ist nicht nur Kulturreporter der »Zeit« und Buchautor (»Das Wunder von Bern«, KiWi), sondern ausgewiesener Fußballkenner und -praktiker. Die in ihm vereinte, seltene Mischung aus intellektueller Durchdringung des Themas und der Fähigkeit, einen Ball korrekt zu treten, macht das Besondere seines Textes aus – inklusive der folgenden drei Anregungen.

Das Spiel zu lesen, heißt zu verstehen, warum ein Spieler, eine Mannschaft so und nicht anders auf dem Platz agiert, damit ihr Spiel einen Sinn ergibt. Natürlich ist der Sinn des Fußballs immer, ein Tor mehr als der Gegner zu schießen. Aber es gibt unendlich viele Buchstabenkombinationen, sprich Spielzüge, die sinnvoll sein können. **Schon an der Aufstellung** kann man ablesen, welchen Weg zum Erfolg ein Team einschlagen will: Bietet es drei oder vier Abwehrspieler, einen, zwei oder gar drei Stürmer auf? Lesen heißt aber auch frühzeitig erkennen, wie vier, fünf Spieler instinktiv auf exakt derselben Höhe bleiben, um Sekunden später geschlossen einen Schritt nach vorn zu gehen und dadurch das Wort »abseits« zu schreiben.

Achten Sie darauf, wie klein der Platz im modernen Fußball geworden ist: Obwohl der Rasen 110 mal 70 Meter mißt, findet das Spiel nur noch in einem Rechteck von 40 mal 50 Metern statt. In ihm bewegen sich die Feldspieler über den Platz.

Je schneller und athletischer der Fußball in den vergangenen Jahren geworden ist, desto wichtiger wurden scheinbar nebensächliche Buchstaben, der defensive Mittelfeldspieler zum Beispiel, sozusagen das unscheinbare -e im Spi-e-l, das Legastheniker für überflüssig halten. Früher gab es an dieser Position blasse Typen wie Dieter Eilts, heute wird hier von belesenen Alleskönnern eine Partie entschieden. Denn nicht nur der Zuschauer liest das Spiel, sondern auch jeder Spieler, wobei die Talente dort sehr ungerecht verteilt sind. Viele verstehen nur Bahnhof, wo andere Thomas-Mann-artige Sätze zu formulieren im Stande sind. Sie ahnen, wie, wohin sich der Erzählstrang eines Konterangriffs entwickeln wird, und spielen den Ball in einen zunächst sinnfrei erscheinenden Raum, der sich allein durch die Anwesenheit des Balles in Bruchteilen von Sekunden mit Bedeutung füllt.

Ziel aller Bewegungen auf dem Platz ist es, den Raum eng zu machen. Achten Sie darauf, wie Abwehrspieler lange vor dem Kampf um den Ball versuchen, die gegnerischen Angreifer zur Außenlinie abzudrängen – weg vom Tor!

Lesen heißt, nach wenigen Minuten zu wissen, daß dem Gegner (oder auch der eigenen Mannschaft) diesmal der unbedingte Siegeswille fehlt. **Achten Sie auf jede Silbe der Körpersprache,** eine wegwerfende Handbewegung, ein Kopfschütteln, einen nicht voll durchgezogenen Spurt. Der Philosoph **Klaus Theweleit** hat in seinem schönen Buch *Tor zur Welt* (Pflichtlektüre, um das Spiel lesen zu können!) durchbuchstabiert, wie ein einziger von David Beckham lasch geführter Zweikampf England um alle WM-Chancen brachte.

Wer trotz aller Fibeln, von *kicker* bis *Gazzetta dello Sport,* und aller Schriftgelehrten (vergessen Sie Scharlatane wie Werner Hansch und andere Fernsehquassler, die lesen nicht, die fühlen nur) immer noch nichts begreift, mag sich mit Sportsfreund Goethe trösten. »Die guten Leutchen wissen nicht«, sagte er zu Eckermann, »was es einem für Zeit und Mühe gekostet, um lesen zu lernen. Ich habe achtzig Jahre dazu gebraucht und kann noch jetzt nicht sagen, dass ich am Ziele wäre.«

Halten Sie nicht mehr den für den intelligentesten Spieler, der die weiten Pässe schlägt. Der lange Ball ist out, zuviel Zeit verbringt er in der Luft, da haben sich die Abwehrspieler längst sortiert. Moderner Fußball ist mehr denn je Mannschaftssport, zum Erfolg führen meist schnelle, kurze, flache Pässe. Ausnahmen bestätigen die Regel.

Kleiner Ratschlag für die Auswahl von Geschenken

Schon im frühen Mittelalter war es dem europäischen Hochadel gelungen, eine ausreichende Versorgung seiner Höfe mit Nahrung, Kleidung und anderen Waren des täglichen Bedarfs zu sichern. Sollte ein Geschenk den Empfänger beeindrucken, mußte es außergewöhnlich sein. »Die Geschenke, womit grosse Herren sich unter einander beehren [, ...] sind [...] von dreyerley Gattung: entweder bestehen sie nehmlich in Naturalien, lebendigen und leblosen, welche in dem eigenen Land eines Souverains hervorgekommen und gezeugt worden sind; oder die Kunst hat den meisten Antheil daran; jedoch so, daß es abermals in dem Lande selbst ge- und verarbeitet worden, oder es ist sonst was seltenes, an welchem entweder die Natur, oder die Kunst, oder beides zugleich zu bewundern ist, oder das doch sonst die Aufmercksamkeit eines Herrn verdient, es mag übrigens herkommen, woher es will.«

Schenken Sie Naturalien aus dem eigenen Land

Schenken Sie Kunstwerke, ebenfalls aus dem eigenen Land

Schenken Sie etwas Seltenes, egal woher es kommt

Zitiert nach: **Friedrich Carl v. Moser,** ›Von der Staats-Galanterie, Kleine Schriften. Zur Erläuterung des Staats- und Völker-Rechts, wie auch des Hof- und Canzley-Ceremoniels‹, 3 Bde. o.O. 1751, S. 36.

So behalten Sie Recht

Wie man die »Kunst zu disputiren, und zwar so zu disputiren, daß man Recht behält« erlernt – unabhängig vom Wahrheitsgehalt der eigenen These – das zeigt ARTHUR SCHOPENHAUER in seiner »Eristischen Dialektik« in 38 »Kunstgriffen«. Die Fragment gebliebene, erstmals 1864 erschienene Dialektik einem breiteren Publikum in jüngster Zeit zugänglich gemacht zu haben ist das Verdienst von »Gerd Haffmans bei Zweitausendeins«. Das handliche Minibüchlein klebte in einer Verlagsankündigung. Der tiefere Sinn der kleinen Schrift von Schopenhauer ist zwar, »jene Kunstgriffe der Unredlichkeit im Disputiren aufzustellen und zu analysiren: damit man bei wirklichen Debatten sie gleich erkenne und vernichte« – gleichwohl hilft Ihnen die Kenntnis des einen oder anderen Kunstgriffs aus der größten argumentatorischen Not. Sie müssen freilich im Gegenzug versprechen, Ihren mit Schopenhauers Hilfe siegreich verteidigten Unsinn niemals wieder zu äußern!

Kunstgriff 1. Die Erweiterung. Die Behauptung des Gegners über ihre natürliche Gränze hinausführen … sie übertreiben; seine eigene dagegen in möglichst eingeschränktem Sinne … zusammenziehen: weil je allgemeiner eine Behauptung wird, desto mehreren Angriffen sie bloß steht. (…)
8. Den Gegner zum Zorn reizen: denn im Zorn ist er außer Stand richtig zu urtheilen und seinen Vortheil wahrzunehmen. Man bringt ihn in Zorn dadurch, daß man unverholen ihm Unrecht thut und schikanirt und überhaupt unverschämt ist. (…)
14. Ein unverschämter Streich ist es, wenn man nach mehreren Fragen die er beantwortet hat, ohne daß die Antworten zu Gunsten des Schlusses den wir beabsichtigen ausgefallen wären, nun den Schlußsatz, den man dadurch herbeiführen will, obgleich er gar nicht daraus folgt, dennoch als dadurch bewiesen aufstellt und triumphirend ausschreit. (…)
29. Merkt man, daß man geschlagen wird, so macht man eine Diversion: d.h. fängt mit einem Male von etwas ganz anderm an, als gehörte es zur Sache und wäre ein Argument gegen den Gegner. (…)
31. Wo man gegen die dargelegten Gründe des Gegners nichts vorzubringen weiß, erkläre man sich mit feiner Ironie für inkompetent: »was Sie da sagen, übersteigt meine schwache Fassungskraft: es mag sehr richtig seyn; allein, ich kann es nicht verstehn, und begebe mich alles Urtheils.« – Dadurch insinuirt man den Zuhörern, bei denen man in Ansehen steht, daß es Unsinn ist. (…)
36. Den Gegner durch sinnlosen Wortschwall verdutzen, verblüffen. Es beruht darauf, daß
»Gewöhnlich glaubt der Mensch,
wenn er nur Worte hört,
Es müsse sich dabei doch auch was denken lassen.« (…)
Letzter Kunstgriff. Wenn man merkt, daß der Gegner überlegen ist und man Unrecht behalten wird; so werde man persönlich, beleidigend, grob. … Diese Regel ist sehr beliebt, weil Jeder zur Ausführung tauglich ist, und wird daher häufig angewandt. … Die einzig sichere Gegenregel ist daher … : Nicht mit dem Ersten dem Besten zu disputiren; sondern allein mit solchen die man kennt, und von denen man weiß, daß sie Verstand genug haben, nicht gar zu Absurdes vorzubringen und dadurch beschämt werden zu müssen; … Die Uebrigen lasse man reden was sie wollen, denn desipere est juris gentium*.

#* Unverständig sein ist Menschenrecht

Drei wichtige Arten, ein Einstecktuch zu falten

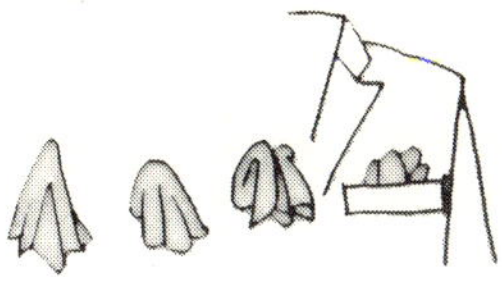

Bauschfaltung –
geeignet für
sportliche Anlässe

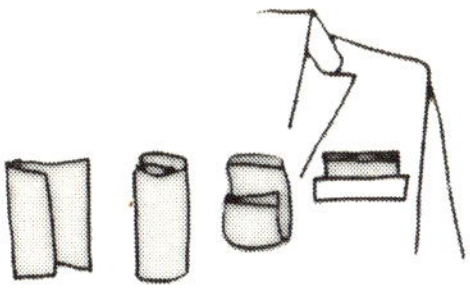

Amerikanische Faltung –
geeignet für
Business-Anlässe

Dreiecksfaltung –
geeignet für
elegante Anlässe

So schätzen Sie grob Entfernungen

Eine einfache, wenngleich nur grobe Ergebnisse liefernde Methode, Entfernungen abzuschätzen, nennt sich »Daumensprung«. Sie basiert auf der Überlegung, daß es immer leichter ist, eine Entfernung abzuschätzen, die quer vor einem liegt, als eine, die in die Tiefe führt.

Strecken Sie den Arm aus und Ihren Daumen in die Höhe. Schließen Sie ein Auge und visieren Sie nun mit der Spitze des Daumens Ihr Ziel an.
Schließen Sie nun gleichzeitig das geöffnete Auge und öffnen Sie das geschlossene. Sie werden feststellen, daß das von Ihnen anvisierte Ziel (scheinbar) zur Seite springt.
Versuchen Sie die Länge dieses Sprungs zur Seite abzuschätzen – multiplizieren Sie die Strecke mit 10 – und schon erhalten Sie die ungefähre Entfernung des Ziels von Ihrem Standort.
Springt also die von Ihnen anvisierte Anhöhe rund 500 Meter zur Seite, so ist sie ungefähr 10 x 500 Meter = 5 Kilometer von Ihnen entfernt.

Hüten Sie sich vor falschen Freunden

	englisches Wort	falscher Freund	tatsächliche Bedeutung
a	act	Akte, Akt	Gesetz
	actual/actually	aktuell	tatsächlich, eigentlich
	agent	Agent (Geheimdienst)	Beauftragter
	also	also	auch
	ambulance	Ambulanz	Krankenwagen
	art	Art	Kunst
B	barracks	Baracken	Kaserne
	become	bekommen	werden
	billion	Billion	Milliarde
	blend; to blend	Blende; blenden	Mischung; mischen
	to be blue	blau sein	niedergeschlagen sein
	brave	brav	mutig, tapfer
	brief	Brief	kurz (Zeitraum)
	briefs	Briefe	Männerunterhose (Slip)
	chef	Chef	Koch, Chefkoch, Küchenchef
C	consequently	konsequent	folglich
	control	Kontrolle	auch: Steuerung; Bedienungselement
	corpse	Körper	Leiche, Leichnam
	cravat	Krawatte	kleines Halstuch
	critical	kritisch	auch: entscheidend
	curiosity	Kuriosität	auch: Neugier
D	decent	dezent	klug, anständig
	director	Direktor	Filmregisseur
	dome	Dom	Kuppel
e	edge	Ecke	Kante
	eventual/eventually	eventuell	schließlich, endlich
f	familiar	familiär	bekannt, vertraut
	fabric	Fabrik	Gewebe
	first floor	erster Stock	Erdgeschoss (amerik.)
	to foreswear	(sich) verschwören	abschwören
g	garage	Garage	auch: Tankstelle, Autowerkstatt
	gas	Gas	Benzin (amerik.)
	genial	genial	angenehm, herzlich, freundlich
	genie	Genie	Flaschengeist
	gift	Gift	Geschenk
	grab	Grab	Geländer, Brüstung
	gymnasium	Gymnasium	Sporthalle, Trainingsraum
H	handy	Handy	bequem, praktisch; geschickt
	humanity	Humanität	auch: Menschheit
	hut	Hut	Hütte
	hymn	Hymne	Kirchenlied, Loblied
I	industry	Industrie	auch: Branche; Fleiß

englisches wort	falscher freund	tatsächliche bedeutung
kind	Kind	freundlich; Art und Weise
kindergarten	Kindergarten	Vorschule (amerik.)
lager	Lager	Lagerbier (ähnlich Pils)
limo	Limonade	Limousine
liquor	Likör	alkoholisches Getränk; Körperflüssigkeit
menu	Menü	Speisekarte
Middle East	Mittlerer Osten	Naher Osten
minutes	Minuten	auch: Sitzungsprotokoll
moonshine	Mondschein	Schwindel; schwarz gebrannter Alkohol
murder	Mörder	Mord
neck	Nacken	Hals
not really	nicht wirklich	eigentlich nicht
novel	Novelle	Roman
pathetic	pathetisch	armselig, Mitleid erregend
pepperoni	Peperoni	Salami
petroleum	Petroleum	Erdöl
pregnant	prägnant	schwanger
program	TV-Programm, -Sender	TV-Sendung
pudding	Pudding	Nachtisch
(to) realize	realisieren (verwirklichen)	vergegenwärtigen, klar werden
reverend	Referent	Geistlicher
sage	Sage	gescheit; Salbei (bot.)
sea	See	Meer
sensation	Sensation	auch: Sinneseindruck
sensible	sensibel	vernünftig
serious	seriös	ernst; erheblich
silicon	Silikon	Silizium
site	Seite	Grundstück, Ort, Sitz
smoking	Smoking	rauchend
spin	spinnen, Spinne	(sich) drehen
stark	stark	kahl, öde, sachlich
stern	Stern	ernst, streng; Achterschiff
stock	Stock	Brühe; Aktie; Grundkapital
therefore	dafür	daher, demzufolge
toll	toll	Maut, Zoll, Abgabe
trainer	Trainer	auch: Sportschuh
trillion	Trillion	Billion
trim	trimmen	auch: abschneiden, stutzen
tube	Tube	Rohr; U-Bahn; Eileiter; Tuba
vest	Weste	auch: Herrenunterhemd
wand	Wand	Zauberstab
warehouse	Warenhaus	Lager
weak	weich	schwach

falsche freunde begegnen ihnen nicht nur in gestalt der sprichwörtlichen menschen. sie lauern noch in anderer, ebenso unangenehmer form auf sie.
und zwar in form von wörtern einer fremden sprache, deren deutsche bedeutung auf der hand zu liegen scheint – was sich hinterher als grundfalsch herausstellt.

Kleidungs-Basics für den Mann

Mal angenommen, man stünde als Mann vor einem vollkommen leeren Kleiderschrank – was müßte hinein, um eine Basis zu schaffen?
Einige Anregungen, die sich aus eigenen Erfahrungen ebenso speisen wie aus wiederkehrenden Empfehlungen.
Naturgemäß ist jedes Detail verhandelbar. Ergänzungen einfach in die vorgedruckte Liste einfügen.

* Anzug von Helmut Lang, Brioni
* Levi's 501 Jeans
* weißes Hemd aus Baumwolle; Perlmuttknöpfe, Kragenstäbchen
* Polohemd von Ralf Lauren
* dunkelblauer Nadelstreifanzug mit weißen Streifen
* Krawatte aus Seide bzw. Wolle, geschnitten aus drei Teilen
* dunkle einfarbige Strümpfe von Falke
* ein Hoody Sweater von GAP
* klassische Schuhe von Ludwig Reiter, Allen-Edmonds
* feste Haferl-Schuhe von Lackner/Kitzbühel
* Unterwäsche von Schiesser
* Barbour-Jacke
* Smoking mit entsprechenden Accessoires (inkl. schwarzer Lackschuhe)
* Morgenrock aus Seide
* Sonnenbrille von Persol

* ______________________________
* ______________________________
* ______________________________
* ______________________________
* ______________________________
* ______________________________
* ______________________________
* ______________________________
* ______________________________
* ______________________________
* ______________________________

So erhöhen Sie die Haltbarkeit einer Flagge

Das Flattern einer Flagge im Wind ist ein derart komplizierter Vorgang, daß es Mathematikern zwar gelungen ist, den Vorgang mittels einer komplexen Formel zu beschreiben – die Formel aber nicht dazu geeignet ist, den Grund des Flatterns plausibel zu erklären. Darauf verwiesen erst im Februar 2005 die beiden Wissenschaftler **Médéric Argentina** und **Lakshminarayanan Mahadevan** von der Harvard University in Cambridge. Jedoch wissen erfahrene Flaggenproduzenten aufgrund ihrer langjährigen Erfahrung mit Sicherheit zu sagen, daß Flaggen ohne einen vernähten Saum am Ende ein Drittel länger halten als solche mit Saum. Bestehen Sie also beim nächsten Flaggenkauf unbedingt auf eine ohne Saum.

Rasieren Sie sich naß, und zwar abends

»Welche Vorteile vermittelte eine Rasur am Abend?
- Einen weicheren Bart:
- einen weicheren Pinsel, wenn man denselben absichtlich von Rasur zu Rasur im agglutinierten Seifenschaum beließ:
- eine weichere Haut, wenn man unerwarteterweise an abgelegenen Orten zu ungewöhnlichen Stunden weiblichen Bekannten begegnete:
- ruhiges Nachdenken über den Lauf des Tages:
- ein Gefühl größerer Sauberkeit, wenn man nach einem frischeren Schlaf erwachte, da die morgendlichen Geräusche, Vorahnungen und Beunruhigungen, eine klappernde Milchkanne, das zweimalige Klopfen eines Postboten, eine gelesene, beim Einseifen wiedergelesene Zeitung, ein Wiedereinseifen derselben Stelle, ein Schock, ein Stoß, ein schlecht gedachter nichtig flacher Stuß, zu beschleunigtem Rasieren führen konnten und zu einem Schnitt, auf welchem das präzis geschnittene, befeuchtete und applizierte Pflaster dann besser haftete, was zu bewirken war.«

Der Roman »Ulysses« von JAMES JOYCE beginnt damit, daß sich ein junger Mann morgens auf einem Turm rasiert. Aber erst im vorletzten Kapitel verrät uns Joyce, wie und vor allem wann man es richtig macht. Der Hinweis auf die Kompetenz von James Joyce in Sachen Naßrasur stammt von KATHARINA HAGENA, die in Zürich an der Joyce-Stiftung geforscht und in Dublin und Hamburg gelehrt hat.

Der Aufbau einer Burg

Im Leben eines jeden Jungen kommt der Moment, da er nach einem Ritterkostüm verlangt. Hier eine kleine Handreichung für die kompetente elterliche Erklärung, wo denn die Ritter gewohnt haben: der Aufbau einer idealtypischen mittelalterlichen Höhenburg.

A. Innerer Burghof

1. Hauptwachturm
   a. gedeckte Wehrplatte
   b. Einstieg mit aufziehbarer Leiter
   c. Pechnase
2. Hauptgebäude
3. Kapelle
4. Haus der Frauen
5. Haus für Gäste
6. Haus für Gesinde
7. Brunnen
8. Türme
   a. Zugbrücken
   b. Fallgitter
   c. Pechnasen
9. Wachturm
10. Haus für Vorräte
11. Wirtschaftsgebäude mit Küche
12. Eckturm
13. Mauern

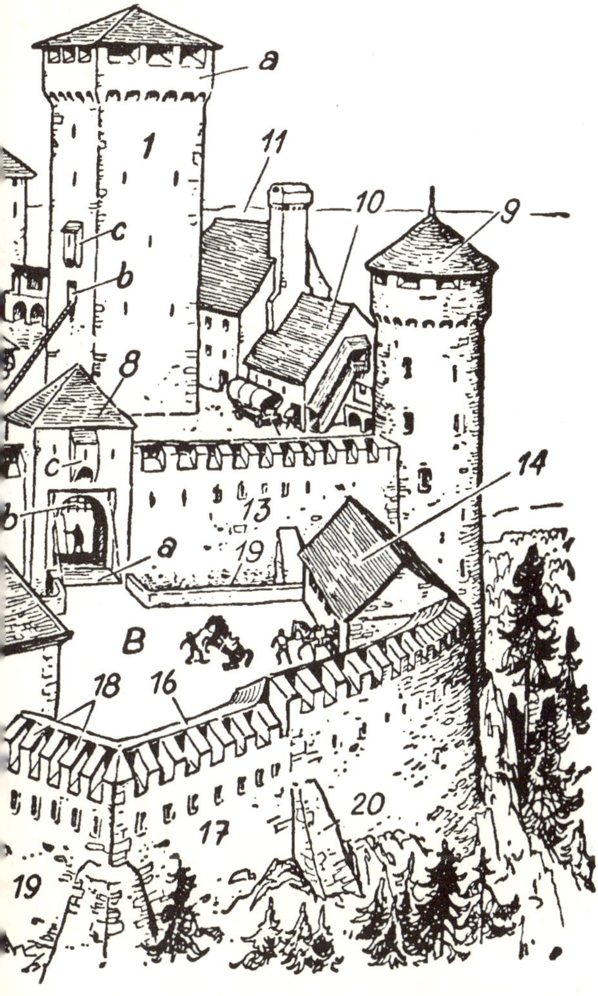

B. Äußerer Burghof

14. Ställe
15. Hundezwinger
16. gedeckte Wehrgänge
17. äußere Burgmauern
18. Mauerkrone mit Zinnen
19. Torgräben
20. Stützpfeiler

Leben Sie nie mehr ohne Transportkarre

Es gibt Dinge, die vermissen wir nicht – doch kaum besitzen wir sie, können wir uns nicht mehr vorstellen, wie wir jemals ohne sie gelebt haben. Eines dieser außergewöhnlichen Dinge ist die zweirädrige Transportkarre.

Eine Transportkarre ist ein – im Idealfall zusammenklappbares – technisches Hilfsmittel, das Ihnen beim Transport schwerer Dinge große Dienste leistet, so z.B. beim Bewegen von Getränkekisten, Koffern, Blumentöpfen, kleineren Möbelstücken, Kartons, Platten etc. Auch als Spielgerät eignet sich eine Transportkarre hervorragend, besitzt sie doch in der Regel eine Querstange, auf die sich das Kind setzen kann, um sich anschließend von Ihnen wie ein Gepäckstück transportieren zu lassen.

Zu den unschätzbaren Vorteilen der zweirädrigen Transportkarre gehört, daß sie es Ihnen möglich macht, sehr schwere Gegenstände mittels relativ geringen Kraftaufwandes zu bewegen. Schuld daran ist das Hebelgesetz, dessen Sie sich als Benutzer einer Karre ggfs. bedienen, ohne davon zu wissen – vielleicht erinnern Sie sich noch an die Formel Kraft mal Kraftarm = Last mal Lastarm.

Weil Sie nun ja gleich in ein Spezialgeschäft für Transportmittel gehen werden, bedenken Sie, daß Ihre neue Karre große Räder haben, stabil und professionell gebaut und zusammenklappbar sein sollte; die kleinen Einkaufswägelchen, die ältere Menschen gerne hinter sich herziehen, sind für Ihre Zwecke keinesfalls geeignet.

So schreiben Sie einen Hit

Nebenstehende Anleitung für das Schreiben eines Hits stammt von der Musikerin und Produzentin **Annette Humpe**, die u.a. mit der Band »Ideal« und zuletzt mit »Ich + Ich« große Erfolge feierte und feiert.

♪ Stellen Sie eine Behauptung auf wie »Deine blauen Augen machen mich so sentimental«, »Ich steh' auf Berlin«, »Du mußt ein Schwein sein«, »Ein Herz kann man nicht reparieren« oder »Du erinnerst mich an Liebe«.

♪ Als nächstes übertragen Sie die natürliche Satzmelodie in eine Gesangsmelodie. Das heißt: Geht die Stimme beim Sprechen nach oben, so geht die Melodie beim Gesang eine Sekund, Terz oder Quart nach oben. Geht sie nach unten, gilt Entsprechendes.

♪ Erläutern Sie anhand von Beispielen in den Strophen Ihre Behauptung. Die Melodie der Behauptung ist der Chorus und sollte eingängiger sein als die der Strophen, die auch experimentell daherkommen können.

Die Bahn der Erde um die Sonne

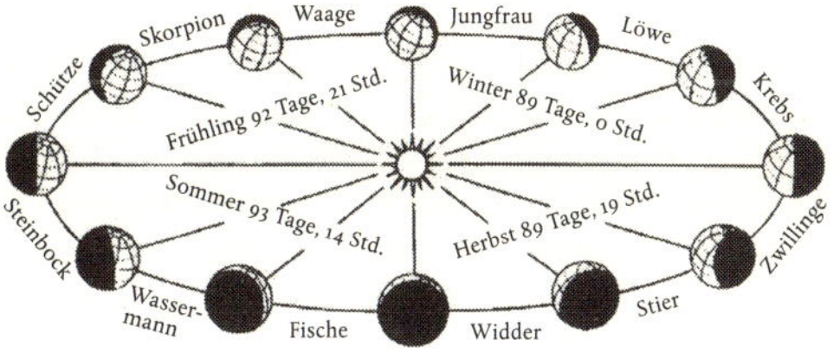

Während eines Jahres umkreist die Erde einmal die Sonne. Die Graphik zeigt ihre Bahn von schräg oben. Die Sonne durchwandert – von der Erde aus gesehen – scheinbar das gegenüberliegende Sternenbild.

Gesetzliche Feiertage in D

Vor dem Gesetz mögen alle Menschen gleich sein – vor dem Feiertagskalender der Bundesrepublik Deutschland sind sie es nicht. Untenstehend die vom **Bundesministerium für Inneres** bekanntgegebene Übersicht der ungleichen Feiertagsverteilung.

	Baden-Württemberg	Bayern	Berlin	Brandenburg	Bremen	Hamburg	Hessen	Mecklenburg-Vorpommern	Niedersachsen	Nordrhein-Westfalen	Rheinland-Pfalz	Saarland	Sachsen	Sachsen-Anhalt	Schleswig-Holstein	Thüringen
Neujahrstag (1.1.)	x	x	x	x	x	x	x	x	x	x	x	x	x	x	x	x
Hl. Drei Könige (6.1.)	x	x	–	–	–	–	–	–	–	–	–	–	–	x	–	–
Karfreitag	x	x	x	x	x	x	x	x	x	x	x	x	x	x	x	x
Ostermontag	x	x	x	x	x	x	x	x	x	x	x	x	x	x	x	x
1. Mai	x	x	x	x	x	x	x	x	x	x	x	x	x	x	x	x
Christi Himmelfahrt	x	x	x	x	x	x	x	x	x	x	x	x	x	x	x	x
Pfingstmontag	x	x	x	x	x	x	x	x	x	x	x	x	x	x	x	x
Fronleichnam	x	x	–	–	–	–	x	–	–	x	x	x	–	–	–	–
Mariä Himmelfahrt (15.8.)	–	k	–	–	–	–	–	–	–	–	–	x	–	–	–	–
Tag der dt. Einheit (3.10.)	x	x	x	x	x	x	x	x	x	x	x	x	x	x	x	x
Reformationstag (31.10.)	–	–	–	x	–	–	–	x	–	–	–	–	x	x	–	x
Allerheiligen (1.11.)	x	x	–	–	–	–	–	–	–	x	x	x	–	–	–	–
Buß- u. Bettag	–	–	–	–	–	–	–	–	–	–	–	–	x	–	–	–
Weihnachten (25./26.12.)	x	x	x	x	x	x	x	x	x	x	x	x	x	x	x	x

x gesetzlicher Feiertag
k gesetzlicher Feiertag in Gemeinden mit überwiegend katholischer Bevölkerung
(Feiertage, die immer auf einen Sonntag fallen, sind nicht berücksichtigt.)

Witze erzählen mit Freud

In »Der Witz und seine Beziehung zum Unbewußten« (1905) versucht SIGMUND FREUD, der Technik des Witzes ebenso auf die Spur zu kommen wie den Motiven, sie zu erzählen. Dabei zitiert er jede Menge (oft jüdisch geprägte) Witze. Hier drei davon, die Sie mit dem Hinweis auf deren Rang als wissenschaftliches Rohmaterial zitieren können – aber beachten Sie dabei auf jeden Fall den Ratschlag auf Seite 80.

Ges. Werke, Bd. VI

Das Ehepaar X lebt auf ziemlich großem Fuße. Nach der Ansicht der einen soll der Mann *viel verdient** und sich *dabei etwas zurückgelegt* haben, nach anderen wieder soll sich die Frau *etwas zurückgelegt* und dabei *viel verdient* haben. (S. 48)

*Alle Kursivierungen stammen von Sigmund Freud.

Ein Verarmter hat sich von einem wohlhabenden Bekannten unter vielen Beteuerungen seiner Notlage 25 fl.* geborgt. Am selben Tage noch trifft ihn der Gönner im Restaurant vor einer Schüssel Lachs mit Mayonnaise. Er macht ihm Vorwürfe: ›Wie, Sie borgen sich Geld von mir aus und dann bestellen Sie sich Lachs mit Mayonnaise. Dazu haben Sie mein Geld gebraucht?‹ ›Ich verstehe Sie nicht‹, antwortet der Beschuldigte, ›wenn ich kein Geld habe, kann ich nicht essen Lachs mit Mayonnaise, wenn ich Geld habe, darf ich nicht essen Lachs mit Mayonnaise. Also wann soll ich eigentlich essen Lachs mit Mayonnaise?‹ (S. 65)

* Gulden

Itzig ist zur Artillerie assentiert worden. Er ist offenbar ein intelligenter Bursche, aber ungefügig und ohne Interesse für den Dienst. Einer seiner Vorgesetzten, der ihm wohlgesinnt ist, nimmt ihn beiseite und sagt ihm: ›Itzig, du taugst nicht zu uns. Ich will dir einen Rat geben: Kauf' dir eine Kanon' und mach' dich selbständig.‹ (S. 71f)

Diese Kleidung sollten Sie als Besucher in Gotteshäusern tragen

In christlichen Kirchen sollten Besucher geziemend gekleidet sein, also keine kurzen Hosen, möglichst keine kniefreien Röcke, T-Shirts oder schulterfreien Kleider tragen. Männer müssen Kopfbedeckungen beim Betreten der Kirche abnehmen.

In Synagogen müssen männliche Besucher eine Kopfbedeckung tragen, Frauen spätestens ab dem Zeitpunkt, da sie verheiratet sind. Im übrigen gilt die obige Forderung nach geziemender Bekleidung.

Vor dem Betreten einer Moschee müssen Besucher ihre Schuhe ausziehen. Frauen müssen eine Kopfbedeckung tragen. Verboten sind kurze Hosen sowie ärmellose und schulterfreie Bekleidung.

Einige Fristen

Im Leben kommt es nicht nur darauf an, was man tut, sondern auch, wann man es tut. Hier ein paar Fristen als kleine Erinnerung, nicht den rechten Moment zu verpassen.

Inkubationszeit Masern	2 Wochen
Inkubationszeit Mumps	3 Wochen
Einbürgerungsfrist D	2 Jahre Ehe mit einem deutschen Bürger 3 Jahre Aufenthalt in Deutschland mit Aufenthaltserlaubnis
Garantiefrist	24 Monate für Gebrauchsgüter
Verjährungsfrist (z.B. Miet-, Rentenrückstände)	3 Jahre
Verjährungsfrist (Verletzung von Leben, Körper, Gesundheit)	30 Jahre
Steuerfrist (Einkommenssteuer)	5 Monate (bei Abgabepflicht) bzw. bis 30.9. des Folgejahres (für Steuerberater)
Wiederverheiratung nach Todesfall	individuell
Legaler Schwangerschaftsabbruch	bis zum 3. Schwangerschaftsmonat
Kündigungsfrist Arbeitsverhältnis (20 Jahre Beschäftigungsdauer)	7 Monate
Kündigungsfrist Mietvertrag (seitens Mieter)	bis zum Ende des übernächsten Monats*
Kündigungsfrist Mietvertrag (seitens Vermieter)	6 Monate (nach 5 Jahren Mietdauer) 9 Monate (nach 8 Jahren Mietdauer)
Anmeldung der Eheschließung	keine feste Frist
Urheberrecht	erlischt 70 Jahre nach dem Tod des Urhebers
Vaterschaftsanfechtung	2 Jahre Frist für Klage ab Kenntnis, daß man nicht der Vater ist
Frist zur Abnahme einer Bauleistung durch Bauherrn	12 Werktage
Umsatzsteuerbefreiung für Ausfuhrlieferungen von Unternehmern	3 Monate nach Kauf
Meldepflichtige Krankheiten	innerhalb von 24 Stunden nach erlangter Kenntnis

* Wenn im Mietvertrag ›gesetzliche Fristen‹ vereinbart sind.

Hotelsterne und ihre Bedeutung

Deutsche Hotelklassifizierung

Seit 1996 gibt es in Deutschland das einheitliche System der Hotelbewertung. Es heißt »Deutsche Hotelklassifizierung«, wurde vom Deutschen Hotel- und Gaststättenverband (DEHOGA) eingeführt und wird in dessen Auftrag vergeben.

★

Tourist – für einfache Ansprüche
Einzelzimmer 8 m², Doppelzimmer 12 m², Empfangsdienst, erweitertes Frühstück, Etagendusche/-WC, Telefax am Empfang, Depotmöglichkeit

★★

Standard – für mittlere Ansprüche
Einzelzimmer 12 m², Doppelzimmer 16 m², Frühstücksbuffet, 70 % der Zimmer mit Dusche oder Bad / WC, 70 % der Zimmer mit Farb-TV, Getränkeangebot im Haus, Sitzgelegenheit pro Bett, Tisch

★★★

Komfort – für gehobene Ansprüche
Einzelzimmer 14 m², Doppelzimmer 18 m², alle Zimmer mit Bad oder Dusche / WC, 12 Stunden besetzte Rezeption, 24 Stunden erreichbar, Getränkeangebot auf jedem Zimmer, alle Zimmer mit Farb-TV, bargeldloses Zahlen mit Kreditkarten, Restaurant

★★★★

First Class – für hohe Ansprüche
Einzelzimmer 16 m², Doppelzimmer 22 m², Frühstück und Speisen im Roomservice, Minibar oder 24 Stunden Roomservice, Bademantel auf Wunsch, Kosmetikspiegel, Fön, Sessel / Couch, Waschen und Bügeln der Gästewäsche, Hotellobby, Restaurant, Hotelbar

★★★★★

Luxus – für höchste Ansprüche
Einzelzimmer 18 m², Doppelzimmer 26 m², Suiten, 24 Stunden besetzte Rezeption mit Concierge, zusätzliche Waschbecken, Kosmetikartikel, Safe im Zimmer, Empfangshalle, Restaurant, Hotelbar

Sonderformen

Hotel garni – darunter versteht man ein Hotel, das Beherbergung, Frühstück, Getränke und höchstens kleine Speisen anbietet. Für Hotel garnis können maximal 4 Sterne vergeben werden.

Superior – dieses *epiteton ornans* wird an die Spitzenbetriebe der einzelnen Kategorien vergeben; sie fallen vor allem durch besonders exzellente Dienstleistungen auf. Eigentlich müßten sie in die nächste Sternklasse aufsteigen, es fehlt ihnen aber an der dazu nötigen Ausstattung.

Auf die Aussagekraft der Sterne kann man sich deutschlandweit verlassen. International herrscht freilich eine babylonische Sternverwirrung; die Bedeutung der Sterne variiert je nach Land und mitunter sogar je nach Region.

So schlachten Sie ein Huhn

Geht man nach dem klassischen »Kochbuch der Bäuerin«, haben Sie drei Möglichkeiten, ein Huhn zu schlachten; sie unterscheiden sich durch die Schnitte.

Der erste ist der sogenannte Halsaderschnitt, bei dem Sie an der linken Kopfseite die Halsader durchtrennen.

Halsaderschnitt

Die zweite Möglichkeit besteht darin, dem Huhn den Schnabel zu öffnen und mit einem schmalen Messer die im Inneren befindliche Schlagader zu durchschneiden.

Schnitt im Schnabel

Oder aber Sie stechen dem Huhn durch den Kopf und zwar von einem Ohr zum anderen. Anschließend das Tier ausbluten lassen. Die Vorbereitung ist stets dieselbe: Betäuben Sie das Huhn mit einem Schlag auf den Kopf und klemmen Sie es sich zwischen die Knie.

Ohrenschnitt

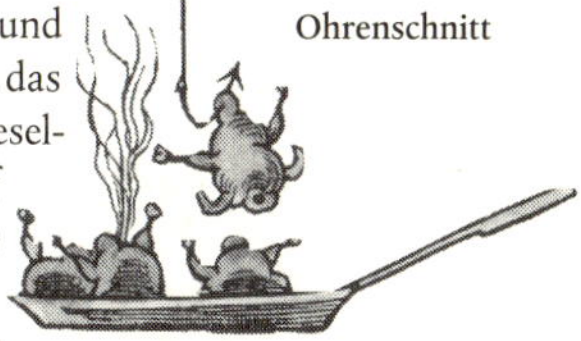

Schweine und Kühe werden nach demselben Grundprinzip geschlachtet. Anders verhält es sich bei Kälbern: Sie werden nach dem Betäubungsschlag an den Hinterfüßen aufgehängt; anschließend schneidet man ihnen mit einem scharfen Messer den Hals unterhalb der Kinnbacken bis zum Rückgrat durch.

Es ist davon auszugehen, daß, wer sich näher mit diesem Thema beschäftigt, eine neue Sicht auf das Thema »Fleisch essen« gewinnen wird.

Seien Sie als CEO wie ein Kampfhahn

Ki-Hsiao-Tse richtete für den Fürsten einen Kampfhahn ab.

Nach zehn Tagen fragte der Fürst, ob der Vogel bereit sei. »Noch nicht«, antwortete er; »er ist noch voll Streitsucht und Übermut.«

Nach weiteren zehn Tagen fragte der Fürst wieder. »Noch nicht«, antwortete er; »noch erregt ihn die Stimme und der Anblick anderer Hähne.«

Nach weiteren zehn Tagen fragte der Fürst wieder. »Noch nicht«, antwortete er; »noch zittert ihm der Zorn in Leib und Augen.«

Als aber noch zehn Tage vergingen und der Fürst wieder fragte, antwortete er ihm: »Jetzt taugt er. Andere Hähne mögen vor ihm krähen, soviel sie wollen, er wird es nicht beachten. Wenn du ihn ansiehst, möchtest du sagen, er sei aus Holz. Seine Tugend ist vollendet. Fremde Hähne werden nicht wagen, sich mit ihm zu messen, sie werden davonlaufen.«

TSCHUANG-TSE lebte um 300 v. Chr., sein Meister war Lao-Tse, und er schuf auf der Basis von dessen Lehre vom Tao (dem »Unwißbaren«) ein dichterisches Werk.
Das Gleichnis ist »Reden und Gleichnisse« (Manesse, 1951) entnommen und verdichtet Management-Wälzer auf wenige Zeilen.

Zwei Alphabete für die Verständigung von Gehörlosen

Wollen Gehörlose mit anderen kommunizieren, haben sie dazu mehrere Möglichkeiten. Beispielsweise steht ihnen das **Deutsche Fingeralphabet** zur Verfügung. Dabei wird jeder Buchstabe durch eine Handform repräsentiert.
Taubblinde Menschen wiederum können mittels des **Lormen-Alphabets** kommunizieren. Dabei tippen sie einander mit Hilfe eines Tastalphabets ihre Nachrichten in die Hand.

Deutsches Fingeralphabet

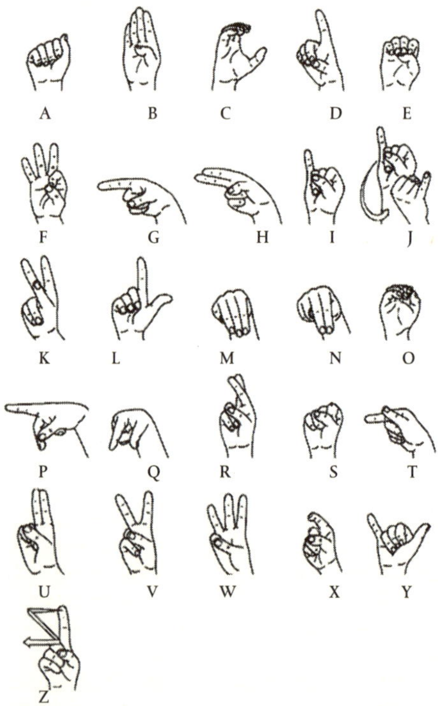

Für manche Laute wird die Hand auf und ab bewegt

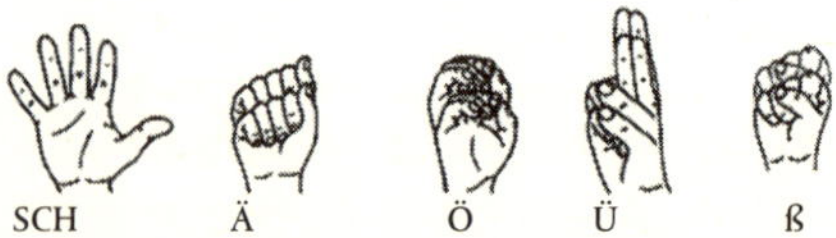

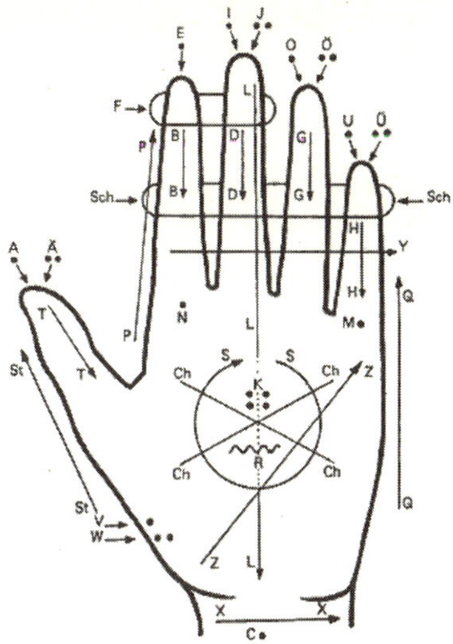

Lormen-Alphabet

So merken Sie sich einen Namen

Wenn Ihnen jemand vorgestellt wird, wiederholen Sie den Namen der Person sogleich: »Freut mich sehr, Sie kennenzulernen, Frau …!« Sie erreichen damit zweierlei: Sie zeigen Interesse an der Person und unternehmen den ersten Schritt, sich den Namen zu merken. Sprechen Sie Ihr neues Gegenüber auch während des Gesprächs gelegentlich mit seinem Namen an.

Namen beim Vorstellen sofort wiederholen

Das Gegenüber gelegentlich mit seinem Namen ansprechen

Versuchen Sie anschließend, den Namen mit etwas Bildhaftem zu assoziieren. Zum Beispiel mit einem Wort, das sich auf den Namen reimt und mit der Person zu tun hat: »Ruth trägt einen Hut.« Sie können sich auch eine Frucht vorstellen, die zu der Person paßt und die mit demselben Buchstaben beginnt: »Anna mag Aprikosen.« Oder bringen Sie den Namen mit einer Person in Verbindung, die Sie bereits kennen und die denselben Namen trägt.

Namen mit etwas Bildhaftem assoziieren

An Freunde mit demselben Namen denken

Unter Menschen, die ständig mit neuen Gesichtern zu tun haben, gibt es noch die Methode, nach einigen Minuten des Gesprächs, in denen sie den Namen ihres Gegenübers wieder vergessen haben, zu fragen: »Sagen Sie mir bitte noch einmal Ihren Namen?«, um – wenn das Gegenüber pikiert antwortet – einzuwenden: »Aber ich meinte doch Ihren Vornamen!«

Einfach noch einmal fragen

Einige hilfreiche Fragen an echte bzw. unechte historische Möbel

Ihnen wird auf dem Flohmarkt ein garantiert echtes historisches Möbel angeboten, zu einem wirklich verblüffenden Preis?
Zeit, sich einige prüfende Fragen zu stellen. Die Basis dafür hat MARTIN MARQUARDT in seinem Buch »Original oder Fälschung? Restaurierte Möbel bewerten, Plagiate erkennen« (Battenberg) gelegt.

Schauen Sie sich die Oberflächen kritisch an!

→Sind größere Flächen völlig eben, gleichmäßig glänzend? → Fühlen Sie keine Unebenheiten, wenn Sie mit der Hand darüberstreichen? → Stellen Sie keine Gebrauchsspuren wie Druckstellen, Kratzer und Verfärbungen fest? → Fallen starke Farbkontraste zwischen den verwendeten Holzarten auf? → Erscheint das Farbspiel gemaserten Holzes unnatürlich?

➡ Wenn Sie einige dieser Fragen mit ›Ja‹ beantworten müssen, haben Sie es mit einem zu makellosen Möbel zu tun. Es ist zumindest überrestauriert – oder gar eine Fälschung.

Beachten Sie die Holzsubstanz!

Besteht der Verdacht, daß größere Teile neu angefertigt wurden? → Ist das Konstruktionsholz glatt? → Ist es dunkelbraun eingefärbt? → Sind Spuren moderner Holzbearbeitungsmaschinen zu sehen? → Sieht man in Längsrichtung freigelegte Holzwurmgänge? → Sind moderne Hilfsmittel wie Holzdübel, Nägel oder Schrauben verwendet worden?

➡ Wenn Sie Dinge dieser Art feststellen, haben Sie es auf keinen Fall mit einem historischen Original zu tun. Sollte Ihnen das Möbel dennoch gefallen, zahlen Sie zumindest einen anderen Preis als den geforderten.

Papier auflockern

Sollte der Drucker oder Kopierer mehrere Blatt Papier auf einmal einziehen, so liegt das meist daran, daß sie leicht aneinander kleben.
Es ist daher ratsam, den Papierstapel vor dem Einlegen ins Papierfach in der nebenstehend gezeigten Art aufzulockern.

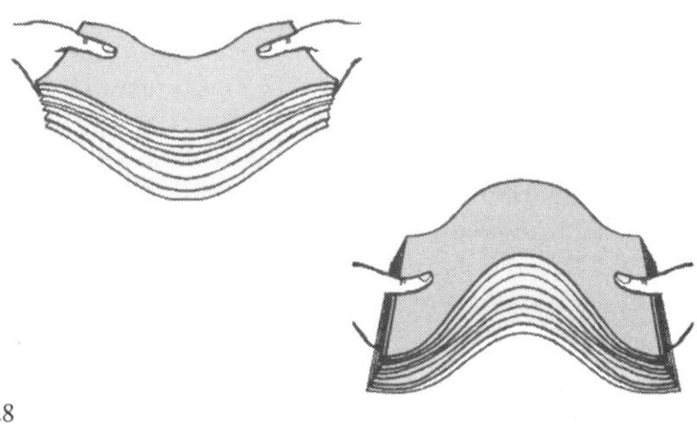

So nähen Sie einen Knopf an

So-
bald ein Knopf die Absicht erkennen
läßt, sich vom Hemd bzw. Mantel zu lösen, ma-
chen Sie ihn am besten selber ab. Wenn Sie ihn hingegen
verloren haben, kramen Sie in der Schale, die im Flur auf dem Side-
board steht – dort findet sich unter Garantie ein passender. Daß der Faden,
mit dem man den Knopf gleich annähen wird, tunlichst die Farbe der anderen
Knopffäden haben sollte, versteht sich von selbst. Nun-mehr ein ca. 25 bis 30 cm
langes Stück Faden in die Nähnadel fädeln und beide Enden minde-
stens zweifach verknoten. Nun die alten Einstich- stellen suchen, gegebe-
nenfalls Fadenreste entfernen und die Nadel vom Inneren des Kleidungsstücks durchste-
chen, Faden bis zum Anschlag durchziehen (deshalb der Knoten am Fadenende), Knopf auf-
fädeln, Nadel durch das zweite (der vier) Knopflöcher und in die zweite alte Einstichstelle füh-
ren, weiter mit dem dritten und vierten Loch. Führen Sie die Nadel zumindest dreimal durch
jedes Knopflochpaar – und zwar so, dass die Fäden parallel liegen. Obacht! Den Knopf
nicht zu eng an das Hemd bzw. den Mantel nähen, sonst erfüllt er seinen
Zweck nicht. Deshalb le- gen manche ein Streich- holz zwischen Knopf
und Stoff, um die Distanz zu wahren. Finalisiert wird das Knopfannähen, in-
dem man vom Kleidungsinneren nicht in ein Knopfloch, sondern in den Raum
zwischen Stoff und Knopf sticht. Anschließend den Faden ein paarmal um
die den Knopf festhaltenden Fäden wickeln, schließlich mit der
Nadel ein paarmal durch das so entstandene Knäuel stechen.
Ende. Rest abschneiden.

25–30 cm Faden

Ende doppelt verknoten

Alte Einstichstelle suchen

Vom Inneren des Kleidungsstücks beginnen

Fäden parallel führen

Streichholz dazwischenlegen

Länder und ihre Bewohner

Andorra → Andorraner | Angola → Angolaner | Bangladesch → Bangladescher | Barbados → Barbadier | Elfenbeinküste → Ivorer | Ghana → Ghanaer | Irak → Iraker | Irland → Irländer, Iren | Jemen → Jemeniten | Kongo → Kongolesen | Kuweit → Kuweiter | Laos → Laoten | Madagaskar → Madagassen | Monaco → Monegassen | Myanmar → Burmesen | Namibia → Namibier | Nepal → Nepalesen | Niger → Nigrer | Nigeria → Nigerianer | Pakistan → Pakistaner | Panama → Panamaer | Paraguay → Paraguayer | Philippinen → Philippiner | Sansibar → Sansibarer | Slawonien → Slawonen | Slowakei → Slowaken | Slowenien → Slowenen | Taiwan → Taiwaner | Thailand → Thailänder | Tibet → Tibeter, Tibetaner | Togo → Togoer, Togolesen | Venezuela → Venezolaner | Zypern → Zyprer

In seinem sehr erfolgreichen Wegweiser durch den Irrgarten der Sprache (»Der Dativ ist dem Genetiv sein Tod«, KiWi) klärt uns BASTIAN SICK darüber auf, wie die Bewohner bestimmter Länder korrekt bezeichnet werden. Eine Liste von einigem Gebrauchswert.

Internationale Bootsklassen

Klassenzeichen	Name	Verwendung	Länge	Segelfläche
	Mistral	Olympisches Surfboard	3,72 m	6,6 qm
	Optimist	Internationales Jüngstenboot	2,30 m	3,50 qm
	Europe	Olympische Einhand-Frauen-Jolle	3,35 m	7,00 qm
	OK-Jolle	Internationale Einmann-Jugendjolle	4,00 m	8,50 qm
	Finn-Dinghy	Olympische Einmann-Jolle	4,50 m	10,00 qm
	Laser	Olympische Einmann-Jolle	4,23 m	7,10 qm
	420er	Internationale Zweimann-Jolle	4,20 m	10,25 qm
	470er	Olympische Zweimann-Jolle	4,70 m	12,70 qm
	505er	Internationale Zweimann-Jolle	5,05 m	16,30 qm
FD	Flying Dutchman	Internationale Zweimann-Jolle	6,05 m	15,00 qm
	Tornado	Olympischer Zweimann-Katamaran	6,10 m	21,50 qm
	Star	Olympisches Zweimann-Kielboot	6,92 m	26,13 qm
	Soling	Olympisches Dreimann-Kielboot	8,15 m	21,70 qm
D	Drachen	Internationales Dreimann-Kielboot	8,90 m	26,60 qm

So erwecken Sie den Eindruck, ein Intellektueller zu sein

Bücher sind ein unverzichtbarer Bestandteil einer kultivierten Wohnung, die Lektüre derselben Ausweis einer intellektuellen Lebensführung. Doch was tun, wenn man zwar das Geld hat, die Bücher zu kaufen, aber nicht die Zeit (oder die Intelligenz), sie zu lesen? Wie sieht das denn aus? Lauter ungelesene Bücher in den Regalen? Flann O'Brien empfiehlt, einen Buchhandhaber zu engagieren – je nach finanziellen Mitteln einen anderen:

Handhabung volkstümlich. Jeder Band wird gut und gründlich gehandhabt, davon pro Stück vier Blatt mit Eselsohren, sowie Straßenbahnfahrschein, Gepäckschein-Abschnitt oder anderer vergleichbarer Gegenstand als vergessenes Lesezeichen beigelegt. (…)
Erstklassige Handhabung. Jeder Band wird vollendet gehandhabt, vier Blatt pro Stück mit Eselsohren versehen, in nicht weniger als 25 Bänden wird eine geeignete Passage mit Rotstift unterstrichen, und als vergessenes Lesezeichen bekommen alle Bände je eine Flugschrift über Victor Hugo in französischer Sprache. (…)
Handhabung De Luxe. Jeder Band wird übel zugerichtet, die Buchrücken der kleineren Bände werden in einer Weise beschädigt, die den Eindruck entstehen läßt, sie seien in Brust- oder Hosentaschen herumgetragen worden, eine Passage in jedem Band wird mit Rotstift unterstrichen plus Ausrufungs- oder Fragezeichen am Seitenrand, ein altes Programm vom Gate Theatre wird jedem Band als vergessenes Lesezeichen beigelegt (…), nicht weniger als dreißig Bände werden mit alten Kaffee-, Tee-, Porter- oder Whiskeyflecken behandelt und nicht weniger als fünf Bände mit dem gefälschten Namenszug des Autors versehen. (…)
Die vierte Stufe ist die **Superbe Handhabung,** obwohl sie eigentlich nie so genannt wird; Le Traitement Superbe ist die weit üblichere Bezeichnung. […] Jeder Band wird gut und wirklich und wahrhaftig gehandhabt, zuerst von einem qualifizierten Handhaber und dann von einem Meister-Handhaber, der auf nicht weniger als 550 Handhabestunden zurückblicken kann; geeignete Passagen in nicht weniger als fünfzig Prozent der Bücher werden mit roter Qualitätstinte unterstrichen, und am Rand wird eine angemessene Redensart aus der Liste s.u. beigefügt:

Quatsch!
Ja, allerdings!
Sehr wahr, sehr wahr!
Da bin ich aber ganz anderer Meinung.
Warum?
Ja, aber vgl. Homer, Od. III, 151.
Na, na, na.
(…)«

Flann O'Briens **Ratschläge entstammen dem Bändchen** *»Trost und Rat. Die besten Kolumnen aus der ›Irish Times‹«*, **aus dem Englischen von Harry Rowohlt, © 2003 by Kein & Aber AG, Zürich. Es versammelt einzelne Folgen der Kolumne »Cruiskeen Lawn« (Gefüllter Krug), die Flann O'Brien ab 1940 unter dem Pseudonym Myles na gCopaleen (Myles von den Pferdchen) in der** *Irish Times* **schrieb – 26 Jahre lang.**

Das gehört ins Notgepäck

Darüber Bescheid zu wissen, was ins Notgepäck gehört, empfiehlt sich nicht nur für Menschen, die sich in gefährlichen Weltgegenden und außergewöhnlichen Situationen bewegen (die sind meist bestens informiert), sondern vor allem für jene, deren Alltag ohne besondere Gefahren ist. Sie trifft es in der Regel besonders überraschend, wenn es heißt: »Verlassen Sie binnen kürzester Zeit ihre Wohnung – das Haus ist einsturzgefährdet!« oder noch schlimmer: »Die Stadt muß evakuiert werden – machen Sie sich bereit dazu!«

Zweck des Notgepäcks ist es, Sie eine gewisse Zeit mit dem Notwendigsten zu versorgen, bis Sie anderswo Unterschlupf gefunden haben oder in Ihre Wohnung zurückkehren können. Am besten, Sie transportieren das Notgepäck in einem Rucksack, so haben Sie stets freie Hände; das Gepäck darf nur so schwer sein, daß Sie es ohne Probleme längere Zeit tragen können.

- Erste-Hilfe-Material
- Persönliche Medikamente
- Rundfunkgerät mit UKW und Mittelwelle (auch für Batteriebetrieb, Reservebatterien; idealerweise Radio zum Aufziehen)
- Dokumentenmappe (wasserdicht verpackt)
- Verpflegung für zwei Tage (staubdicht verpackt)
- Feldflasche, Eßgeschirr und -besteck, Dosenöffner
- Taschenlampe
- Feuerzeug
- Schlafsack oder Decke (eventuell Isoliermatte)
- Kleidung und Hygieneartikel
- Handy
    - Ausweise
    - Geld
    - Wertsachen
    - SOS-Kapsel für Kinder (mit Angaben zu deren Person und der Adresse der Eltern)
    - Schutzhelm (z.B. Arbeits-Schutzhelm, Fahrrad-Sturzhelm)
    - Schutzmaske bzw. Schutzhaube mit Kombinationsfilter; mindestens aber Halbmaske mit gasdichter Schutzbrille (bei chemischen oder radioaktiven Gefahren)
    - Schutzbekleidung wie z.B. Seglerbekleidung oder langer Regenmantel mit Kapuze
    - Strapazierfähige Schuhe mit hohem Schaft oder Gummistiefel, möglichst dicke Sohlen

Quelle: Bundesamt für Bevölkerungsschutz und Katastrophenhilfe (BBK)

Handelsklassen für Obst und Gemüse

Um zu garantieren, daß nur qualitativ einwandfreies Obst und Gemüse auf den Markt kommt, hat die EU Qualitätsnormen und Handelsklassen geschaffen. Die entsprechende Verordnung regelt u.a. die Einstufung von Obst und Gemüse.

Klasse Extra
- Erzeugnisse von höchster Qualität
- weisen in Form, Entwicklung und Farbe alle sorten- und handelstypischen Eigenschaften auf, praktisch fehlerfrei

Klasse I
- Erzeugnisse von guter Qualität
- weisen alle sortentypischen Eigenschaften auf
- leichte Fehler sind zulässig, wenn sie Aussehen, Qualität, Haltbarkeit und Aufmachung nicht beeinträchtigen

Klasse II
- Erzeugnisse von marktfähiger Qualität
- entsprechen nicht den Anforderungen der höheren Klassen, erfüllen aber Mindesteigenschaften
- zulässig sind Fehler, sofern die wesentlichen Anforderungen an Qualität, Haltbarkeit und Aufmachung erfüllt werden

Verteidigung durch Nachgeben

© Herman Vos

Unsere klassische Vorstellung geht davon aus, daß man einen Gegner nur besiegen kann, wenn man ihm aktiven Widerstand entgegenbringt und stärker ist als er. Eine Ansicht, die JIGORO KANO (1860-1938) nicht teilt. Der Begründer des Judo propagierte die Wurftechnik vielmehr als die Kunst, den Gegner durch Nachgeben zu besiegen: »Aber, wenn ich, anstatt mich dem Gegner entgegenzustellen, nachgebe und meinen Körper gerade soviel zurückziehe, wie er mich gestoßen hat, und dabei das Gleichgewicht halte, dann würde er sich natürlich vorwärtsneigen und dabei sein Gleichgewicht verlieren.«

Meldepflichtige Krankheiten

Das »Gesetz zur Verhütung und Bekämpfung von Infektionskrankheiten beim Menschen« regelt, was im Falle bestimmter, für die Allgemeinheit gefährlicher Krankheiten zu geschehen hat: Sie müssen – durch den behandelnden Arzt, das Krankenhaus oder den Kranken bzw. seine Angehörigen – namentlich gemeldet werden, also mit Angabe des Namens, der Adresse etc. des Patienten und zwar an das Gesundheitsamt der Hauptwohnung. Konkret sind das folgende Erkrankungen.

Namentlich ist zu melden der Krankheitsverdacht, die Erkrankung sowie der Tod an:

a) Botulismus
b) Cholera
c) Diphtherie
d) Humaner spongiformer Enzephalopathie, außer familiär-hereditärer Formen
e) akuter Virus-Hepatitis
f) enteropathischem hämolytisch-urämischem Syndrom (HUS)
g) virusbedingtem hämorrhagischen Fieber
h) Masern
i) Meningokokken-Meningitis oder -Sepsis
j) Milzbrand
k) Poliomyelitis (= Kinderlähmung; als Verdacht gilt jede akute schlaffe Lähmung, außer wenn traumatisch bedingt)
l) Pest
m) Tollwut
n) Typhus abdominalis/Paratyphus sowie die Erkrankung und der Tod an einer behandlungsbedürftigen Tuberkulose, auch wenn ein bakteriologischer Nachweis nicht vorliegt.

So binden Sie eine Krawatte

Bei dem abgebildeten Knoten handelt es sich um einen »Four-in-Hand«.
Mit ihm sind Sie stilistisch jederzeit gut beraten, er paßt zu jeder Kragenform. Seine leicht asymmetrische Form verleiht ihm seine Rafinesse. Zudem läßt er sich sowohl mit dicken als auch mit dünnen Krawatten realisieren.

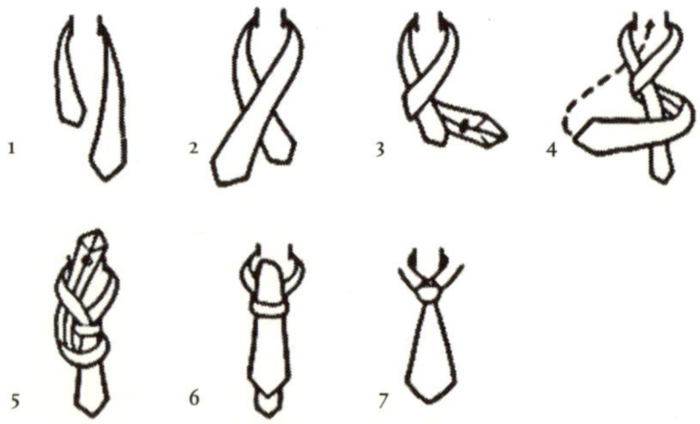

So führen Sie ein Interview

1. Kein Vorgespräch führen, gleich mit dem Fragen beginnen.

2. Möglichst alles, was der Gesprächspartner geschrieben oder gesagt hat, gelesen haben. Nur so kann man das von ihm für die Öffentlichkeit vorgesehene Image durchbrechen und ihn zur Selbstentlarvung verleiten.

3. Keine Meinungen äußern! Gibt die interviewte Person eine Meinung kund, soll diese weder durch eine Gegenmeinung blockiert noch durch Zustimmung abgekürzt werden.

4. Das Interview alleine führen. Zwei oder mehr Interviewer verhindern, daß sich aus den charakterlichen Unterschieden der Gesprächspartner ein spannender Dialog ergibt.

5. Flexibel sein! Nur die erste Frage, in der wie in einer Ouvertüre das Hauptthema anklingt, steht fest. Alles weitere ergibt sich aus den Antworten des Interviewten, wobei der Interviewer nie aus den Augen verlieren darf, was er dem Partner entlocken will.

6. Schamlos sein, auch sich selbst gegenüber. Denn ein Interviewer kann guten Gewissens nur solche Fragen stellen, die er, interviewte man ihn, nicht fürchten würde. Die Grenze, bis zu der sich die interviewte Person entäußert, bestimmt diese selbst.

7. Was die interviewte Person dem Interviewer sagt, sagt sie öffentlich. Das Tonbandgerät steht auf dem Tisch. Antworten, die mit der Ankündigung »off records« gegeben werden, sollten sofort unterbunden werden. Ins Mikrophon Gesagtes darf nicht zurückgenommen oder abgeschwächt werden. Das muß gegen die zunehmende Mode der »Autorisierung«, die den Interviewpartner sogar dazu berechtigt, die Fragen des Interviewers zu ändern, wieder durchgesetzt werden. Der Interviewer ist nicht der Geburtshelfer von Mitteilungen, die der Interviewte gern über sich lesen will.

8. Die Interviewsituation thematisieren! Wenn die interviewte Person schweigt oder lächelt, fragen, warum sie das tut oder was sie gerade denkt. Ein gutes Interview ist die Entblößung des Denkens.

9. Montage. Das geschriebene Interview bietet die Gelegenheit, das Denken des Gesprächspartners durch das Hervorheben von Zusammenhängen, die dem Interviewten selbst nicht unbedingt klar sein müssen, sichtbar zu machen.

10. Ein geschriebenes Interview muß so aufgebaut sein, daß es, unabhängig von der interviewten Person, spannend zu lesen ist. Es ist eine Kunstform. Nur die Kunst bringt die Wahrheit ans Licht.

11. Der Interviewer sollte dem Interviewten immer in die Augen sehen und keine Pausen im Fragen entstehen lassen. Die meisten Gesprächspartner, besonders Männer (Frauen sind da weniger eitel), fassen das als sich anschleichendes Desinteresse auf und beenden dann, um das Gesicht zu wahren, selber das Gespräch. Der Interviewer schweigt nur, wenn der andere redet oder nachdenkt! Das Interesse ist zwar gespielt (also künstlich), muß aber so gut gespielt sein, daß der andere vor Entzücken vergeht.

ANDRÉ MÜLLER ist einer der profiliertesten deutschen Journalisten. Er wurde vor allem durch seine Interviews bekannt. Nebenstehend formuliert er 11 Regeln für ein gelungenes Gespräch. Nachzulesen sind seine Interviews mit Persönlichkeiten wie Claus Peymann, Hans Magnus Enzensberger, Loriot oder Ernst Jünger in Büchern wie »Über die Fragen hinaus, Gespräche mit Schriftstellern« (dtv), »Entblößungen« (Goldmann), »Im Gespräch« (Rowohlt) und »Ich riskiere den Wahnsinn« (KiWi). Darüber hinaus hat André Müller die Prosabände »Gedankenvernichtung« (Brandstätter) und »Simering« (Gva) veröffentlicht.

So sollten Sie sich grundsätzlich ernähren

Wollen Sie eine grobe Orientierung gewinnen, wie Sie sich ernähren sollen, gibt Ihnen diese siebenstöckige Ernährungspyramide einen ersten Eindruck. Sie zeigt augenfällig, wovon Sie wenig und wovon Sie viel zu sich nehmen sollten:

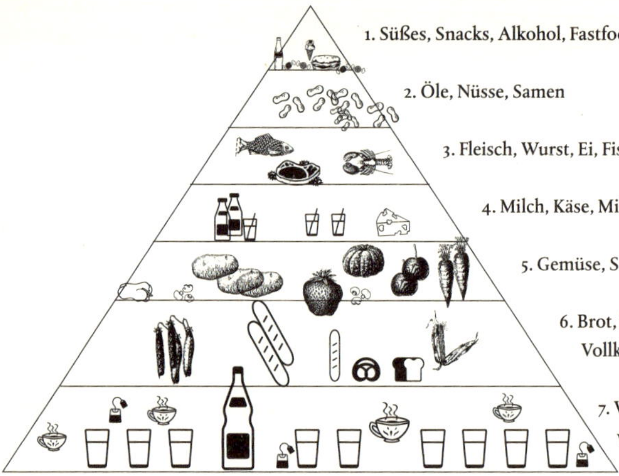

So lange überleben Sie ohne Wasser

Wie lange ein Mensch ohne Wasser überlebt, ist abhängig davon, welche Temperatur in seiner Umgebung herrscht. Länger als zehn Tage schaffen es Menschen nicht – egal, wie kühl es auch sein mag.

Maximale Temperatur*	Tage
49°	2
43,3°	3
37,7°	5
32,2°	7
26,5°	9
21°	10
15°	10
10°	10

* Grad Celsius im Schatten

So verschaffen Sie sich einen Eintrag ins Guinness Buch der Rekorde

* Informieren Sie die Firma »Guinness« von Ihrem Vorhaben, einen Rekord aufzustellen. Zu diesem Zwecke füllen Sie das entsprechende Formular »Make a Record Attempt« auf der Website www.guinnessworldrecords.com aus.
* Jeder Wettbewerb hat seine spezifischen Regeln. Wenden Sie sich an Guinness, um sich darüber zu informieren.
* Haben Sie vor, einen bestehenden Rekord zu brechen, wird Ihnen Guinness alle aktuellen Details dazu übersenden.
* Wollen Sie hingegen eine neue Disziplin begründen und deren erster Rekordhalter werden, wird sich eine eigene »Forschungsabteilung« gebührenfrei damit beschäftigen; sie wird sich bei Ihnen melden – und Ihnen im Anerkennungsfall die Regeln schicken, die man sich für die neue Disziplin ausgedacht hat. In der Regel benötigt die »Forschungsabteilung« zwischen vier bis sechs Wochen, um zu antworten. Wollen Sie schneller Antwort, können Sie die Dauer durch die Zahlung von 250 britischen Pfund auf drei Tage verkürzen.
* Alle Guinness-Weltrekorde müssen, um gültig zu sein, von der Londoner Hauptgeschäftsstelle bewilligt worden sein.

Mal angenommen, Sie suchen nach einem Weg, in einer beliebigen Disziplin der Weltbeste zu werden, so empfiehlt es sich, einen Platz im »Guinness Buch der Rekorde« anzustreben. Hier die Anleitung, wie Sie das Projekt starten (sie stammt von Guinness).

Zeitgenössische lateinische Vokabeln

Wenn Sie in die Verlegenheit kommen, aktuelle Themen in lateinischer Sprache darstellen zu müssen – hier einige der Vokabeln, die Ihnen bislang gefehlt haben dürften.

Apartheid	=	segregátio nigritarum
Babysitter	=	infantária (-ae)
Barmann	=	tabernae potóriae minister
Basketball	=	follis canistrique ludus
Bestseller	=	liber máxime divénditus
Blue-jeans	=	bracae línteae caerúleae
Check-up	=	totius córporis inspéctio
Computer	=	instrumentum computatórium
Fans	=	admiratores studiosissimi
Pizza	=	placenta compressa
Radar	=	radioëléctricum instrumentum detectórium
Traveller Cheque	=	mandatum nummárium periegéticum
Würstel	=	botellus

Durch die 1976 gegründete Stiftung »Latinitas« will der Vatikan das Studium der lateinischen Sprache sowie der klassischen, christlichen und mittelalterlichen Literatur fördern. Eines der wichtigen Projekte, das diesem Zweck dienen soll, ist das »Lexicon recentis Latinitatis«, ein Wörterbuch, das über 15.000 zeitgenössische Begriffe umfaßt und die Betonungszeichen mitliefert.

Machen Sie es wie die Kellner

17,30	Sollten Sie von jemandem Geld bekommen (17,30 Euro) und dieser Jemand Ihnen einen
+ 0,20	höheren Betrag geben (50 Euro), versuchen Sie nicht umständlich mittels Substraktion aus-
+ 0,50	zurechnen, wieviel er zurückbekommt (50,00–17,30 = ??), sondern drehen Sie den ganzen
+ 2,00	Prozeß einfach um: addieren Sie, wieviel Wechselgeld er bekommt.
+ 30,00	Also: Geben Sie Ihrem Gegenüber erst mal 20 Cent (= 17,50) , dann 50 Cent (=18,00), dann 2
50,00	Euro (= 20,00) und schließlich 30 Euro (= 50,00). Und Sie sind quitt.

Die juristische Basis ungestörten Sichgehenlassens

Suchen Sie nach einer juristischen Grundlage für Ihr Bedürfnis, sich ungestört gehenzulassen, so finden Sie sie im Grundgesetz. Das Persönlichkeitsrecht garantiert nämlich die Unverletzlichkeit der Privatsphäre – in bestimmten Fällen selbst außerhalb des häuslichen Bereichs. Wie es sich mit der Privatsphäre im Detail verhält, entnehmen Sie bitte den Ausführungen des Berliner Anwalts DR. CHRISTIAN LUCKEY.

Die Privatsphäre ist neben der Individualsphäre und der Intimsphäre Bestandteil des verfassungsrechtlich geschützten Persönlichkeitsrechts.[1]

Die Privatsphäre umfaßt räumlich zunächst den häuslichen Bereich. Die schützenswerte Privatsphäre besteht aber auch außerhalb des häuslichen Bereichs, wenn sich jemand in eine örtliche Abgeschiedenheit zurückgezogen hat, in der er objektiv erkennbar für sich sein will. Die Privatsphäre erstreckt sich auf einen räumlich bestimmten Bereich, in dem der Einzelne die Möglichkeit hat, frei von öffentlicher Beobachtung und der von ihr erzwungenen Selbstkontrolle zu sein, und in dem er zu sich kommen, sich entspannen oder auch gehen lassen kann.[2]

Thematisch umfaßt die Privatsphäre Angelegenheiten, die wegen ihres Informationsgehaltes typischerweise als »privat« eingestuft werden, etwa weil ihre öffentliche Erörterung als unschicklich gilt, das Bekanntwerden als peinlich empfunden wird oder nachteilige Reaktionen der Umwelt auslöst.[3] Ein öffentliches Informationsinteresse kann dem Schutz der Privatsphäre vorgehen, wenn sich aus der Abwägung zwischen der Intensität des Eingriffs und dem Schutz der Privatsphäre ein überragendes Interesse der Öffentlichkeit ergibt.[4]

Bei der Abwägung kommt es darauf an, ob Fragen, die die Öffentlichkeit wesentlich angehen, ernsthaft und sachbezogen erörtert oder lediglich private Angelegenheiten, die nur die Neugier befriedigen, ausgebreitet werden.[5]

Eine Verletzung der Menschenwürde kann im öffentlichen Informationsinteresse nicht gerechtfertigt sein.[6]

1.) Art. 2 I i.V.m. Art. 1 I Grundgesetz

2.) BVerfG, Urteil v. 15.12.1999, 1 BvR 653/96, NJW 2000, S. 1021

3.) BVerfG, a.a.O.

4.) vgl. BVerfG, a.a.O.; BGH, Urteil v. 9.12.2003 – VI ZR 373/02, NJW 2004, S. 762

5.) BVerfG, a.a.O.; vgl. BGH, a.a.O.

6.) BVerfG, Beschluss v. 05.04.2001, 1 BvR 932/94, NJW 2001, S. 2957

Gibt es allgemeingültige Regeln für die Bestimmung von Pilzen?

Nein. Allgemeingültige Regeln, aufgrund derer sich sagen ließe, ein Pilz sei genießbar oder ungenießbar, gibt es nicht. Es hilft nur genaue Sachkenntnis.

Dennoch gibt es einige beherzigenswerte Regeln:

⚠ Lesen Sie aktuelle Pilzbestimmungsbücher (aktuell deshalb, weil sich die Einschätzung eines Pilzes manchmal ändert, indem er z.B. zwar weiterhin als eßbar, aber dennoch als schädlich eingestuft wird).

⚠ Keinen Pilz mitnehmen, den Sie nicht kennen. Geschweige denn essen.

⚠ Zu kleine Pilze sind in ihren Merkmalen noch nicht sehr ausgeprägt, daher nur verwenden, wenn Sie sie zweifellos identifizieren können.

⚠ Nach starkem Regen verändert sich häufig die Beschaffenheit von Pilzen. Das erschwert die Identifikation.

⚠ Ein klassischer Irrtum besagt, Pilze seien eßbar, wenn sie von Schnecken oder Insekten angeknabbert worden sind. Das ist falsch.

⚠ Auch Zwiebel- und Silberlöffelproben ergeben keine Hinweise auf die Genießbarkeit eines Pilzes.

⚠ Ob ein Pilz genießbar ist, hat auch nichts damit zu tun, ob er sich beim Anschnitt schwarz oder blau verfärbt, ob er eine schleimige Oberfläche hat, einen spezifischen Geruch etc.

Frankieren nach Plan

	Mindestmaße in mm	Höchstmaße in mm	Gewicht in g	Preis D in €	Preis Europa in €
Standardbrief	L 140 B 90	L 235 B 125 H 5	20	0,55	0,70
Kompaktbrief	L 100 B 70	L 235 B 125 H 10	50	0,90	1,00
Großbrief	L 100 B 70	L 353 B 250 H 20	500	1,45	–
Maxibrief	L 100 B 70	L 353 B 250 H 50	1000	2,20	6,00
Postkarte	L 140 B 90	L 235 B 125	150–500 g/m²	0,45	0,65

Gültig ab Januar 2006

Sieben nützliche Knoten

Ein paar seemännische Knoten zu beherrschen ist sinnvoll, weil sie einfach und schnell herzustellen sind, zuverlässig halten und sich selbst dann leicht wieder lösen lassen, wenn die Taue nass sind.

1. Der Achtknoten
Ins Ende eines Taus machen Segler stets einen Achtknoten. Das hat den Vorteil, daß die Taue nicht durch irgendwelche Ösen gleiten können. Es spricht nichts dagegen, es ihnen gleichzutun.

2. Der Palstek
Will man eine beliebig große Schlinge herstellen, die sich nicht zusammenzieht, knüpft man einen Palstek; mit dessen Hilfe kann man jemanden aus dem Wasser ziehen oder ein Boot an einem Pfahl festmachen.

3. Der Slipstek
Will man ein Tau so an einem Balken befestigen, daß es mit einem Handgriff wieder zu lösen ist, dann schlingt man am besten einen Slipstek.

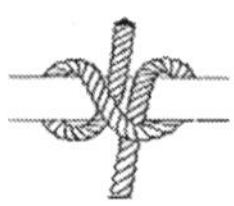

4. Der Webeleinstek
Um ein Boot mittels einer sich zusammenziehenden Schlinge an einem Pfahl festzumachen, wählt der Segler den Webeleinstek.

5. Der Kreuzknoten
Will man die Enden zweier gleich starker Taue miteinander verbinden, um ein längeres Tau zu erhalten, schlingt man einen Kreuzknoten.

6. Der Schotstek
Will man hingegen die Enden zweier verschieden starker Taue miteinander verbinden, um ein längeres Tau zu erhalten, schlingt man einen Schotstek.

7. Der doppelte Schotstek
Will man die Enden zweier verschieden starker Taue miteinander verbinden und dabei auf Nummer sicher gehen, schlingt man einen doppelten Schotstek.

Die sechs Stufen zur Lösung von Konflikten

1. Flucht
2. Vernichtung des Gegners
3. Unterordnung des einen unter den anderen
4. Delegation an eine höhere Instanz
5. Kompromiß
6. Konsens

Laut der Theorie des österreichischen Dozenten für Philosophie und Gruppendynamik **Gerhard Schwarz** gibt es sechs Stufen zur Lösung von Konflikten. Sie beginnen mit der primitivsten (1. Flucht), enden mit der menschenwürdigen (6. Konsens) und beschreiben einen Entwicklungsprozeß, den es zu vollenden gelte.
Wollen Sie wissen, auf welcher Stufe Sie sich in einem aktuellen Konflikt befinden und welche Stufen Sie noch vor sich haben (falls Sie die ganze Leiter nachvollziehen und keine Zwischenstufen überspringen wollen), dann prägen Sie sich die sechsteilige Stufenleiter ein.

So überlisten Sie einen Lügendetektor

Ein Lügendetektor (Polygraph) mißt, wie sich die Atmung, der Blutdruck, der Hautwiderstand und der Puls eines Menschen während einer Befragung verändern, um daraus zu schließen, wann er die Wahrheit sagt – und wann nicht.
Um einen Ausgangswert zu erhalten, mit dem die späteren Reaktionen des Befragten verglichen werden können, werden ihm zunächst eine oder mehrere Kontrollfragen gestellt. Wenn Sie diese Fragen so ehrlich und ruhig wie möglich beantworten, haben Sie bereits schlechte Karten, denn jede spätere Reaktion, die ohne Zweifel unter mehr Streß erfolgt, muß zu Ihrem Nachteil ausschlagen.
Einen Ausgangsvorteil verschaffen Sie sich hingegen, wenn Sie sich bei den profanen Kontrollfragen (»Wie heißt Ihre Mutter?«) künstlich aufregen, schneller atmen, die Muskeln anspannen, sich auf den Zungenrand beißen und im Kopf schwierige mathematische Multiplikationen wälzen. So schaffen Sie eine hochemotionale Ausgangsbasis, die später schwer steigerbar ist. Bemühen Sie sich zudem, die späteren Fragen so ruhig wie möglich zu beantworten, haben Sie gute Chancen, die Sache unbeschadet zu überstehen.

Die Organisation »ANTIPOLYGRAPH.ORG« hat es sich zum Ziel gesetzt, Menschen zu zeigen, wie man den Test durch einen Lügendetektor ungeschoren übersteht – indem man das Ding nämlich manipuliert.
Hintergrund dieser Aufklärung ist die Überzeugung der nichtkommerziellen ANTIPOLYGRAPH.ORG, daß es sich bei Lügendetektoren um unwissenschaftlichen Mist handelt.

Ratschläge für einen schlechten Redner

*Sie stammen von einem gewissen Peter Panter, hinter dem sich der Schriftsteller und Journalist **Kurt Tucholsky** verbirgt. In seinem 1930 erschienenen Text gibt er ironische Ratschläge für einen schlechten Redner.*

Fang nie mit dem Anfang an ... — ... sondern immer drei Meilen vor dem Anfang! Etwa so: „Meine Damen und Herren! Bevor ich zum Thema des heutigen Abends komme, lassen Sie mich Ihnen kurz ...«

Sprich nicht frei ... — ... – das macht einen so unruhigen Eindruck. Am besten ist es: Du liest deine Rede ab.

Sprich, wie du selbst schreibst. ... — ... Und ich weiß, wie du schreibst. Sprich mit langen, langen Sätzen ... die Nebensätze schön ineinandergeschachtelt.

Fang immer bei den alten Römern an ... — ... und gib stets, wovon du auch sprichst, die geschichtlichen Hintergründe der Sache.

Kümmere dich nicht darum, ob die Wellen, ... — ... die von dir ins Publikum laufen, auch zurückkommen – das sind Kinkerlitzchen. Sprich unbekümmert um die Wirkung.

Du mußt alles in die Nebensätze legen. ... — ... Sag nie: »Die Steuern sind zu hoch.« Das ist zu einfach. Sag: »Ich möchte zu dem, was ich soeben gesagt habe, noch kurz bemerken, daß mir die Steuern bei weitem ...« So heißt das.

Trink den Leuten ein Glas Wasser vor ... — ... – man sieht das gern.

Wenn du einen Witz machst, ... — ... lach vorher, damit man weiß, wo die Pointe ist.

Viel Statistik hebt eine Rede immer sehr ... — ... und da jeder imstande ist, zehn verschiedene Zahlen mühelos zu behalten, so macht das viel Spaß.

Kündige den Schluß deiner Rede ... — ... lange vorher an, damit die Hörer vor Freude nicht einen Schlaganfall bekommen.

Sprich nie unter anderthalb Stunden, ... — ... sonst lohnt es gar nicht erst, anzufangen.

Ratschläge für einen guten Redner
Hauptsätze. Hauptsätze. Hauptsätze. Klare Disposition im Kopf – möglichst wenig auf dem Papier. Tatsachen, oder Appell an das Gefühl. Schleuder oder Harfe. Ein Redner ist kein Lexikon. Das haben die Leute zu Hause. Der Ton einer einzelnen Sprechstimme ermüdet; sprich nie länger als vierzig Minuten.

Schnell Auskunft geben über den körperlichen Zustand eines Menschen

Mettags, also Medical Emergency Triage Tags, werden vor allem vom US-Militar, aber auch von staatlichen und medizinischen Institutionen verwendet. Sie sollen schnell und unmißverständlich Auskunft über den körperlichen Zustand von vielen Menschen geben, die Opfer von Katastrophen oder Attentaten wurden.

Zur Kennzeichnung werden einfach jene Streifen vom unteren Ende des Schildchens abgerissen, die nicht zutreffen (also wenn der Mensch dringende Hilfe benötigt, die Streifen III und II).
Auch für Angaben zum Geschlecht des Menschen, dessen Namen und Adresse und eine kurze Diagnose ist Platz auf dem Tag (Anhängsel, Zettel).

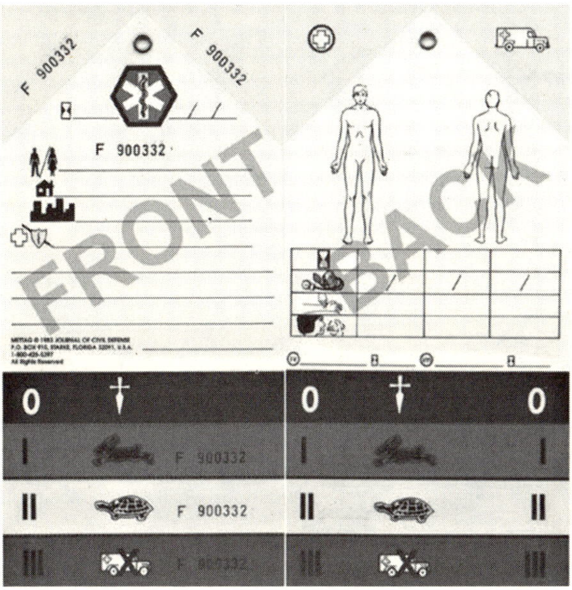

0 MESSER schwarz: verstorben
I HASE rot: hohe Dringlichkeit
II SCHILDKRÖTE gelb: mittlere D.
III AMBULANZ (durchgestrichen) grün: geringe D.

So sorgen Sie für Abwechslung im Fall von Langeweile

Befassen Sie Ihre Gesprächspartner mit dem sogenannten Königsberger Brückenproblem. Formuliert hat es im Jahre 1736 der bedeutende Schweizer Mathematiker **Leonhard Euler.** Das Problem lautet: Auf welchem Spazierweg über jene 7 Brücken, die den Fluß Pregel überspannen und die Inseln mit dem Festland verbinden, betreten Sie jede Brücke nur ein einziges Mal?

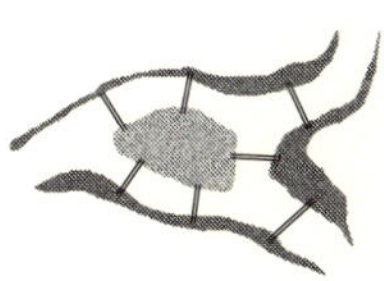

Lösung:
Auf keinem. Das skizzierte Problem ist übrigens Ursprung der Graphentheorie.

So retten Sie sich aus einem versinkenden Auto

Zur Urangst vieler Autofahrer gehört, sie könnten mit ihrem Fahrzeug in ein Gewässer stürzen und versinken. Doch die Chancen stehen gut, sich aus eigener Kraft aus der Situation zu befreien. Das **Schweizer Heer** hat im Rahmen seiner »militärischen Unfallverhütung« aufgelistet, was für den Fall zu tun ist; dabei bezieht es sich auf Erkenntnisse des Schweizer »Interverbands für Rettungswesen«.

Ein Auto mit geschlossenen Fenstern schwimmt mehrere Minuten

Ein Auto versinkt nicht sofort! Es schwimmt bei geschlossenen Fenstern – nach einem kurzen Moment des Eintauchens – mehrere Minuten lang. Zeit genug, die Nerven in den Griff zu bekommen und sich zu befreien. Die Handlungsanweisung gilt für Fahrer, Beifahrer und Passagiere auf dem Rücksitz:

Fenster öffnen

Kopfüber ins Wasser gleiten

Gegebenenfalls Scheibe mit den Füßen herausdrücken

Sicherheitsgurte öffnen → Fenster bzw. Schiebedach öffnen → kopfüber ins Wasser gleiten bzw. durch das Dach aussteigen → lassen sich die hinteren Fenster nicht öffnen, Aussteigen des Fahrers und Beifahrers abwarten, durch die Vorderfenster aussteigen → gegebenenfalls die Scheiben mit den Füßen herausdrücken → ein Aussteigen durch die Türen ist nur unmittelbar nach dem Sturz ins Wasser möglich; bei geöffneten Türen sinkt das Auto rasch.

Gefühlte Temperatur

Die Tabelle wurde auf Basis des neuen WCT-Index (»Wind Chill Temperature«) von 2001 berechnet.

Welche Temperatur das Thermometer zeigt, sagt noch nichts darüber aus, wie man sie empfindet.
Um das einschätzen zu können, muß man wissen, wie schnell der Wind weht. Erst die Summe aus Grad Celsius + Windgeschwindigkeit ergibt die gefühlte Temperatur.

Windgeschwindigkeit in km/h	Windstärke in Beaufort	+4°C	+2°C	-1°C	-4°C	-7°C	-9°C	-12°C
8	2	+2	0	-4	-7	-11	-13	-17
16	3	0	-2	-6	-10	-13	-16	-19
24	4	-1	-3	-7	-11	-15	-17	-21
36	5	-2	-4	-8	-12	-16	-19	-23
48	6	-3	-5	-9	-12	-18	-20	-24
56	7	-3	-6	-10	-14	-18	-21	-25

Sätze, die Sie beim ersten Rendezvous vermeiden sollten

»Wie heißt Du noch mal?« »»»»»Wenn mein Mann uns hier sieht, bringt er Dich um.« »»»»»Ich könnte mir Dich total gut in einem kurzen dunkelblauen Faltenrock vorstellen, mit Lackschuhen und weißen Kniestrümpfen.« »»»»»Was haben Sie denn für Früchtetees?« »»»»»Voll süßer Laden hier!« »»»»»Hey, wenn ich jetzt schnell einen Wodka trinke, ist das Zittern weg. Ehrlich.« »»»»»Neee, ich mach nix Bestimmtes momentan. Ich lebe!« »»»»»Können wir nicht irgendwo hingehen, wo es billiger ist?« »»»»»Ich versteh nicht, wie Frauen Bier trinken können.« »»»»»Ich belege im Frühjahr ein Seminar in einer Clownschule.« »»»»»Ich versteh nicht, warum Frauen rauchen.« »»»»»Diese Stimmen sind wirklich da!« »»»»»Du guckst Fußball? Das ist doch Ersatzkrieg.« »»»»»Kannst Du vielleicht auch mal ernst sein?« »»»»»Da drüben sitzt mein Ex, dieses Arschloch.« »»»»»Schaut gut aus, die Bedienung.« »»»»»Ich habe vergangenes Wochenende meine Wohnung ausgependelt.« »»»»»Soll ich uns einen bauen?« »»»»»97% aller Menschen haben eine schlechte Haltung beim Sitzen. Du z.B., wenn Du Dich jetzt sehen könntest, völlig falsch.« »»»»»Ich glaub ja nicht an Monogamie.« »»»»»Ich möchte Kinder.« »»»»»Witzig, ich steh ja sonst auf Frauen mit Brüsten.« »»»»»Ich möchte viele Kinder.« »»»»»Und? Wie findest Du mich?« »»»»»95% aller Menschen leiden an Übersäuerung. Du auch. Deswegen hast Du auch so gelbe Augäpfel. Das kommt vom vielen Alkohol.« »»»»»Kannst Du ein bißchen leiser sprechen und Dir die Hand vor den Mund halten? Da drüben sitzt einer vom außerirdischen Geheimdienst. Die können Lippen lesen.« »»»»»Du bist so speziell!« »»»»»Du, ich muss Dich vor mir warnen.« »»»»»Ich glaube, wir sind uns in einem früheren Leben schon mal begegnet.« »»»»»Ich hätte nicht gedacht, dass Du kommst. Zu mir kommt nie jemand. Du gehst bestimmt auch gleich wieder.« »»»»»Naja, besser hier als zu Hause rumzusitzen.« »»»»»Du wirkst so zerbrechlich.« »»»»»Kannst Du mir mal 3 Euro leihen, ich möchte Dir eine Rose kaufen.« »»»»»Erzähl mal was.« »»»»»Warst Du extra wegen heut' abend beim Friseur?« »»»»»Ich mag Frauen, die in Jeans gut aussehen, sich aber auch im kleinen Schwarzen sehen lassen können.« »»»»»Was versprichst Du Dir eigentlich von mir?« »»»»»Theater? Ja, ich war neulich in Cats.« »»»»»Wenn Du Wassermann bist oder Skorpion, dann können wir gleich aufhören. Ich hab nämlich Aszendent Waage.« »»»»»Ich finde, Sex wird überbewertet.« »»»»»Du wirkst so zu, irgendwie.« »»»»»Es ist für mich total wichtig, etwas Kreatives zu machen.« »»»»»Eigentlich bin ich Schauspielerin.« »»»»»Wann hast Du das letzte Mal geweint?«

Im literarischen Kosmos des Internetforum www.hoefliche-paparazzi.de finden sich unzählige Schätze – so auch die nebenstehende Liste von Sätzen.

Zwei Wege, das Leben zu verlängern

1. Den Weg länger machen

2. Den Weg langsamer gehen, botanisieren, einen Purzelbaum wagen

Sie beschreibt der Naturwissenschaftler und Schriftsteller **Georg Christoph Lichtenberg** im Heft B seiner Sudelbücher folgenderweise: »Es gibt zwei Wege das Leben zu verlängern, erstlich daß man die beiden Punkte geboren und gestorben weiter voneinander bringt und also den Weg länger macht«, wofür die Ärzte die unglaublichsten Maschinen und Dinge erfunden hätten. »Die andere Art ist, daß man langsamer geht und die beiden Punkte stehen läßt, wo Gott will.« Die Philosophen hätten gefunden, »daß es am besten ist, daß man zugleich botanisieren geht, zickzack, hier versucht über einen Graben zu springen und dann wieder herüber, wo es rein ist, und es niemand sieht, einen Purzelbaum wagt und so fort.«

Wie bereitet man die besten Krautfleckerln?

Ein klassisches Krautfleckerln-Rezept findet sich im »Standardwerk der Wiener und österreichischen Küche von heute mit über 1.000 Rezepten«, verfaßt von FRANZ RUHM:

Die Antwort auf diese wichtige Frage gibt eine gewisse Tante Jolesch. Von ihr erzählt der 1908 in Wien geborene und ebenda gestorbene Schriftsteller **Friedrich Torberg** in seinem Buch gleichen Namens; es erschien 1975 und hat seitdem unzählige Auflagen erlebt. Die – wahlweise süß oder salzig – zuzubereitenden Krautfleckerln seien das unbestritten berühmteste Gericht der Meisterköchin Tante Jolesch gewesen. Wenn sich herumgesprochen habe,

daß die Tante für den kommenden Sonntag Krautfleckerln geplant habe, »dann setzte aus allen Himmelsrichtungen ein Strom von Krautfleckerl-Liebhabern ein, die unterwegs nicht Speise noch Trank zu sich nahmen, denn ihren Hunger sparten sie sich für die Krautfleckerln auf«.
So sei es nur zu verständlich gewesen, daß alle versuchten, der Tante das wohlgehütete Rezept für die Krautfleckerln herauszulocken. Vergeblich. Sie habe es nicht preisgegeben. Als sie dann auf dem Sterbebett gelegen sei und die ganze Familie um sie versammelt, habe es schließlich ihre Lieblingsnichte Louise gewagt, die Tante zu fragen: »Tante – ins Grab kannst du das Rezept ja doch nicht mitnehmen. … Willst du uns nicht endlich sagen, wieso deine Krautfleckerln immer so gut waren?« Da habe sich die Tante mit letzter Kraft ein wenig aufgerichtet und gesagt: »Weil ich nie genug gemacht hab …«
Um den Zusammenhang zu verstehen, in dem dieses Rezept steht, muß man den Untertitel des Torbergschen Buchs bedenken. Er lautet: »Der Untergang des Abendlandes in Anekdoten« und deutet an, worum es in diesem Buch wirklich geht: Um das jüdische Bürgertum Österreichs, das dem nationalsozialistischen Morden zum Opfer gefallen ist. Bei Torberg finden sich unzählige, unterhaltsame Anekdoten, die stets mit der lapidaren Bemerkung enden, die Person, von der eben die Rede gewesen ist, sei in diesem oder jenem KZ ermordet worden.

Zutaten (für 4 Portionen)
600 g Weißkraut
(Weißkohl)
2 Eier
Mehl
60 g Fett
1 mittelgroße Zwiebel
Essig
1 Eßlöffel Zucker
Kümmel
Pfeffer
Salz

Aus den Eiern, einer Prise Salz und Mehl nach Bedarf einen festen Teig seidenglatt kneten und ausrollen. Daraus daumengroße Fleckerln schneiden, kochen und kalt schwenken. Soweit die Fleckerln. Frisches Weißkraut feinnudelig schneiden, zusätzlich zerkleinern. Im Fett 1 glattgestrichenen Eßlöffel Zucker goldbraun schmelzen, die feingehackte Zwiebel durchschwitzen, mit einem Schuß Essig ablöschen, das Kraut beifügen. Mit Salz, Pfeffer, Kümmel würzen. Das Kraut weichdünsten, gegebenenfalls einen Schuß Wasser beigeben. Schließlich die gekochten Fleckerln untermengen. »Locker gehäuft anrichten«, so Ruhm abschließend.

Die wichtigsten Dachformen

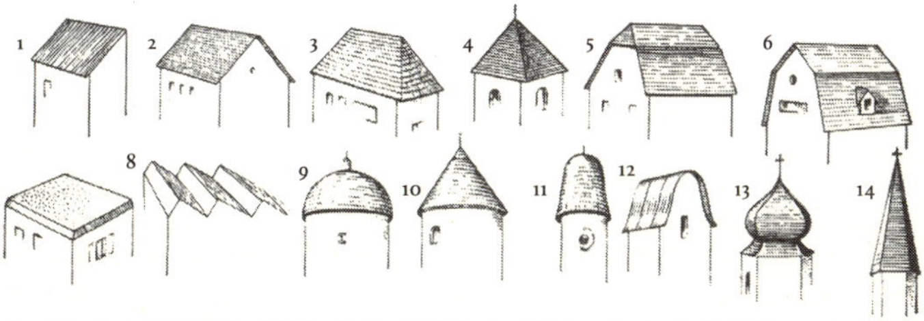

1) Pultdach 2) Satteldach 3) Walmdach 4) Zeltdach 5) Krüppelwalmdach 6) Mansardendach 7) Flachdach 8) Säge- oder Schetdach 9) Kuppeldach 10) Kegeldach 11) Helmdach 12) Bogendach 13) Zwiebeldach 14) Spitzgiebeldach

Kleiner internationaler Toilettenführer

Auf Reisen ist es oft von Vorteil, wenn man die entsprechenden Aufschriften auf den Toilettentüren entziffern kann – andernfalls befindet man sich plötzlich in ungewollter Gesellschaft bzw. bildet selbst eine solche.

Brasilien	Senhoras	Homen
China	女厕所	男厕所
Dänemark	Damer	Herrer
Finnland	Naisille	Miehille
Frankreich	Mesdames	Messieurs
GB / USA	Ladies	Gentlemen
Griechenland	κυριες	κυροι
Griechenland	Ghinekon	Andhron
Island	Konur	Karlar
Italien	Signore/ Donne	Signori/ Uomini
Japan	女性用	男性用
Kroatien	Ženski WC	Muški WC
Niederlande	Dames	Heren
Norwegen	Damer	Herrer
Polen	Damski	Meski
Portugal	Senhoras	Senhores
Rumänien	Femei	Bărbaţi
Russland	Ж	М
Schweden	Damer	Herrar
Slowakei / Tschechien	Ženy / Dámy	Muži / Páni
Spanien	Señoras/ Damas	Señores/ Caballeros
Thailand	ผู้หญิง	ผู้ชาย
Türkei	Bayan	Bay
Ungarn	Nök	Férfiak

So treten Sie eine Türe ein

Mit dem Fuß in der Nähe des Schlosses

Sollten Sie einmal in die Verlegenheit kommen, eine nach innen öffnende Türe aufbrechen zu müssen, tun Sie das am besten nicht nach dem Muster vieler Spielfilme und werfen sich mit der Schulter dagegen.

Profis empfehlen vielmehr, mit dem Fuß dagegenzutreten, und zwar in der Nähe des Schlosses. So besteht eine gewisse Aussicht auf Erfolg.

Eine Suppe, die Sie ganz einfach kochen können müssen

Tom Kha Gai

Zutaten für 4–6 Personen

1,25 l dünne Kokosmilch
25 g Schalotten
15 g Galgant*, in dünne Scheiben geschnitten
2 Stengel Zitronengras, in 2 cm lange Stücke geschnitten
6 frische kleine, rote Chilis
3 Blätter von Kaffir-Limetten, in kleine Stücke zerzupft
1 TL Salz
300 g Hühnerbrustfilet, quer in 5 mm dicke Scheiben geschnitten
200 g frische Pilze
2 EL Limettensaft
1/2 EL Fischsauce
3 EL Korianderblätter, in 2 cm große Stücke geschnitten

Die Kokosmilch in einen Topf gießen und zum Kochen bringen. Schalotten, Galgant, Zitronengras, Chilis, Limettenblätter und Salz hinzufügen. Zum Kochen bringen, das Hühnerfleisch zugeben und alles wieder zum Kochen bringen. Dann die Pilze hinzufügen und den Topfinhalt weitere 2 Minuten kochen lassen. Von der Kochstelle nehmen und Limettensaft, Fischsauce und Koriander hineinrühren. Mit Reis servieren.

Zugegeben, dieser Ratschlag ist streng subjektiv, aber dennoch: Die thailändische Tom Kha Gai – ein Klassiker der wunderbaren thailändischen Garküchen – ist eine jener Suppen, die in einem das Gefühl hinterläßt, genau das Richtige gegessen zu haben – unabhängig von der Tages- und der Jahreszeit. Genauer läßt sich das leider nicht begründen, man kann es nur ausprobieren. Nebenstehendes Rezept ist dem Buch »Thailändische Küche« von KURT KAHRS entnommen.

* Galgant = Ingwergewächs

So sprechen Sie gefahrlos über Bücher, die Sie nicht gelesen haben

Sollten Sie in die Verlegenheit kommen, über ein Buch sprechen zu müssen, das Sie nicht gelesen haben, hilft nur die Flucht nach vorne: Räumen Sie ein, das Buch nicht zu kennen, äußern Sie jedoch zugleich Vermutungen, wovon das Buch handeln könnte.
Dabei berufen Sie sich auf **Julius Deutschbauer,** der im Jahr 1997 in Wien eine »Bibliothek ungelesener Bücher« (Salon Verlag, Köln) gegründet hat.
Sobald Sie sich in Ihrer neuen Rolle als jemand, der sein Nichtwissen zum Gegenstand eines interessanten Gesprächs machen kann, wohlfühlen, können Sie Ihre Gespräche auf Kinofilme und technische Phänomene wie elektrischen Strom ausweiten.

Äußern Sie Vermutungen, wovon das Buch handeln könnte.

Letzte Anweisungen zum Besuch Österreichs

Diese Anweisungen stammen von dem Schriftsteller, Essayisten und Historiker **Doron Rabinovici** (1961 in Tel Aviv geboren und seit 1964 in Wien lebend).
Er schreibt Romane (»Ohnehin«, »Suche nach M.«), Essays (»Credo und Credit«, alle Suhrkamp) sowie historische Studien (»Instanzen der Ohnmacht. Wien 1938-1945. Der Weg zum Judenrat«, Jüdischer Verlag).

Ⓐ SPRECHEN SIE EINGEBORENE NICHT AUF DIE ZEIT DES NATIONALSOZIALISMUS AN. ÖSTERREICH WAR DAS ERSTE OPFER HITLERS. DAS TRAUMA SITZT TIEF.

Ⓐ DEUTSCHE TOURISTEN SOLLTEN NICHT VERGESSEN, SICH MIT EINEM TRACHTENANZUG AUSZUSTATTEN, DER WIEDER SO PRACHTVOLL SEIN MUSS, WIE ER FRÜHER NIE WAR. BEIM WANDERN RUFEN SIE JEDEM EIN FRÖHLICHES *»SERVUS«* ENTGEGEN. DAS SCHAFFT KLARHEIT.

Ⓐ WER EIN FLUGZEUG DER AUSTRIAN AIRLINES BESTEIGT, SAGE: *»GRÜSS GOTT.«* ERST NACH DIESER PAROLE VERSTEHT DIE BESATZUNG, WOHIN ES GEHEN SOLL.

So reinigen Sie Ihre Ohren

Am besten, Sie reinigen Ihre Ohren gar nicht (und vertiefen sich lieber in deren komplexe äußere Form), denn das Ohr verfügt über jenen Effekt, der uns bei Backöfen als besonderes Qualitätsmerkmal angepriesen wird: Es ist selbstreinigend.

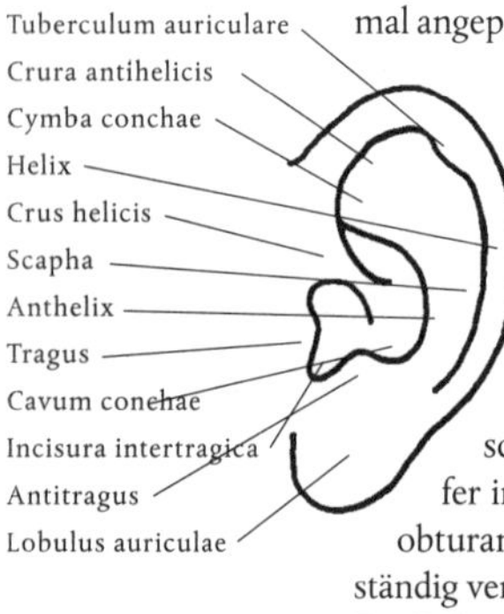

Wann immer Sie einen Ohrenarzt aufsuchen, werden Sie dessen Ermahnung hören: »Keinen Gegenstand in den Gehörgang stecken, der kleiner ist als eine Faust!« Wattestäbchen eignen sich hervorragend für die Reinigung eines Armaturenbretts (besonders der unzugänglichen Ritzen), keinesfalls aber für die Reinigung des Gehörgangs. Denn anstatt das Cerumen (Ohrenschmalz) zu entfernen, schiebt das Wattestäbchen es tiefer in den Gehörgang hinein, bis eines Tages ein Cerumen obturans, also ein Ohrenschmalzpropfen, den Gehörgang vollständig verschließt.
Das Reinigen der Ohrmuschel mit Wasser reicht vollkommen, um den Forderungen westlicher Sauberkeit zu genügen. Für alles andere sind die Fachleute da.

So falten Sie einen Papierflieger

1. DIN-A4-Blatt in der Mitte falten und wieder öffnen

2. Die beiden Spitzen nach innen falten

3. Die so gebildete Spitze nach unten falten

4. Die beiden oberen Ecken zum angegebenen Punkt (2/3-Strecke zur Spitze) falten. Es entsteht eine stumpfe Spitze

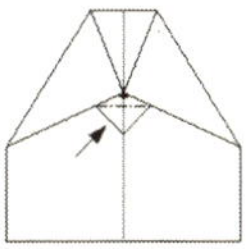

5. Das kleine Dreieck nach oben falten

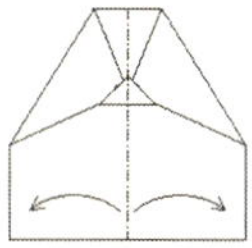

6. Den Flieger nach hinten zusammenfalten (glatte Seite nach innen)

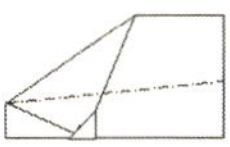

7. Zwei Flügel in der angegebenen Art nach außen falten

8. Die einfache Version ist fertig

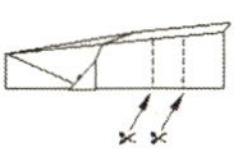

9. Um die Gleitflug-Eigenschaften zu verbessern: Rumpf an den angegebenen Stellen einschneiden

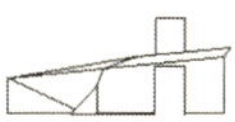

10. Lasche nach oben falten.

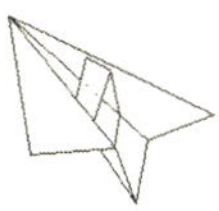

11. Fertig!

In das Repertoire aller Eltern sollte gehören, daß sie einen Papierflieger falten können, der wunderbar gleiten kann. Die Bauanleitung für das vorliegende Modell namens »Adler« stammt aus wissenschaftlicher Hand: UNIV.LEKTOR MAG. WERNER GRUBER **publiziert es – unter vielen anderen – auf seiner Homepage der Uni Wien (»Institut für Experimentalphysik«*), nebst Grundlagenforschung zum Thema »Physik, Papier und Flieger«.**

* http://brain.exp.univie.ac.at/ypapierflieger/papfs.htm

Meiden Sie gelegentlich Silberlöffel

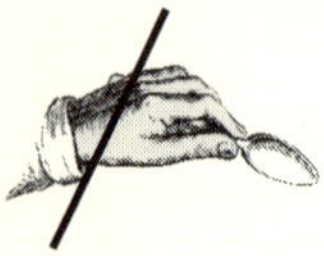

Und zwar, wenn Sie ein Hühnerei essen wollen. Das hat einen einfachen Grund: Während des Kochens wird nämlich besonders im Eiweiß Schwefelwasserstoff (H_2S) freigesetzt. Dieser reagiert chemisch mit Silber – er verbindet sich zu Silbersulfid. Man kann diese Reaktion an zweierlei erkennen: An der Verfärbung des Silberlöffels (er wird schwarz) und am unangenehm metallischen Geschmack des Eies. Daher verwenden Sie zum Essen eines Eies besser einen Aluminium-, Perlmutt- oder Plastiklöffel.

Mehrwertsteuersätze in D und A

In ihrem DOK/2008/2004 – DE listet die Generaldirektion Steuern und Zollunion, Steuerpolitik, der Europäischen Kommission die Mehrwertsteuersätze in den Mitgliedstaaten auf. Nebenstehend die Sätze für Deutschland und Österreich. In diesem Zusammenhang wird klar, daß A den Konsum in der Regel höher besteuert.

%

	D	A
1. Nahrungsmittel	7/16	10
2. Lieferung von Wasser	7	10
3. Arzneimittel	16	20
4. Medizinische Geräte für Behinderte	7	20
5. Personenbeförderung	7/16	10
6. Bücher	7	10
Zeitungen	7	10
Zeitschriften	7	10
7. Eintritt zu Kino, Theater und kulturellen Veranstaltungen	ex*/7	ex/10
Pay-TV / Kabelfernsehen	16	10
Rundfunk- und Fernsehgebühren	ex	10
8. Schriftsteller, Komponisten …	7	20/10
9. Sozialer Wohnungsbau	16	20
10. Landwirtschaftliche Güter	7	20/10
11. Hotelbeherbergung	16	10
12. Eintritt zu Sportveranstaltungen	7/16	20
13. Überlassen von Sportanlagen	ex/16	20/ex
14. Sozialdienstleistungen	7	0**/10
15. Leistungen von Bestattungsunternehmen	16	20
16. Medizinische und zahnärztliche Leistungen	7/ex	10/ex
17. Abfuhr von Haushaltsmüll und Straßenreinigung	–/16	10

*ex=befreit / **0=Nullsatz (Steuerbefreiung mit Vorsteuerabzugsrecht)
Stand: 1.9.2004

So erkennen Sie eine reife Melone

Wassermelone (rund; grüne, glatte Schale; saftiges, rotes Fruchtfleisch, dunkelbraune Kerne) Heben Sie die Wassermelone an Ihr Ohr und klopfen Sie sie mit den Fingerknöcheln ab. Erklingt ein hohler Ton, ist sie reif; das dumpfe Geräusch sagt, daß sie einen genügend hohen Wassergehalt hat. Sehen Sie nach, ob sich auf der Melone eine blass-gelbe Fläche findet. Wenn ja, wurde sie reif gepflückt – an dieser Stelle hat die Melone auf dem Boden gelegen.

Honigmelone (längliche Form; zitronengelbe Schale; helles, honigsüßes Fruchtfleisch) Suchen Sie die Stelle der Melone, an der sich die Blüte befunden hat, und drücken Sie leicht. Gibt sie etwas nach und riecht sie süß, ist sie reif. Der Geruch erinnert an Ananas. Ein weiteres Zeichen für eine reife Frucht: Rund um den geschrumpften Stiel muß sich ein leichter Riss gebildet haben.

Haben Sie trotz aller Untersuchungen eine unreife Melone erwischt, lagern Sie sie zusammen mit einem Apfel in einer Papiertüte einige Tage bei Zimmertemperatur – so reift sie nach.

Während man meist in der Lage ist, zu entscheiden, ob man es mit reifem Gemüse bzw. Obst zu tun hat und es daher kaufen kann, tut man sich bei Melonen schwer – seien es nun Wasser- oder Zuckermelonen (zu denen man Honig-, Netz-, Galia- und Ogenmelonen zählt). Leider kann man nicht in sie hineinsehen. Auch die Referenz-Melonen, die in vielen Obstläden ausgestellt werden, lassen nur bedingt darauf schließen, ob man da eben eine reife oder unreife Melone in den Händen wiegt. Hier ein paar Hinweise darauf, wo man drücken und klopfen muß, um Klarheit zu bekommen.

Als letzter zur Vorstellung kommen

Die Theater- bzw. die Kinovorstellung beginnt jeden Moment. Sie sind einer der letzten, Ihr Platz liegt in der Mitte einer bereits vollbesetzten Reihe. Was tun? Welche Seite wenden Sie den Anwesenden zu?

Wenn Ihr Platz in der Mitte einer bereits besetzten Reihe liegt, wenden Sie den bereits Anwesenden Ihr Gesicht zu – unter Wiederholung einer Entschuldigungsformel (»Die Kinder, Sie wissen ja ...«). In Großbritannien ist es genau umgekehrt. Da gelten Sie als höflicher Zuspätkommender, wenn Sie den anderen Ihren Rücken zukehren.

So erlernen Sie während Ihrer Arbeitszeit die Kunst des Nichtstuns

In Ihrem erfolgreichen Buch »Die Entdeckung der Faulheit« plädiert CORINNE MAIER dafür, sich an großen Unternehmen zu rächen, die ihre Mitarbeiter oft wie Objekte behandelten. Am effektivsten übe man Rache, indem man möglichst wenig arbeite. Dazu benötige man freilich einiges Geschick.

☞ Gehen Sie nie ohne dicke Aktenordner unter dem Arm auf den Flur.
☞ Nehmen Sie massenweise Unterlagen mit nach Hause.
☞ Arbeiten Sie so wenig wie möglich und nutzen Sie die Zeit lieber, um »sich zu verkaufen« oder »ein Netz aufzubauen«.
☞ Lernen Sie, Phrasen zu dreschen. Sie werden nach Ihrer Anpassungsfähigkeit beurteilt.
☞ Machen Sie Überstunden und nutzen Sie sie für Privattelefonate.
☞ Akzeptieren Sie niemals eine Position mit Verantwortung. Suchen Sie eine mit möglichst wenig, dort ist der Druck geringer (in Bereichen wie Forschung oder Beratung gibt es solche Stellen).
☞ Lernen Sie, an diskreten äußeren Anzeichen diejenigen zu identifizieren, die wie Sie am System zweifeln. Sie erkennen sie an Kleiderdetails, schrägen Witzen und einem warmen Lächeln.

So zeichnen Sie das Haus des Nikolaus

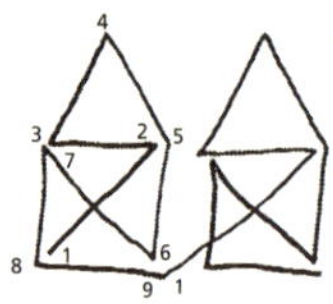

Das-ist-das-Haus-vom-Ni-ko-laus
Und-ne-ben-dran-der-Weih-nachts-mann.

Kinder wollen alles wissen. So auch, wie man das Haus des Nikolaus in einem Zuge zeichnen kann – ohne den Stift abzusetzen.
Wenn Sie es erst einmal verstanden haben, sind Sie in der Lage, eine ganze Häuserzeile zu malen.

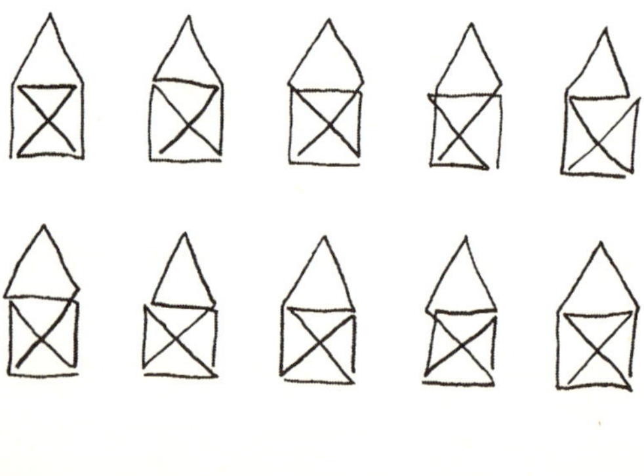

Es gibt noch einige weitere Wege, dem Nikolaus ein Haus zu zeichnen.

Verhalten in den Bergen bei Notfällen

Sollten Sie sich in den Bergen verirren, gilt dasselbe wie beispielsweise in der Wüste, wo Sie mit einem Auto stranden: Irren Sie nicht in der Gegend herum, sondern bleiben Sie an Ort und Stelle und machen Sie durch das Alpine Notsignal auf sich aufmerksam.
Das Alpine Notsignal darf – wie der Deutsche Alpenverein nachdrücklich betont – nur in wirklichen Notfällen benutzt werden. Wenn es jedoch nötig wird, möge man es »mit Ausdauer und anhaltender Genauigkeit« aussenden:
In regelmäßigen Abständen innerhalb einer Minute 6 Mal ein hörbares oder sichtbares Zeichen geben (Jacke schwenken, Lichtsignale mit einer Taschenlampe bzw. einem Spiegel). Anschließend eine einminütige Pause. Notsignal wiederholen.
Sollte die Bergrettung Ihre Signale empfangen haben, wird Sie Ihnen mit einem Zeichen antworten, das innerhalb einer Minute dreimal ausgesandt wird.

Alpines Notsignal

➔ 6 x pro Minute hörbares bzw. sichtbares Signal aussenden

➔ 1 Minute Pause

➔ Notsignal wiederholen

➔ Antwort Bergrettung: 3 x pro Minute deutliches Zeichen

Zudem empfiehlt der Alpenverein allen Bergsteigern, die eine mehrtägige Bergfahrt bzw. eine Hochtour planen, folgende Rucksackapotheke mitzuführen:

- Je 1 steriles Verbandpäckchen klein, mittel und groß
- 1 Brandwundenverbandtuch (35 x 45 cm)
- 2 sterile Kompressen bzw. nichtklebende Wundauflagen (7 x 7 cm)
- 1 Heftpflastersortiment (klein und groß)
- 1 Rolle Leukoplast (2,5 – 3,5 cm/5 m)
- 1 elastische, evtl. selbsthaftende dünne Verbandbinde (6 cm)
- 1 elastische, selbsthaftende Pflasterbinde (8 – 10 cm/5 m) zur Gelenk-Stabilisierung
- 2–3 Dreiecktücher (auch als Ersatz-Hals- oder Kopftuch)
- 1 Alu-Rettungsdecke (2 x 1 m) zur Wärmeisolation bei Biwak oder Schock
- 6 Schmerztabletten (Kopfschmerzen, Fieber)
- 2 stärkere Schmerztabletten
- Traubenzucker für Unterzucker-Zustände, Schwäche
- 1 Wunddesinfektionsmittel
- Einmalhandschuhe
- Biwaksack

BERGRETTUNG/ NOTRUF: **140**

EUROPAWEITER NOTRUF: **112**

So bereiten Sie eine Feuerzangenbowle

Zutaten
(für 10 Portionen)
2 unbehandelte Orangen
1-2 unbehandelte Zitronen
2 Stk. Sternanis
4–6 Gewürznelken
1 Zimtstange
3 Flaschen trockenen Rotwein
30–40 cl Rum (mind. 54%)
1 Zuckerhut
1 Feuer- bzw. Zuckerzange

Zubereitung
Orangen und Zitronen auspressen, gemeinsam mit den Gewürzen zum Rotwein geben; erwärmen, nicht jedoch kochen!
Wein in Bowlegefäß umfüllen, auf Rechaud warmhalten.
Zuckerhut mittels Feuerzange über dem Gefäß installieren, mit Rum tränken, anzünden, langsam vollständig in die Bowle träufeln lassen.

Als Autorität auf diesem Gebiet kann zweifellos **Heinrich Spoerl** gelten, der Autor der Novelle »Feuerzangenbowle. Eine Lausbüberei in der Kleinstadt«. Berühmt geworden ist sie durch die Verfilmung mit Heinz Rühmann in der Rolle des Dr. Johannes Pfeiffer. Weil er – ehedem unterricht von einem Hauslehrer – seine Freunde um deren Spaß in der Schule beneidet, verkleidet sich Pfeiffer als Schüler und holt das Versäumte nach. Das Ritual der Feuerzangenbowle dient als Rahmenhandlung für die Erzählung des Dr. Pfeiffer.

»Eine blutrote, dampfende Flüssigkeit.
Männer hocken um sie herum.
Der eine, der Älteste, hat in eiserner Zange einen dicken, kristallweißen Klumpen und hält ihn über das Gefäß.
Der zweite hat eine verstaubte Flasche in der Hand und gießt eine helle Flüssigkeit über den Klumpen.
Der Dritte setzt ihn in Brand. Eine gespenstische blaue Flamme züngelt hoch. Der weiße Klumpen knistert und fängt an zu schmelzen; dicke zähe Tropfen lösen sich und fallen zischend in die rote Flut. Und ein leiser, betäubender Dunst zieht durch den Raum, steigt ins Gehirn.
Der vierte rückt die Gläser zurecht, der fünfte öffnet eine Kiste Brasilzigarren. Der sechste rührt das Gebräu.
Der siebente, der Jüngste, darf einschenken.
Geheimrat Froebel erhebt sich.«

So pfeifen Sie mit einem Finger

Pressen Sie das mittlere Glied Ihres kleinen Fingers gegen die Zungenspitze und klappen Sie sie solcherart nach hinten.
Nunmehr die Lippen in der Mitte spitzen und kräftig die Luft ausstoßen.
So lange den Winkel der umgeklappten Zungenspitze korrigieren, bis ein durchdringender Pfiff ertönt.

Die wichtigsten Korrekturzeichen

Festgelegte Zeichen sind Bedingung dafür, daß Menschen, die die Texte anderer korrigieren, verstanden werden; nur so können beispielsweise in einem Verlag Autor, Lektor, Setzer, Layouter und Drucker zusammenarbeiten. Die Korrekturzeichen werden sowohl im Satz als auch rechts daneben, am Rand, in übereinstimmender Weise gesetzt; jedes Zeichen wird also zweimal ausgeführt. Dies kann in mehreren Varianten geschehen.

Man wird mit dem einfachen Markierung beginnen und dieses Zeichen bai mehrmaligen Vorkommen in Satz einmal mit einem Haken oben und unten versehen – hier mag ein gewisser Spieltrieb zur Geltung kommen. | lt Ls | le Lm Γm

Dort, wo markiert wird, geschieht auch die Korrektur. Wird ein Buchstabe durch einen anderen ersetzt, erscheint er statt das markierten Buchstabens. Soll ein Buchstabe dem vorhegehenden hinzugefügt werden, wird dies am Rande so vermerkt, daß der durchgestrichene Buchstabe wiederholt und der zweite danebengesetzt wird. Dasselbe gilt für die Interpunktion, die sich am letzten Buchstaben orientier z.B. wenn kein Komma gesetzt wurde. | le | ler | t,

Sind mehrere Buchstaben ~~Sieben der Worthe~~ von der Korrektur betroffen, wird das Korrekzeichen vom ersten bis zum letzten Buchstaben durchgezogen – die neuen Texte werden an den Rand geschrieben und ersetzen ~~exakt~~ den Bereich, der von den Zeichen markiert ist. | Silben oder | für Wörter | genau

Soll eine Textstelle, ein Wort, ein Buchstabe oder ein Zeichens ersatzlos gestrichen werden, wird das Zeichen für »deleatur« (von lat. deleatur: es werde gestrichen) an den Rand geschrieben.

Verstellte Wörter Wortfolgen oder brauchen das Umstellungszeichen. Umstellungen größeren Bei Zahlen helfen. Der Doppelbogen weist darauf hin, daß der Zwischen raum entfallen soll. | 1–5

Zu große Abstände zwischen den Wörtern werden auch mit angezeichnet, zu engerZwischenraum mit .

Auf zu großen Durchschuß zwischen den Zeilen wird mit dem

Zeichen hingewiesen, zu geringer Durchschuß verlangt das Zeichen

Zu verringender Einzug wird mit markiert, zu erweiternder Einzug mit dem Zeichen .

Absätze

werden mit verbunden und mit gesetzt.

Generell gilt:

Die Korrektur muß deutlich und verständlich sein. Aus den Korrekturzeichen muß ersichtlich sein, welche Veränderung durchzuführen ist.

Packliste für den Urlaub

Jedes Jahr schwören wir uns von neuem, eine definitive Packliste für den Urlaub zu erstellen, damit wir nicht wieder die wichtigsten Dinge vergessen.
Aber jetzt! Hier ist schon mal ein Anfang gemacht. Allgemein gilt: ► Nur solche Kleidung mitnehmen, die Sie wirklich anziehen ► Für jede Person eine eigene Packliste erstellen ► Neben die Bekleidung schreiben, welche Anzahl Sie mitnehmen wollen ► Jahreszeitenspezifische Liste für Sportausrüstung komplettieren

Kleidung

T-Shirts	Stk
Hemden/Blusen	Stk
Hosen	Stk
Kleid	Stk
Unterwäsche	Stk
Strümpfe	Stk
Schlafanzug	Stk
Pullover	Stk
Mantel	Stk
Kopfbedeckung	Stk
Schal/Handschuhe	Stk
Schuhe	Paar
Badehose/-anzug	Stk
Badelatschen	Stk
Sportkleidung	Stk
Sportschuhe	Stk
Schirm/Regenmantel	Stk

Toilettenartikel

- Zahnbürste
- Zahncreme
- Zahnseide
- Waschlotion
- Rasierzeug
- Haarshampoo
- Haarpflegemittel
- Kamm
- Reisefön
- Gesichtscreme
- Bodylotion
- Make-up
- Deo
- Parfüm
- Hygieneartikel
- Taschentücher
- Kontaktlinsenreiniger

Sportausrüstung

- Fahrrad/-helm
- Boot/Surfbrett
- Tauchausrüstung
- Zelt/Campingausrüstung
- Skateboard/Skates
- Golfschläger
- Tennisschläger
- Badmintonschläger
- Ball
- etc.

Wintersport

- Skier/Snowboard
- Schlittschuhe
- Moonboots
- Skibrille
- Helm

Geld/Papiere

- Pass
- Führerschein
- Berechtigungsscheine (z.B. Tauchschein)
- Frequent-Flyer-Karten
- US-Dollar in kleinen Noten
- Geld- und Kreditkarten
- Traveller-Cheques
- Kopien wichtiger Dokumente (Paß, Visum, Kreditkarten)
- Flugscheine
- Reiseplan
- Reisedokumente/Visa
- Straßen-, Landkarten
- Sprachführer
- Telephon-/Adressliste wichtiger Notrufnummern des Urlaubslandes und von zu Hause

Medikamente

- Schmerzstillende Mittel
- Mittel gegen Durchfall
- Desinfektionsmittel
- Pflaster
- Insektenabwehrmittel
- Wasserdesinfektionsmittel
- Homöopathische Notfallapotheke

Diverses

- Brille/Sonnenbrille
- Wasserflasche
- Faltbare Taschen – für Schmutzwäsche, Einkäufe
- Kamera
- Reisewecker
- Taschenlampe
- Taschenmesser
- Feuerzeug
- Adapter für lokales Stromnetz
- Bücher/Zeitschriften/DVDs
- MP3-Player/DVD-Player
- evt. Notebook
- Spielsachen/Bücher zum Beschäftigen von Kindern

So finden Sie Oben und Unten

Wollen Mediziner Auskunft darüber geben, wo am und im menschlichen Körper sich was befindet bzw. in welche Richtung es sich bewegt, verwenden sie dazu »anatomische Lagebezeichnungen«, die selbstverständlich lateinischen Ursprungs sind.

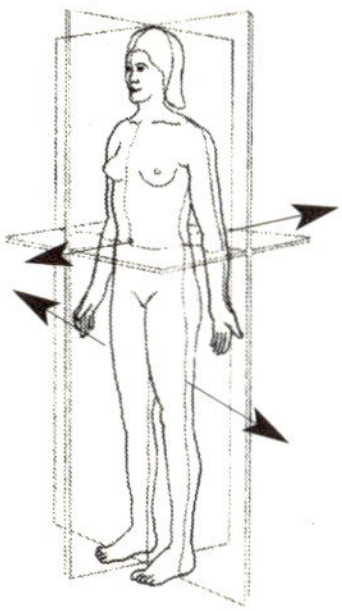

anterior = vorne
posterior = hinten

am Rumpf:
dorsal = nach dem Rücken hin liegend
ventral = bauchwärts
kranial = kopfwärts
kaudal = steißwärts

medial = nach der Mittelebene des Körpers zu gelegen
lateral = seitwärts
proximal = rumpfwärts gelegener Teil einer Extremität
distal = weiter vom Rumpf entfernt gelegener Teil eriner Exremität

Fünf Patentrezepte

Der Begriff »Patentrezept« wird zumeist nur in der Formulierung »Ein Patentrezept ist das nicht« verwendet. Dennoch gibt es hin und wieder frohe Nachrichten.

Betr. Steuern

Günter Koch, laut Eigendefiniton »der geistige Vater des Patentrezepts«, hat das »praktische Modell eines Währungssystems« entwickelt, »in dem es keine Steuern gibt und jeder Bürgergeld erhält«. Es heißt »Goldring«.

Betr. Raum- und Trittschall

Ein Patentrezept gegen Raum- und Trittschall bietet ein Flüsterkleber mit eingebautem Schalldämpfer – so das unabhängige Bauportal »Baulinks«.

Betr. Alle bekannten Probleme

Laut dem Evangelisten Andreas Hübner gibt es ein Patentrezept für jedes nur erdenkliche Problem: Jesus Christus, der Weg, die Wahrheit und das Leben.

Betr. Bratwürste

Als Patentrezept gegen die BSE-Hysterie hat Olaf Nestler die Fischbratwurst erfunden. Sie ist als Gebrauchsmuster Nummer 201 04 2428 vom Patentamt geschützt.

Betr. Gesundheit

Laut »Barmer Ersatzkassse« ist Bewegung das Patentrezept für ein gesünderes, besseres und längeres Leben.

Kurze Anleitung zum jüdischen Witz

Diese Anleitung zum jüdischen Witz ist eine von DORON RABINOVICI (vgl. S. 70) für dieses Handbuch eingerichtete Kurzfassung seines Essays »Hundertundsiebzehn Oder eine kurze Anleitung zum jüdischen Witz«, der in dem Essayband »Credo und Credit« bei Suhrkamp erschienen ist.

- Überschütten Sie Juden nicht mit Ihrer Sammlung jüdischer Witze, um sich ihnen anzubiedern. Kommt schlecht.
- Die besten Witze werden Sie nie erzählen können. Dafür dürfen Sie Ostereier suchen.
- Geben Sie nicht im heiteren Ton wieder, was im Ernst nicht mehr gesagt werden darf.
- Versuchen Sie nie, Jiddisch zu sprechen, wenn Sie es nicht beherrschen. Jiddeln hat mit der jiddischen Sprache nichts zu tun; es ist deren Verballhornung.
- Unterlassen Sie das Händereiben, um einen Juden nachzuahmen. Das Gegenüber könnte glauben, Sie litten unter einer ansteckenden Hautkrankheit.
- Weniger ist mehr. Erzählen Sie einen jüdischen Witz, als wäre er ein britischer.
- Die Pointe des jüdischen Witzes gehört unbedingt an den Schluß.

So putzen Sie sich richtig die Zähne

Putzen Sie stets nach demselben Muster Ihre Zähne. Etwa nach der von der Kassenzahnärztlichen Bundesvereinigung (KZBV) empfohlenen »KAI-Putztechnik«: Kauflächen – Außenflächen – Innenflächen. Und zwar immer in derselben Reihenfolge, z.B. erst oben und dann unten.

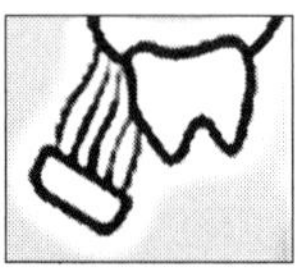

Stets nach demselben Muster putzen. Was für Kinder gut ist, ist es auch für Erwachsene.

- Stets vom Zahnfleisch aus in Richtung Kaufläche bürsten. Bei den Außenflächen empfehlen sich kreisförmige, bei den Innenflächen handfegerartige Bewegungen (Bürste im Winkel von 45 Grad halten). Ausnahme sind die Kauflächen, auf denen Sie hin- und herbürsten dürfen.
- Keinen großen Druck auf die Zahnbürste ausüben – anderenfalls schädigen Sie Ihren Zahnschmelz.
- Mindestdauer und -frequenz fürs Zähneputzen: 2 Minuten morgens und abends.
- Vor dem Zähneputzen mit Zahnseide die Zahnzwischenräume reinigen.
- Alle 3 Monate die Zahnbürste wechseln.
- Zunge nicht vergessen. Mit einem eigenen Zungenschaber sanft bis in den Rachenraum putzen.

Einige Zaubersprüche

Zauberzweck	Zauberspruch	Quelle / Anm.
Universalzauber	*»Hokus Pokus Fidibus«*	Die Quelle des Zauberspruchs liegt im Dunklen. Eine Erklärung lautet, es handle sich um die verballhornte Form des Satzes, den Pfarrer während des christlichen Abendmahls sprechen: »Hoc est corpus meum« (»Dies ist mein Leib«).
Öffnet und schließt Höhlen, die ungeheure Schätze enthalten.	*»Sesam, öffne dich!«* *»Sesam, schließe dich!«*	»Ali Baba und die 40 Räuber« aus »Tausendundeine Nacht« – nicht vergessen, beim Verlassen der Höhle den Schließzauber anzuwenden.
Macht, daß ein Besen Wasser vom Brunnen holt.	*»Walle, walle Manche Strecke, Daß zum Zwecke Wasser fließe Und mit reichem, vollem Schwalle Zu dem Bade sich ergieße.«*	»Der Zauberlehrling« von Goethe. Nicht anwenden, ohne auch den Gegenzauber zu kennen!
Läßt den Besitzer eines Kleidungsstücks erscheinen.	*»Herbei, herbei, Wo auch immer er sei! Des Stiefels Besitzer, Er stelle sich ein: Wo der Stiefel ist, Soll auch er selber sein! Hokuspokus – so sei es!«*	»Der Räuber Hotzenplotz« von Otfried Preußler – verwendet vom großen und bösen Zauberer Petrosilius Zwackelmann.
Tötet einen Gegner, ohne daß man an ihm Zeichen von Gewalt erkennen würde.	*»Avada Kedavra«*	»Harry Potter« von J.K. Rowling
Macht Menschen um 30 Jahre jünger.	*»Aus Eins mach Zehn, Und Zwei laß gehn, Und Drei mach gleich, So bist du reich. Verlier die Vier! Aus Fünf und Sechs, So sagt die Hex, Mach Sieben und Acht, So ist's vollbracht: Und Neun ist Eins, Und Zehn ist keins. Das ist das Hexen-Einmaleins!«*	»Faust I« von Goethe
Verwandelt einen Menschen in ein beliebiges Tier und läßt ihn dessen Sprache verstehen.	*»Mutabor«*	»Kalif Storch« von Wilhelm Hauff; zudem benötigt man schwärzliches Pulver aus einer Dose.
Verwandelt einen Menschen in ein Tier, das ihm charakterlich ähnlich ist. Man kann aber weiterhin sprechen. Kein Gegenzauber erforderlich, nach drei bis vier Tagen wird man wieder ein Mensch.	*»Lorbeerblatt und Majoran, Nelken, Muskat, Thymian, Gartenraut' und Farn vom Rain Solln im Topf gesotten sein. Von Kamillen Blatt für Blatt, Salbei, der gelegen hat, Estragon und Farn vom Rain Solln im Topf gesotten sein. Nimm ein Blatt vom Kapernstrauch, Kreuzkraut und Melisse auch, misch es mit Holundermark, koch es in dem Kessel stark. Ein Haar der gescheckten Kuh, Borsten einer Sau dazu, Lämmerwoll' und Katzenfell, koch es in dem Kessel schnell.«*	»Zauberei im alten Haus« von Elaine Horseman, übersetzt von Sybil Gräfin Schönfeldt (leider vergriffen). 

Werden Sie paradox – zumindest gelegentlich

Wenn Sie mit einem bestimmten Menschen immer wieder dieselbe (unangenehme) Erfahrung machen und er auf keinen Ratschlag eingeht, hilft es unter Umständen, auf paradoxe Weise zu intervenieren (freilich in freundlich-scherzhaftem Ton). Das hat den großen Vorteil, daß Sie Ihrem Gegenüber – von dem Sie sich wünschen, es möge sein Verhalten ändern – keine Vorschriften machen; vielmehr überlassen Sie diesem die Verhaltensänderung.

Nervt und stört Sie ein Arbeitskollege während einer Sitzung durch ständiges Tuscheln, dann fordern Sie ihn ultimativ auf, doch bitter lauter zu sprechen, man verstehe ihn leider so schlecht. Im Idealfall setzen Sie damit im Kopf Ihres Kollegen eine interessante Mechanik in Gang: Er kann Ihnen, der Sie ihn Ihrerseits nerven, nur dadurch Widerstand leisten, indem er Ihre Anweisung nicht befolgt – womit er zwangsläufig sein Verhalten ändert. Paradoxe Interventionen irritieren die Angesprochenen und leiten sie zu Selbstreflexionen an, was die Chance erhöht, daß sie ihr Verhalten ändern.

Zwei andere Beispiele für diese Technik sind: Menschen, die nicht einschlafen können, aufzufordern: »Bleib wach!« - und schon haben sie nicht mehr das Einschlafproblem vor Augen, sondern eine andere Aufgabe, über der sie selig einschlummern; oder aber Sie sagen zu Ihrem Kind, das sich eine konkrete Aufgabe nicht zutraut, das sei weiter nicht verwunderlich, es sei ja auch viiiiiel zu klein dafür (Lächeln nicht vergessen).

Sollte sich der gewünschte Erfolg nicht einstellen, können Sie immer noch unter → »autoritär« in jedem einschlägigen Psychologieratgeber nachsehen.

Die richtige Zeit, um Frühlingsblumen zu setzen

Oktober – November

Die richtige Zeit dazu ist gegen Ende der Vegetationsperiode, also Oktober und November. Zwiebeln, die danach gesetzt werden, treiben auch später aus. Zu den klassischen Frühlingsblumen zählen Gartenfreunde das Schneeglöckchen, den Krokus, die Narzisse, die Hyazinthe und die Tulpe.

Verschenkenswerte Parfums

Parfums zu verschenken ist ein überaus riskantes Unternehmen und setzt voraus, daß Sie die zu beschenkende Person sehr gut kennen.
Die Entscheidung wird ein wenig erleichtert, wenn Sie berücksichtigen, welche Düfte von der »Fragrance Foundation« der internationalen Parfums-Industrie mit dem renommierten Preis »Fifi« prämiert werden. Nebenstehend finden Sie alle bisherigen Preisträger der Sparte Europäische Parfums – so ganz nebenbei eine kleine Kulturgeschichte des Dufts.

Herren			Damen
BURBERRY BRIT FOR MEN*	(Cosmopolitan Cosmetics/ Burberry Fragance)	2005	PRADA FRAGANCE* (Puig Prestige Beauty)
GUCCI POUR HOMME	(Cosmopolitan Cosmetics)	2004	CHANCE (Chanel)
BVLGARI BLU POUR HOMME	(Fragrances Exclusive)	2002	COCO MADEMOISELLE (Chanel)
PAUL SMITH MEN	(Paul Smith)	2001	FLOWER (Kenzo)
ALLURE HOMME	(Chanel)	2000	J'ADORE (Christian Dior)
EMPORIO ARMANI FOR HIM	(Giorgio Armani)	1999	NOA (Cacharel)
A MEN	(Thierry Mugler)	1998	LOLITA LEMPICKA (Lolita Lempicka)
ACQUA DI GIO POUR HOMME	(Giorgio Armani)	1997	ALLURE (Chanel)
CK ONE	(Calvin Klein)	1996	DOLCE VITA (Christian Dior)
L'EAU D'ISSEY POUR HOMME	(Beauté Prestige International)	1995	TOCADE (Rochas)
XS	(Paco Rabanne)	1994	JEAN PAUL GAULTIER (Jean Paul Gaultier)
HERITAGE	(Guerlain)	1993	L'EAU D'ISSEY, ISSEY MIYAKE (Beauté Prestige International)

(in Klammern der Hersteller des Parfums; 2003 wurde kein Preis vergeben)

* Vergeben in der Kategorie »Luxus«

Kleine Handbibliothek

Die Frage, welche Bücher eine kleine Handbibliothek für alle Lebenslagen beinhalten sollte, ist geeignet, endlose Debatten über das Thema »Kanon« auszulösen.

Als allererster Anstoß ein paar Vorschläge, vom Autor dieses Büchleins allesamt für unverzichtbar befunden. Manche der Bücher sind vergriffen, was sich durch das Alter des Autors erklärt.

Back, Otto; Benedikt, Erich; Blüml, Karl: ÖSTERREICHISCHES WÖRTERBUCH, ÖBV

Bamberger, Dr. Richard, et al (Hg): DIE KINDERWELT VON A BIS Z, ÖBV

Bastian, Hans Werner, et al.: REPARATUREN ZU HAUSE, Stiftung Warentest

DIE BIBEL (nach der Übersetzung Martin Luthers), Deutsche Bibelgesellschaft

ENCYCLOPÆDIA BRITANNICA, Ultimate Reference Suite (DVD)

Gracián, Balthasar: HANDORAKEL, Reclam

Grimm, Jacob und Wilhelm: DEUTSCHES WÖRTERBUCH. DER DIGITALE GRIMM, Zweitausendeins (CD-Rom)

Grimm, Jacob und Wilhelm; Rölleke, Heinz (Hg): KINDER- UND HAUSMÄRCHEN, Reclam

Jens, Walter: KINDLERS NEUES LITERATURLEXIKON, 20 Bände, Kindler

Kasper, Walter: LEXIKON FÜR THEOLOGIE UND KIRCHE, 10 Bände & Registerband, Herder

Kinder, Hermann; Hilgemann, Werner: DTV-ATLAS WELTGESCHICHTE, Band 1 & 2, dtv

Kluge, Friedrich: ETYMOLOGISCHES WÖRTERBUCH DER DEUTSCHEN SPRACHE, de Gruyter

MANUFACTUM, aktueller Warenkatalog

Muthmann, Gustav: RÜCKLÄUFIGES DEUTSCHES WÖRTERBUCH, Niemeyer

O'Brien, Flann: TROST UND RAT, (deutsch von Harry Rowohlt), Kein & Aber

Pauly, August F.; Ziegler, Konrat; Sontheimer, Walther: DER KLEINE PAULY. LEXIKON DER ANTIKE, dtv

Pinkerneil, Beate: DAS GROSSE DEUTSCHE BALLADENBUCH, Athenäum

Plachutta, Ewald; Wagner, Christoph: DIE GUTE KÜCHE, Orac

PSCHYREMBEL. KLINISCHES WÖRTERBUCH, de Gruyter

Schmidt, Heinrich; Schischkoff, Georgi: PHILOSOPHISCHES WÖRTERBUCH, Kröner

Schott, Ben: SCHOTT'S ORIGINAL MISCELLANY, Bloomsbury

Serres, Michel & Farouki, Nayla (Hg): THESAURUS DER EXAKTEN WISSENSCHAFTEN, Zweitausendeins

Stowasser, Josef M.; Losek, F.: DER KLEINE STOWASSER, LATEINISCH-DEUTSCHES SCHULWÖRTERBUCH, Oldenbourg

WIKIPEDIA: HTTP://DE.WIKIPEDIA.ORG

von Wilckens, Leonie: GRUNDRISS DER ABENDLÄNDISCHEN KUNSTGESCHICHTE, Kröner

So spenden Sie die Nottaufe

Sprechen Sie – soweit Sie dazu in der Lage sind – das Apostolische Glaubensbekenntnis*.
Gießen Sie anschließend gewöhnliches Wasser bzw. Weihwasser über den Kopf des Täuflings und sagen Sie dabei: »Ich taufe Dich im Namen des Vaters und des Sohnes und des Heiligen Geistes.«
Ziehen Sie, wenn möglich, ein bis zwei Zeugen hinzu.

** Ich glaube an Gott, / den Vater, den Allmächtigen, / den Schöpfer des Himmels und der Erde, / und an Jesus Christus, / seinen eingeborenen Sohn, unseren Herrn, / empfangen durch den Heiligen Geist, / geboren von der Jungfrau Maria, / gelitten unter Pontius Pilatus, /gekreuzigt, gestorben und begraben, / hinabgestiegen in das Reich des Todes, / am dritten Tage auferstanden von den Toten, / aufgefahren in den Himmel; / er sitzt zur Rechten Gottes, des allmächtigen Vaters; / von dort wird er kommen zu richten die Lebenden und die Toten./ Ich glaube an den Heiligen Geist, / die heilige katholische Kirche, / Gemeinschaft der Heiligen, / Vergebung der Sünden, Auferstehung der Toten / und das ewige Leben. / Amen.*

Befindet sich ein Mensch in Lebensgefahr, so ist jeder Gläubige, ja im Grunde jeder Mensch, »der die rechte Absicht hat« – wie es von seiten katholischer Theologen heißt – berechtigt, die Taufe zu spenden. Meist spenden Hebammen die Nottaufe.

Verschiedene Nudelformen

Es gibt zwar hunderte italienische Nudelformen, aber eines ist ihnen gemein: der Teig, aus dem sie gemacht sind. Der enthält in seiner Grundform doppelt gemahlenes italienisches Hartweizenmehl, Wasser und Salz, in seiner erweiterten Fassung auch noch Ei. Die kleine Liste versammelt die gebräuchlichsten Arten.

LANGE NUDELN	KURZE NUDELN
lang, sehr dick – BIGOLI	CANELLONI – dick, hohl
dünn, hohl – BUCATINI	CHIFFERI – hörnchenförmig
dünn, lang – CAPELLINI	CONCHIGLIE – muschelförmig
bandförmig, nestförmig – FETTUCCINE	FARFALLE – schmetterlingsförmig
plattenförmig – LASAGNE	FARFALLINE – schmetterlingsförmig, klein
bandförmig, schmal – LINGUINE	FUSILLI – spiralförmig
lang, dick, hohl – MACCHERONI	ORECCHIETTE – ohrenförmig, klein
bandförmig, sehr breit – PAPARDELLE	PENNE – röhrenförmig, schräggeschnitten, kurz
lang, dünn – SPAGHETTI	RAVIOLI – Teigtaschen mit Füllung, klein
lang, sehr dünn – SPAGHETTINI	RIGATONI – röhrenförmig, geriffelt, dick
lang, dick – SPAGHETTONI	RISI – reiskornförmig, klein
bandförmig – TAGLIATELLE	TORTELLINI – ringförmig, gefüllt
bandförmig, sehr schmal – TRENETTE	TORTELLONI – taschenförmig, gefüllt

Kleiner Einkaufsguide für Gebrauchtwagen

1. Bleiben Sie kalt Als Käufer sind Sie solange in der schwächeren Position, wie Sie ein bestimmtes Auto begehren. Das trübt Ihre Vernunft und Ihr Entscheidungsvermögen, sagt der Berliner Kfz-Fachmann **Matthias Estel,** von dem dieser kleine Guide stammt.

2. Bleiben Sie geduldig Wer losgeht, um innerhalb eines Tages einen Gebrauchten zu kaufen, hat schon verloren. Lassen Sie sich Zeit, um zu prüfen und zu verhandeln.

3. Fragen Sie nach dem Ausweis Lassen Sie sich den Personalausweis jenes Menschen zeigen, mit dem Sie über den Kauf des Gebrauchten sprechen. Ist es der Fahrzeughalter? Oder ein Händler? Wenn zweiteres, seien Sie besonders auf der Hut. Ihnen steht ein Profi gegenüber, der nur ein Ziel hat: Das Blechding gewinnbringend zu verkaufen, das Sie da die ganze Zeit begehrlich anstarren.

4. Nehmen Sie Ihren großen Bruder mit Wenn Sie mit einem Händler sprechen, sagen Sie frei heraus: »Ich habe keine Ahnung von Autos.« Kunstpause. Dann fügen Sie hinzu: »Aber ich kenne einen Fachmann, der wird das Auto checken – und zwar in Ihrem Beisein auf einer Hebebühne.« Wenn der Autohändler Ausflüchte sucht, um das zu verhindern – vergessen Sie das Objekt Ihrer Begierde. Es ist was faul dran.

5. Autonom sein können Sie ein andermal Ein Auto ohne den Beistand eines Fachkundigen zu kaufen, ist grob fahrlässig. Wenn Sie es dennoch tun, beklagen Sie sich hinterher nicht. Mißtrauen Sie grundsätzlich jedem Gutachten, das Ihnen von einem Händler präsentiert wird.

6. Mißtrauen Sie jedem Hochglanz Ist der Gebrauchte frisch lackiert, besteht der dringende Verdacht, daß der Verkäufer etwas zu verbergen hat; es dürfte sich um einen Unfallwagen handeln. Faustformel: Je perfekter restauriert, desto verdächtiger.

7. Lesen Sie das Großgedruckte Heißt es in der Verkaufsanzeige oder beteuert der Verkäufer, das Auto habe lediglich Gebrauchsspuren und von einem Unfall sei nichts bekannt – schon verdächtig. Als Unfall gelten auch kleine Karambolagen, bei denen man sich die Stoßstange eindellt. Jedes Auto hatte das schon mal. Haben Sie es mit einem Händler zu tun, dann rufen Sie den Vorbesitzer des Autos an und fragen Sie ihn, was mit dem Wagen geschehen ist.

8. Lesen Sie fremde Briefe Und zwar den Kfz-Brief des Autos, das Sie kaufen wollen. Gab es viele Besitzer – schon problematisch. Auch problematisch: ein neu ausgestellter Kfz-Brief. Da stehen zwar auch alle Fahrzeughalter drauf, aber der neue Brief zielt auf Ihre Psyche. Er soll signalisieren: neuer Brief – alles neu.

9. Alles fliegt auf Seien Sie sicher: Wie gut der Besitzer eines Unfallwagens auch versucht, den Crash zu verstecken – einem Fachmann macht er nichts vor. Also nochmals: Sie brauchen Hilfe! Holen Sie sie.

Führen Sie die eine oder andere Liste

Um 1000 n. Chr. lebte am japanischen Kaiserhof eine Hofdame namens **Sei Shonagon**, von der keine biographischen Details überliefert sind. Geblieben sind allein ihre Beobachtungen, die sie in ein Heft notierte. Diese freilich genießen den Rang eines Klassikers der japanischen Literatur.

Eine Vorliebe der Hofdame war es, kleine poetische Listen anzulegen. Im folgenden die Titel einiger dieser Listen mit je einem Beispiel von Sei Shonagon. Es dürfte gewinnbringend sein, die eine oder andere Liste selbst anzulegen.

Erschienen ist das Bändchen »Das Kopfkissenbuch einer Hofdame« bei Manesse.

»Was verächtlich behandelt wird«
– die Nordseite eines Hauses
»Was Herzklopfen verursacht«
– wenn man zwischen Säuglingen hindurchgehen muß, die herumkriechen
»Dinge, die sich nicht vergleichen lassen«
– Jugend und Alter
»Was gewinnt, wenn man es malt«
– eine Kiefer
»Was ans Herz rührt«
– der Wind, der abends durch das Bambuswäldchen am Flußufer raschelt
»Was gut ist, wenn es kurz ist«
– der Faden, wenn man rasch etwas nähen will

Notenwerte und Pausen

Ganze Note & Ganze Pause

Halbe Note & Halbe Pause

Viertelnote & Viertelpause

Achtelnote & Achtelpause

Das Höchstalter einiger Pflanzen

Bei der Überlegung, welchen Aufwand Sie beim Pflanzen und der Pflege eines bestimmten Gewächses treiben wollen, sollte unter anderem auch dessen Lebenserwartung eine Rolle spielen. Die nebenstehenden Altersangaben sind von vielen, naturgemäß unwägbaren Parametern abhängig, können jedoch als erste Orientierung dienen.

Apfel	70 Jahre	Lärche	800
Bergahorn	500	Lomatia tasmanica*	43600
Birke	120	Maiglöckchen	50
Birne	80	Mispel	50
Buche	400	Narzisse	80
Buchsbaum	500	Pfingstrose	80
Christrose	45	Pflaume	100
Efeu	400	Phlox	50
Eibe	1000	Primel	30
Esche	300	Riesenmammutbaum	4000
Espe	100	Roßkastanie	180
Eßkastanie	500	Schneeglöckchen	60
Feldahorn	150	Schwarzdorn	40
Feldulme	400	Silberweide	100
Fichte	800	Sommerlinde	1000
Fuchsschwanzkiefer	6000	Stieleiche	800
Gingko	200	Süßkirsche	60
Hainbuche	150	Tanne	600
Hartriegel	30	Veilchen	50
Hasel	80	Wacholder	500
Himbeere	2	Walnuß	180
Holunder	80	Weißdorn	100
Kiefer	600	Weißtanne	600
Krokus	50	Zwetschge	50

* Die Lomatia tasmanica ist die älteste Pflanze der Welt und existiert in nur einem einzigen Exemplar an der Westküste Australiens.

Butter, selbst gemacht

In seinem »Hauslexikon« (1834 ff) beschreibt **Gustav Theodor Fechner** den »Allg. Gang des Verfahrens« beim Buttern.

Milch abseihen — **In kühlen Napf füllen** — **Rahm abnehmen** — **Im Butterfasse schlagen** — **Durchkneten** — **Evt. salzen** — **Formen**

»Die Milch wird gleich nach dem Melken durch ein Draht- oder Haarsieb (zur Absonderung etwa beigemengter Kuhhaare) geseiht, in die kühl gehaltenen Milchnäpfe gefüllt, damit sich der Rahm abscheide, dieser abgenommen, in besondere Gefäße (Rahmtöpfe, Rahmständer) gefüllt, längere oder kürzere Zeit darin an einem kühlen Orte aufbewahrt, wo sich noch etwas wässerige Theile absondern, dann im Butterfasse geschlagen; die B., wenn sie sich von der B.-Milch abgeschieden hat, herausgenommen, mit den Händen durchgeknetet, um die noch darin rückständige Milch herauszubringen, dann gesalzen (sofern sie nicht als ungesalzene B. dienen soll) u. geformt.«

Vierzehn Präsente für alle Fälle

Adressbuch, Notizbuch, z.B. von Moleskine
Bilderrahmen, Fotoalbum
Blumen
Boule-Spiel
Füllfeder / Druckbleistift, edel
iPod Shuffle, den kleinen
Kinobesuch, Gutschein
Kompass
Konversationslexikon, kleines
Pflegeessenz, sehr teure
Reisewecker, z.B. von Braun
Rotwein / Weisswein, besondere Sorte
Stabmikroskop
Zeitschriftenabonnement, Gutschein

Wenn Sie im letzten Moment entdecken, daß Sie ein Geburtstagsgeschenk benötigen, ist wenig Zeit für aufwendige Lösungen. Sie müssen auf eine Standardlösung zurückgreifen – wenn auch auf eine möglichst geschmackvolle. Hier vierzehn Vorschläge für ein Letzteminutegeschenk.

Die besten Plätze in Kino, Theater und Fußballstadion

In modernen KINOS empfiehlt es sich, mittige Sitze in der Reihe 7 zu kaufen. Hier ist die Leinwand weit genug entfernt, und Sie müssen den Kopf nicht bewegen, um dem Geschehen zu folgen; zugleich sehen Sie auch nicht viel mehr als die Leinwand.

Im THEATER wiederum empfiehlt es sich – je nach Anzahl der Sitzreihen – solche im hinteren Teil des ersten Drittels zu erwerben (also bei 40 Reihen etwa die 11. Reihe), in der Mitte natürlich. Dort lassen sich nämlich die Regisseure während der Proben zumeist ihr Regiepult aufbauen. Setzen Sie sich auf denselben Platz, sehen Sie die Aufführung aus dem Blickwinkel des Regisseurs – und nicht mit einer Säule im linken Blickfeld wie auf billigen Rangplätzen.

Im FUSSBALLSTADION schließlich liegen die besten Plätze mittig an der Längsseite, also möglichst nahe an der Spielfeld-Mittellinie, aber nicht zu weit unten, sonst haben Sie keinen Überblick; dies sind zumeist auch die teuersten Plätze. Dort können Sie das Geschehen direkt verfolgen. Doch auch die Nähe zu einem der beiden Tore ist reizvoll – vorausgesetzt, die Stürmer nähern sich ihm oft genug. Hinter den beiden Toren befinden sich meist die Fanblöcke der Mannschaften. Überlegen Sie sich gut, ob Sie neunzig Spielminuten zwischen sehr lauten Zuschauern ertragen können, deren Sympathien unmißverständlich nur einem der beiden Teams gehören.

Verschiedene Feuerarten

Pyramidenfeuer (Allzweckfeuer)

Sternfeuer (sparsam, zum Kochen)

Jägerfeuer (brennt langsam, Koch- und Wärmefeuer)

Gitter-/Pagodenfeuer (große Flamme und Hitze)

Grubenfeuer (sparsam, kaum zu sehen, zum Kochen)

Theodor Fontanes »Guter Rat«

Der Schriftsteller und Journalist THEODOR FONTANE wurde 1819 in Neuruppin geboren und starb 1898 in Berlin. Zu Lebzeiten war er vor allem für seine Balladen bekannt (»John Maynard«, »Herr von Ribbeck auf Ribbeck im Havelland«), literaturhistorisch ist hingegen sein erzählerisches Werk bedeutender (»Effi Briest«, »Der Stechlin«).

An einem Sommermorgen
Da nimm den Wanderstab,
Es fallen deine Sorgen
Wie Nebel von dir ab.

Des Himmels heitere Bläue
Lacht dir ins Herz hinein,
Und schließt, wie Gottes Treue,
Mit seinem Dach dich ein.

Rings Blüten nur und Triebe
Und Halme von Segen schwer,
Dir ist, als zöge die Liebe
Des Weges nebenher.

So heimisch alles klinget
Als wie im Vaterhaus,
Und über die Lerchen schwinget
Die Seele sich hinaus.

Wege aus dem Dschungel

Versuchen Sie sich zu einem **Fluß** (oder den heimischen Fluß entlang) durchzuschlagen. Sie sollten ein Floß bauen und damit seinem Lauf folgen – der Fluß wird sich beständig verbreitern und Sie in zivilisierte Umgebung führen.

Holz gibt es im Dschungel reichlich. Suchen Sie 12 – 14 ähnlich lange Baumstämme, befreien Sie sie von allen Ästen und schneiden Sie sie auf die gleiche Länge zurecht (ca. 2,5 Meter). Die eine Seite der Baumstämme der ganzen Länge nach einkerben – bis auf einen Seitenrand von jeweils ca. 30 Zentimeter.

Eine Plattform bauen, indem Sie zwei Stämme mit den Kerben nach oben auf den Boden legen, restliche Stämme (bis auf zwei) im rechten Winkel dazu und mit den Kerben nach unten auflegen.

Die übrigen zwei Baumstämme mit den Kerben nach unten parallel zu den Querstämmen auf die Plattform legen. Untere und obere Querstämme fest mit einem Seil zusammenbinden, so daß die Plattformkonstruktion nicht verrutschen kann.

Einfaches Ruder bauen, flexibel an einer der beiden Seiten mit den Querstämmen befestigen. Floß in flachem Flußteil erproben.

Es entzieht sich unserer Kenntnis, wie Sie es geschafft haben, mutterseelenallein im Dschungel verlorenzugehen – wir haben nur ein überaus hilfreiches Buch gefunden, das Ihnen einen Weg aus dem Dschungel zeigt. Es heißt »Ernährung draußen. Das Survivalwissen der Eliteeinheiten« (Pietsch Verlag), und es ist darin beschrieben, wie man aus 12–14 Baumstämmen ein funktionstüchtiges Floß baut.

Europäische Nationalitätszeichen an Autos

Ⓐ Österreich (AL) Albanien (AND) Andorra Ⓑ Belgien (BG) Bulgarien (BIH) Bosnien-Herzegowina (BY) Weißrußland (CH) Schweiz (CY) Zypern (CZ) Tschechische Republik (DK) Dänemark Ⓔ Spanien (EST) Estland Ⓕ Frankreich (FIN) Finnland (FL) Liechtenstein (GB) Großbritannien Ⓗ Ungarn (HR) Kroatien Ⓘ Italien (IRL) Irland (IS) Island Ⓛ Luxemburg (LT) Litauen (LV) Lettland Ⓜ Malta (MC) Monaco (MD) Moldawien (MK) Mazedonien Ⓝ Norwegen (NL) Niederlande Ⓟ Portugal (PL) Polen (RO) Rumänien (RSM) San Marino (RUS) Russische Föderation Ⓢ Schweden (SK) Slowakei (SLO) Slowenien (TR) Türkei (UA) Ukraine Ⓥ Vatikanstadt (YU) Jugoslawien

Seien Sie wohltätig

Es gibt keinen triftigen Grund, warum Sie nicht für wohltätige Zwecke spenden sollten. Welchen Institutionen Sie vertrauen können, sagt Ihnen das angesehene »Deutsche Zentralinstitut für soziale Fragen« (DZI). Die aktuelle Liste empfehlenswerter Einrichtungen finden Sie unter www.dzi.de. Zudem hat das DZI sieben wichtige Regeln für Spender erstellt.

1. Lassen Sie sich nicht unter Druck setzen zu spenden. Wenn Ihnen jemand besonders drastisch und emotionalisierend entgegentritt, ist das ein Anzeichen von Unseriosität.

2. Konzentrieren Sie Ihre Spenden auf wenige Organisationen.

3. Mißtrauen Sie besonders dringlich formulierten Spendenaufrufen. Seriöse Organisationen haben für alle Eventualitäten vorgesorgt – sie starten ihre Nothilfe, ohne die aktuelle Spendenlage berücksichtigen zu müssen.

4. Informieren Sie sich erst, bevor Sie spenden.

5. Bedenken Sie, daß es bei Fördermitgliedschaften kein Rücktrittsrecht gibt wie z.B. bei Zeitschriftenabos. Informieren Sie sich also, bevor Sie unterschreiben.

6. Geldspenden sind effektiver als Sachspenden, denn Geld läßt sich in alles verwandeln, was die Hilfsorganisation aktuell benötigt. Geben Sie Sachspenden nur, wenn anerkannte Organisationen darum bitten.

7. Spenden Sie frei – also ohne die Verwendung Ihrer Spende an einen bestimmten Zweck zu binden. Sie erweitern den Handlungsradius der von Ihnen unterstützten Menschen deutlich.

Zwei hunde-relevante Ratschläge

1. Wenn Ihr (kleiner) Hund zu ersticken droht, nehmen Sie ihn an den Hinterbeinen und schwingen Sie ihn vorsichtig hin und her.
2. Wenn Sie Gefahr laufen, von einem Hund angefallen zu werden, bewaffnen Sie sich mit einem Stein (noch besser mit einem Messer). Wickeln Sie sich einen Schutz um den linken Unterarm (Jakke, Pullover), bieten Sie dem angreifenden Hund diesen Arm an. Sobald er Sie attackiert, führen Sie den Schlag bzw. den Stich mit dem Messer von unten nach oben gegen die Kehle. Das sollten Sie nur bei einem einzelnen Hund versuchen. Nehmen Sie niemals den Kampf mit mehreren auf, sondern fliehen Sie und versuchen Sie, deren Angriff zu vermeiden.

Respektieren Sie die Quitte

»Quitten sind die schön gelben, aromatisch riechenden Früchte des Quittenbaums, Cydonia vulgaris Pers., der in Gärten in mehreren Arten, wie: Apfel-, Birn-, portugiesische Quitte gezogen wird und in Asien und Europa bis nach Mitteldeutschland vorkommt. Die Früchte sind frisch ungenießbar, werden aber eingemacht als Dessertfrucht, sowie zu Gelees, Mus, Kompotts, Marmeladen und Bakkwerk verwandt. Getrocknet dienen die zerlegten Früchte (lat. Fructus cydoniae, frz. Fruits de coing, engl. Quince) zur Herstellung von adstringierenden[*zusammenziehenden], auch medizinisch verordneten Gelees. Quittenessenz ist ein künstlicher Riechstoff (Pelargonsäureäthylester), welcher das eigentümliche feine Aroma der Quittenfrüchte ziemlich gut wiedergibt.«

Die Quitte gehört zu den Früchten, die in den vergangenen Jahrzehnten aus der Mode gekommen sind.
Völlig zu Unrecht, denn sie schmeckt – ist sie erst einmal verarbeitet – wunderbar.
Nebenstehend finden Sie eine kleine Würdigung der Quitte. Entnommen ist sie »Merck's Warenlexikon«, das zwischen 1874 und 1925 in hoher Auflage erschien und von »Manufactum« in der Fassung von 1920 wiederaufgelegt wurde.

So bügeln Sie ein Hemd

In **Thomas Bernhards** Theaterstück »Heldenplatz« spielt das korrekte Bügeln und Zusammenlegen von Hemden eine tragende Rolle. Im 1. Akt widmet sich Bernhard eingehend dieser Frage, indem er die Haushälterin, Frau Zittel, über die Manie Ihres Dienstgebers Professor Robert Schuster monologisieren läßt.

Professor Schuster, so Frau Zittel, habe ihr immer wieder gezeigt, wie ein Hemd korrekt zusammenzulegen seien – erst habe er es zusammengelegt und anschließend wieder in die Höhe gerissen, sieben- oder achtmal hintereinander; denn dem Herrn Professor sei das korrekte Zusammenlegen eines Hemdes von allerhöchster Wichtigkeit gewesen.

Als sie, Frau Zittel, gewimmert habe, sie sei dazu einfach nicht in der Lage, habe der Herr Professor schließlich geschrieen: »unerträgliche Person!«.

1. **Kragen:** erst dessen Außenseite, dann die Innenseite bügeln; stets von den Spitzen in die Mitte
2. **Die Manschetten:** erst innen, dann außen
3. **Die Ärmel:** an der Innennaht ausrichten, von der Schulter zur Manschette bügeln; mit der Vorderseite beginnen; wenn Sie keine Falten wollen, verwenden Sie das Ärmelbrett
4. **Vorderteile:** beim Kragen beginnend zum Saum hin
5. **Knopfleiste:** von innen bügeln, beim Saum beginnend zum Kragen hin
6. **Rückseite:** mit Seitennaht beginnen.

Anm.:
Hemd am besten feucht bügeln; gegebenenfalls mit Sprühflasche nachhelfen. Gebügelte Wäsche einige Stunden nachtrocknen lassen, nicht gleich in den Schrank damit.

Einige gebräuchliche Kartenmaßstäbe

Damit Karten ihren jeweiligen Zweck erfüllen, sollten sie den richtigen Maßstab haben. Hier die Richtwerte für einige Kartentypen.

Stadtpläne	1:10.000*	1 cm ≙ 100 m
topographische Wanderkarten	1:50.000	1 cm ≙ 500 m
regionale Straßenkarten	1:200.000	1 cm ≙ 2 km
nationale Straßenkarten	1:1.000.000	1 cm ≙ 10 km
Weltkarten	1:70.000.000	1 cm ≙ 700 km

* 1 Zentimeter auf der Karte entspricht realen 10.000 Zentimetern = 100 Metern. Die angegebenen Maßstäbe sind Durchschnittswerte, in den einzelnen Kategorien sind auch Karten mit größeren und geringeren Maßstäben gebräuchlich.

So beleidigen Sie einen Kritiker

»Kritiker giebt es, deren Jeder vermeint, bei ihm stände es, was gut und was schlecht seyn solle; indem er seine Kindertrompete für die Posaune der Fama hält.«

Zum Beispiel mit Hilfe von ARTHUR SCHOPENHAUER

So imponieren Sie durch ein spektakuläres Menü, obwohl Sie kaum kochen können

»Ganzer gebratener Lachs umhüllt von Kräutern und Zeitungspapier«
– so heißt das Rezept in Jamie Olivers Buch »Genial kochen«.

Für den Ausnahmefall, daß Sie einmal gehörig Eindruck schinden müssen, obwohl Sie kaum kochen können, gibt es nur eine Möglichkeit: Sie prägen sich ein Rezept des britischen Starkochs JAMIE OLIVER **ein und servieren einen Lachs in Zeitungspapier. Einfach zuzubereiten, gelingt immer, Szenenapplaus garantiert.**

Die Zutaten:

1 Lachs (ca 1,5 kg)
Meersalz
frischer schwarzer Pfeffer, gemahlen
Olivenöl
4 große Handvoll gemischte Kräuter
(Petersilie, Fenchelgrün, Basilikum)
2 Zitronen,
in feine Scheiben geschnitten
6 Frühlingszwiebeln,
in dünne Scheiben geschnitten
2 Eßlöffel Fenchelsamen, zerdrückt
1 Tageszeitung
Backofen auf 220°C vorheizen.

Die Zubereitung: Lachs mit Salz und Pfeffer würzen, mit Olivenöl einreiben, mit der Hälfte der Kräuter füllen. Tageszeitung aufschlagen, Lachs in die Mitte legen. Zitronenscheiben, Frühlingszwiebeln, Fenchelsamen, übrige Kräuter über und unter dem Lachs verteilen, mit Olivenöl beträufeln. Lachs fest in Zeitung einwik-keln, mit viel Schnur zusammenbinden. Papier mit Wasser gut befeuchten. Auf oberster Schiene des Backofens 35 Minuten backen.
Als Beilage servieren Sie gekochte Kartoffeln, grünen Salat und Mayonnaise (lt. Jamie Oliver selbstgemachte, realiter freilich gekaufte).
Spätestens im Moment, da Sie das Zeitungspaket servieren und den Lachs umständlich auspacken, hält man Sie für einen begnadeten Koch. Machen Sie nicht den Fehler, es Ihren Gästen zu glauben!

So sollten Sie leben

IMMANUEL KANTS KATEGORISCHER IMPERATIV, DIE FORMEL FÜR DAS OBERSTE SITTENGESETZ; ZITIERT NACH § 7 SEINER »KRITIK DER PRAKTISCHEN VERNUNFT«.

»HANDLE SO, DASS DIE MAXIME* DEINES WILLENS JEDERZEIT ZUGLEICH ALS PRINZIP EINER ALLGEMEINEN GESETZGEBUNG GELTEN KÖNNE.«

**Leitsatz*

Die Geheimnisse der Eierkennzeichnung

Auf alle Eier, die in den Handel kommen, ist eine Buchstaben-Zahlen-Kombination aufgedruckt. Sie gibt Auskunft über die Haltungsform der Hühner, das Herkunftsland des Eies und den landwirtschaftlichen Betrieb. Anhand dieser Kennzeichnung ist jedes Ei bis zu seinem Ursprung zurückzuverfolgen.
Angaben zur Haltbarkeit finden Sie hingegen auf dem Verpackungskarton.

Haltbarkeit

Eine typische Buchstaben-Zahlen-Kombination auf einem Ei sieht folgendermaßen aus:

0-DE-1300231

Haltung

Die 1. Zahl gibt Auskunft über die **Haltungsweise**

0	Biohaltung
1	Freilandhaltung
2	Bodenhaltung
3	Käfighaltung

Herkunftsland

Die anschließende Buchstabenkombination kennzeichnet das **Herkunftsland**

AT	Österreich
DE	Deutschland
NL	Holland
BE	Belgien
IT	Italien

Betrieb

Die abschließende Nummer ist die siebenstellige **Legebetriebsnummer.**

Auf dem Verpackungskarton ist – neben der Haltbarkeit – die Gewichtsklasse vermerkt, der die Eier zuzuordnen sind:

Gewichtsklassen

Gewichtsklasse	XL	(sehr groß)	:	73 g und mehr
Gewichtsklasse	L	(groß)	:	63 g bis unter 73 g
Gewichtsklasse	M	(mittel)	:	53 g bis unter 63 g
Gewichtsklasse	S	(klein)	:	unter 53 g

So lesen Sie schneller und effektiver

1. Verschaffen Sie sich einen Überblick *(Survey!)*
Bevor Sie ein Buch oder ein Kapitel lesen, blättern Sie es durch und studieren Sie Klappentext, Inhaltsverzeichnis, Titel, Vorspänne, Zusammenfassungen, Stichwort- und Autorenregister.

2. Stellen Sie konkrete Fragen an den Text *(Questions!)*
Notieren Sie kurz, auf welche Fragen Ihnen das vorliegende Buch, das entsprechende Kapitel eine Antwort geben soll.

3. Lesen Sie *(Read!)*
Suchen Sie nun die Antwort auf Ihre zuvor formulierten Fragen, indem Sie den Text lesen. Gehen Sie bei längeren Passagen abschnittsweise vor, ignorieren Sie Textteile, die Ihnen keine Antworten liefern.

4. Rekapitulieren Sie die Antworten *(Recite!)*
Haben Sie eine längere Passage gelesen, rufen Sie sich in Erinnerung, welche Antworten Sie bekommen haben – und schreiben Sie sie in eigenen Worten auf. Das ist besonders wichtig, denn erst, was Sie aufgrund eigenen sprachlichen und intellektuellen Vermögens darstellen können, haben Sie wirklich verstanden. Bloßes Zitieren des fremden Textes bringt nichts. Eignen Sie sich die Antworten an. Ideal ist, wenn Sie anderen erfolgreich erzählen können, wovon das Buch handelt.

5. Blicken Sie noch einmal zurück *(Review!)*
Lesen Sie sich Ihre gesammelten Antworten noch einmal durch und versuchen Sie, die zentralen Aussagen des Buchs, des Kapitels zu erfassen und nachzuvollziehen. So finden Sie heraus, ob Sie die Antworten bekommen haben, nach denen Sie gesucht haben.

Kommen Sie in die Situation, ein oder mehrere Sachbücher in möglichst kurzer Zeit lesen und behalten zu müssen, sollten Sie sich in der Kunst des effektiven Lesens versuchen. Sie besteht darin, möglichst rasch dahinterzukommen, welche Teile eines Buchs wichtig sind. Eine besonders effektive Methode dafür heißt SQ3R. Sie wurde vom US-Pädagogen FRANCIS PLEASANT ROBINSON bereits Ende der 40er Jahre entwickelt*

* »Effective study«, 1970 (leider vergriffen)

und besteht aus fünf Schritten: Survey! Question! Read! Recite! Review!
Ist Ihnen selbst das zuviel, bieten Ihnen Unternehmen Hilfe, die Kurzfassungen von Büchern anfertigen und Ihnen sagen, was Sie von deren Lektüre konkret erwarten können.

www.getabstract.com

Verwenden Sie keinesfalls Ausrufungszeichen!

In seinem Text mit dem Titel »Satzzeichen« * setzt sich der Philosoph THEODOR W. ADORNO mit den Satzzeichen auseinander — und gibt unmißverständliche Ratschläge für deren korrekten Gebrauch.

»In den Satzzeichen«, so die These Adornos, »hat Geschichte sich sedimentiert, und sie ist es weit eher als Bedeutung oder grammatische Funktion, die aus jedem, erstarrt und mit leisem Schauder, herausblickt.«

Es ist zu berücksichtigen, daß Adornos Text 1956 erschienen ist, in den »Akzenten« — gleichwohl ist seine Strenge beispielsweise in der Ablehnung des Ausrufungszeichen von großer Aktualität.

* Theodor W. Adorno, Gesammelte Schriften, Bd. 11, © Suhrkamp Verlag Frankfurt 1974, S. 106 f.

Satzzeichen, allgemein

Der Schriftsteller ist nach Adorno stets zwischen seinem subjektiven Sprachempfinden und den verbindlichen Regeln der Interpunktion hin- und hergerissen. »Jedesmal ist der Konflikt auszutragen, und man braucht viel Kraft oder viel Dummheit, um darüber nicht den Mut zu verlieren. (...) Jedenfalls wird heute wohl der am besten fahren, der an die Regel: besser zuwenig als zuviel, sich hält. (...) Jedes behutsam vermiedene Zeichen ist eine Reverenz, welche die Schrift dem Laut darbringt, den sie erstickt.«

Ausrufungszeichen

»A. sind unerträglich geworden als Gebärde der Autorität, mit der der Schriftsteller von außen her einen Nachdruck zu setzen versucht, den die Sache nicht selbst ausübt.«

Gedankenstrich

»Erst wer eines Ganzen mächtig ist, weiß um Zäsuren. Die aber lassen sich vom Gedankenstrich lernen. An ihm wird der Gedanke seines Fragmentcharakters inne. Nicht zufällig wird gerade dies Zeichen dort, wo es seinen Zweck erfüllt: wo es trennt, was Verbundenheit vortäuscht, im Zeitalter des fortschreitenden Sprachzerfalls vernachlässigt.«

Schräggestellter Strich

»Zu den Verlusten, mit denen die Interpunktion am Sprachzerfall teilhat, rechnet der des schräggestellten Strichs.«

Drei Punkte

»Die drei Punkte, mit denen man in der Zeit des zur Stimmung kommerzialisierten Impressionismus Sätze bedeutungsvoll offen zu lassen liebte, suggerieren die Unendlichkeit von Gedanken und Assoziation, die eben der Schmock nicht hat, der sich darauf verlassen muß, durchs Schriftbild sie vorzuspiegeln.«

Anführungszeichen

»A. soll man nur dort verwenden, wo man etwas anführt, beim Zitat, allenfalls wo der Text von einem Wort, auf das er sich bezieht, sich distanzieren will. Als Mittel der Ironie sind sie zu verschmähen.«

Semikolon

»Theodor Haecker erschrak mit Recht darüber, daß das Semikolon ausstirbt; er erkannte darin, daß keiner mehr eine Periode schreiben kann. (...) Durch das Opfer der Periode wird der Gedanke kurzatmig. Die Prosa wird auf den Protokollsatz (...) heruntergebracht. Mit dem Verlust des Semikolons fängt es an, mit der Ratifizierung des Schwachsinns durch die von aller Zutat gereinigte Vernünftigkeit hört es auf.«

Parenthesen

»Die Sensibilität des Schriftstellers in der Interpunktion bewährt sich in der Behandlung der Parenthesen. Der Vorsichtige wird dazu neigen, sie zwischen Gedankenstriche zu stellen und nicht in Klammern, denn die Klammer nimmt die Parenthese aus dem Satz ganz heraus, schafft gleichsam Enklaven, während doch nichts, was in guter Prosa vorkommt, dem Gesamtbau entbehrlich sein sollte.«

Das bedeuten die Zeichen des Schiedsrichter-Assistenten

Sie laufen – im Idealfall wenig beachtet – an den beiden Seitenauslinien des Fußballfeldes auf und ab und signalisieren dem Schiedsrichter mittels ihrer Fahne irgendwelche kryptischen Dinge: die Assistenten. Hier die Erläuterungen zu ihrem gerne wohlfeil kritisierten Tun im Abseits des Geschehens.

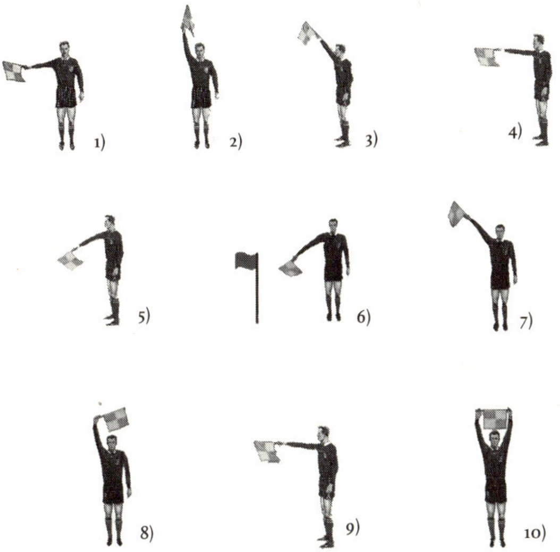

1) Einwurf

2) Abseits …

3) … vor dem Assistenten

4) … in gegenüberliegender Spielfeldhälfte

5) … in der Mitte des Spielfelds

6) Eckstoß

7) Freistoß

8) Vergehen hinter dem Rücken des Schiedsrichters

9) Abstoß

10) Auswechslung

Die Geschwindigkeit eines Boots schätzen

Spucken Sie ins Wasser und schätzen Sie, wie viele Meter Sie in den nächsten 5 Sekunden zurücklegen. Die eruierte Zahl nehmen Sie mal 4 und teilen sie dann durch 10 – das Ergebnis entspricht der Geschwindigkeit Ihres Boots in Seemeilen pro Stunde.
Diese Schätzung macht sich das Maß einer Meridian-Tertie zunutze: Sie beträgt 0,5144 Meter und entspricht damit exakt dem 3.600ten Teil einer Seemeile. Eine Seemeile (1.852 Meter) pro Stunde (3.600 Sekunden) entspricht also einer Meridian-Tertie pro Sekunde. Klappt nur in stehenden Gewässern.

Befinden Sie sich auf einem Segel- oder einem anderen, nicht besonders schnellen Boot, gibt es eine einfache Methode, dessen Geschwindigkeit zu schätzen.

Kleine Überlebensfibel für Langstreckenflüge

Weil die Klimaanlage des Flugzeugs die Atemluft austrocknet, sollten Sie:	✈ viel trinken (keinen Alkohol und Kaffee, da sie dehydrierend wirken) ✈ Gesicht und Hände gelegentlich mit einer Lotion behandeln ✈ nur Brillen tragen und keine Kontaktlinsen ✈ Nasenspray und Augentropfen verwenden
Weil es im Flieger kühl ist, sollten Sie:	✈ eine lange Hose, ein langärmliges T-Shirt und warme Socken tragen
Damit Sie sich allgemein wohler fühlen, sollten Sie:	✈ Schuhe tragen, die sich leicht an- und ausziehen lassen (und sie ausziehen) ✈ Zahnbürste und -pasta im Handgepäck haben (und sie auch verwenden)
Weil Sie durch das lange, unbewegte Sitzen der Gefahr ausgesetzt sind, eine Thrombose zu erleiden, sollten Sie:	✈ sich beim Einchecken einen Sitz am Gang oder gar am Notausgang sichern, weil Sie dort mehr Bewegungsfreiheit für Ihre Beine haben ✈ die Schuhe ausziehen und die Zehen bewegen ✈ immer wieder herumgehen ✈ im Sitz ein bißchen Gymnastik machen ✈ Thrombosestrümpfe tragen
Wenn Sie beim Steig- oder Sinkflug Probleme mit den Ohren haben, sollten Sie:	✈ Kaugummi kauen und öfters schlucken ✈ lernen, wie Taucher den Druckausgleich machen: Schließen Sie den Mund; halten Sie sich mit der Hand die Nase zu und versuchen Sie nun sanft, durch die geschlossene Nase Luft zu pusten. Dies wird nicht klappen – dafür zischt es befreiend im Mittelohr: Druckausgleich gelungen. Bei Bedarf wiederholen.
Damit Sie schlafen können, sollten Sie:	✈ Ohropax verwenden ✈ eine Schlafmaske tragen ✈ eine aufblasbare Nackenstütze um den Hals tragen
Um nicht vor Langeweile zu vergehen, sollten Sie:	✈ einen Kopfhörer für das Spielfilmprogramm mitnehmen ✈ ausreichend spannende Lektüre besorgen ✈ einen Spezial-Langstreckenflugmix für Ihren iPod (Shuffle) zusammenstellen

Die Rettungskette

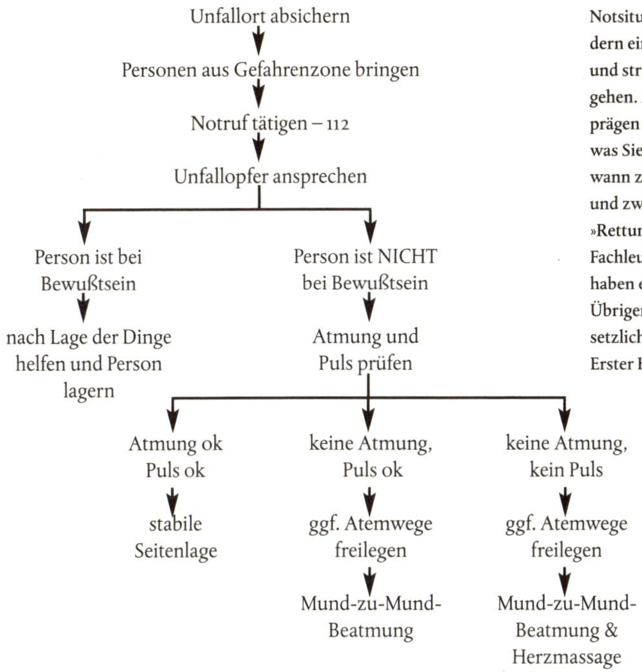

Notsituationen erfordern einen klaren Kopf und strukturiertes Vorgehen. Am besten, Sie prägen sich in Ruhe ein, was Sie gegebenenfalls wann zu tun haben – und zwar im Sinne jener »Rettungskette«, die sich Fachleute für diesen Fall haben einfallen lassen. Übrigens: Sie sind gesetzlich zur Leistung von Erster Hilfe verpflichtet.

Die Symbole der Wochentage

Sonntag	*dies solis*	☉	Sonne
Montag	*dies lunae*	☾	Mond
Dienstag	*dies martis*	♂	Mars
Mittwoch	*dies mercurii*	☿	Merkur
Donnerstag	*dies iovis*	♃	Jupiter
Freitag	*dies veneris*	♀	Venus
Samstag	*dies saturni*	♄	Saturn

Die Symbole der Wochentage sind mit den Symbolen jener Himmelskörper identisch, nach denen die Tage im Lateinischen benannt sind.

Das richtige Hantieren mit einem Feuerlöscher

Wie man einen Feuerlöscher richtig einsetzt, erläutert uns die Feuerwehr in verschiedenen Publikationen immer wieder.

Den Feuerlöscher stets mit dem Wind einsetzen. Sehr wichtig: stoßweise löschen! In die Glut spritzen; genügend Abstand halten, damit die Pulverwolke den Brand möglichst großflächig erfaßt.

Einen Flächenbrand stets von vorne und unten löschen; stets die brennenden Objekte anvisieren und nicht die Flammen.

Einen Tropf- bzw. Fließbrand bei dessen Quelle zu löschen beginnen, anschließend dem Fluß der Substanz folgen.

Bei einem größeren Brand stets mehrere Feuerlöscher gleichzeitig einsetzen (und nicht nacheinander).

Lebensverlängernde Maßnahmen für Schnittblumen

Zu den Klassikern der Ratgeberliteratur gehören – neben der Fleckentfernung – Kniffe, die das Leben von Schnittblumen verlängern sollen.
Hier eine reiche Ernte entsprechender Hinweise, der Sie zweifellos eigene hinzuzufügen wissen.
Man sollte sie freilich nicht alle zugleich, sondern nur selektiv anwenden.

Schnittblumen halten länger, wenn Sie …

- dem Blumenwasser eine Kupfermünze beigeben bzw. eine Kupfervase verwenden.
- dem Blumenwasser Zucker hinzufügen.
- zu Rosen ein paar Tropfen Zitronensaft in die Vase geben.
- den Strauß in einen Rest Zitronenlimonade stellen.
- vor dem Einstellen in die Vase alle Blätter entfernen, die ins Wasser ragen.
- einige Blätter von den Blütenstielen abbrechen (die blumenlebenszeitverkürzende Verdunstung wird herabgesetzt).
- die Blumen schräg mit einem scharfen Messer anschneiden (Sie müssen Blumen immer dann frisch anschneiden, wenn sie länger als zehn Minuten ohne Wasser waren).
- die Blumen in handwarmes Wasser stellen. Die meisten Frühjahrsblumen wie Tulpen und Narzissen hingegen mögen nur kaltes Wasser.
- die Blumen weder Zugluft noch direkter Sonneneinstrahlung aussetzen.
- dem Blumenwasser eine zerdrückte Aspirintablette beifügen.
- die Blumen nicht mit frisch geschnittenen Narzissen in eine Vase stellen (frisch geschnittene Narzissen sondern einen Schleim ab, den andere Blumen nicht vertragen).

So machen Sie sich leicht

Wenn Sie in die Lage kommen, sich von jemandem tragen lassen zu müssen, dann sollten Sie sich an Ballettänzerinnen ein Beispiel nehmen und Ihre Muskeln anspannen bzw. sich möglichst steif machen. In diesem Zustand sind Sie für den anderen leichter zu heben und zu bewegen. Klammern Sie sich an ihn, helfen Sie ihm noch ein wenig mehr.

Muskeln anspannen und steif machen

Anklammern

Wollen Sie es dem anderen hingegen möglichst schwer machen, dann stellen Sie sich vor, Sie seien aus Gummi, und lassen Sie alle Gliedmaßen schlaff hängen.

Gliedmassen nicht schlaff hängen lassen

So lang sollte ein Schuhband sein

Die Länge richtet sich nach der Anzahl der Ösenpaare. Die Graphik bietet Richtwerte für den nächsten Einkauf.
Schnürsenkel aus Polyester-Flechtwerk eignen sich besonders für Wander-, Arbeits- und Sportschuhe, zeichnen sie sich doch durch besondere Reißfestigkeit und Wasserbeständigkeit aus. Schuhbänder aus Baumwolle – geflochten und gewachst – sind ebenfalls reißfest und lassen sich gut binden.
Idealerweise sind die Schuhbänder an ihren Enden mit sogenannten Quastennadeln aus Metall versehen: Sie erleichtern das Einfädeln und bewahren den Schnürsenkel davor, auszufransen.

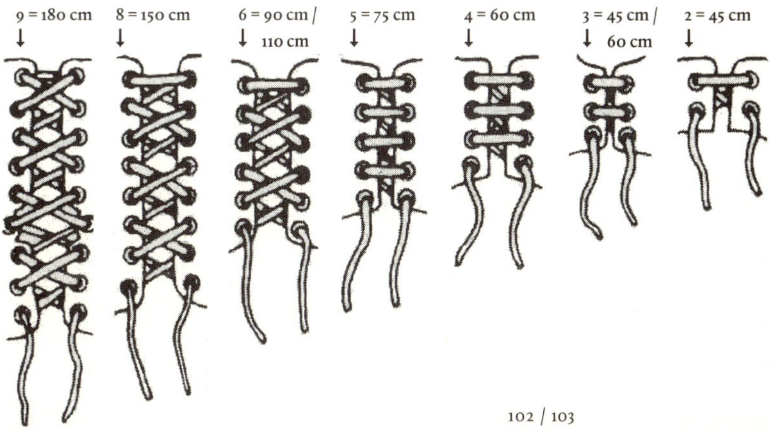

Verschiedene Tempi

Wie lange ein Notenwert wirklich dauert, wird durch das Tempo geregelt, das der Komponist angibt – in Form italienischer Adjektive. Sollten Sie also demnächst aufgefordert werden, etwas »presto« zu machen oder auf dem Programmzettel »Andantino« lesen, wissen Sie was zu tun bzw. zu erwarten ist.

Tempo	Name	Bedeutung
Langsam	Largo	*Breit*
	Larghetto	*Ein wenig schneller als Largo*
	Lento	*Langsam*
	Adagio	*Langsam*
Mittel	Andante	*Gehend*
	Andantino	*Ein wenig schneller als Andante*
	Moderato	*Gemäßigt*
	Maestoso	*Majestätisch*
	Allegretto	*Ein wenig munter*
Schnell	Allegro	*Munter, hurtig, lustig*
	Vivace	*Lebhaft*
	Vivacissimo	*Sehr lebhaft*
	Presto	*Schnell*
	Prestissimo	*Sehr schnell*

Wie Sie Tiere in freier Wildbahn beobachten

Suchen Sie abgelegene Plätze auf.

Seien Sie ruhig, verlieren Sie nie die Geduld.

Vögel lassen sich gut aus einem unauffälligen Igluzelt mit Sehschlitz beobachten.

Tragen Sie einen Ghillie-Anzug (Tarnanzug) oder einen Überzug aus grobem Netz, an dem Streifen groben Sackleinens befestigt sind, an das Äste gesteckt werden können.

Achten Sie auf die Windrichtung. Nähern Sie sich den Tieren immer gegen den Wind.

Achten Sie auf Ihren Hintergrund, so daß Sie weder durch Ihre Silhouette noch durch Ihren Schatten verraten werden.

Passen Sie sich ihrem Umfeld an: Nehmen Sie eine Haltung an, die die Form der Natur nachahmt. So können Sie sich zum Beispiel zwischen Felsen auf den Boden setzen oder sich waagerecht auf einen Ast legen.

Recherchieren Sie genau, wo und wann die Tiere, die Sie beobachten wollen, fressen.

Einige Hinweise für die Erstellung einer korrekten Tischordnung

Kleinere private Einladungen

Hier spielen Fragen der klassischen Rangordnung keine Rolle. Allgemein gilt: Ehrengäste bekommen die besten Plätze, also die neben den Gastgebern. Für die anderen Gäste gilt: Setzen Sie Menschen auseinander, die sich kennen; bilden Sie Paare bzw. Gruppen, die sich füreinander interessieren könnten.

Als kompetente Ratgeberin in Sachen gutes Benehmen gilt die Autorin und Journalistin Sybil Gräfin Schönfeldt, **die unter vielem anderen den Klassiker »Einmaleins des guten Tons« geschrieben hat. Darin finden sich viele hilfreiche Ratschläge, u.a. die für eine korrekte Tischordnung.**

Größere private Einladungen

Setzen Sie die Ehrenpersonen an einen Ehrenplatz. Mischen Sie die übrigen Gäste, sodaß an jedem Tisch ein Familienmitglied sitzt bzw. an langen Tafeln an strategisch günstigen Positionen. Sorgen Sie dafür, daß ältere Verwandte zwischen jüngeren sitzen, fremdsprachige Gäste neben solchen, die mit ihnen sprechen können etc. Schreiben Sie Tischkärtchen, so daß jeder seinen Platz findet.
Ausnahme: Verlobungs- und Hochzeitsdiner. Hier gelten die alten Regeln – siehe nächster Absatz.

Offizielle bzw. besonders festliche private Einladungen

Hier müssen Sie die alten Regeln befolgen. Die hierarchische Spitze der Tischordnung bilden die beiden Gastgeber. Der gesellschaftliche Rang eines Gastes bildet sich in der Nähe zum Platz der Gastgeber ab. Die ranghöchste Dame hat den Hausherrn als Tischnachbarn, der ranghöchste Herr die Hausfrau. Links vom Hausherrn folgt die zweithöchste Dame, rechts von der Hausfrau der zweithöchste Herr – und immer so fort. Am schwierigsten in einer demokratisch verfaßten Gesellschaft ist zweifellos die Festlegung dieser Hierarchien. Gleichwohl weiß Gräfin Schönfeldt Rat: Ehefrauen teilten den Rang ihrer Männer, Gäste seien Verwandten vorzuziehen, ältere den jüngeren. Wenn es gleichrangige Gäste zu plazieren gilt, gingen ausländische vor inländischen; Vergleichbares treffe für Firmenangehörige etc. zu: fremde vor eigenen. Töchter und Söhne bilden das Ende der Stufenleiter: Sie leisten allenfalls Junggesellen Gesellschaft.

So vermeiden Sie Verkehrsstaus

Folgen Sie den temporären Tempolimits, die plötzlich auf den elektronischen Schildern über der Autobahn auftauchen. Da hat sich ein Computer etwas dabei gedacht; die Limits dienen der Vereinheitlichung des Verkehrsflusses.

Bleiben Sie auf der Autobahn, auch wenn Sie in einen Stau geraten und an einer Autobahnabfahrt stehen. Wenn Sie die Umfahrungsstraße benutzen, führt das nur zu weiteren Staus. Warten Sie erst einmal ab, Sie kommen schneller ans Ziel. Das haben Verkehrsforscher der Uni Duisburg 2005 herausgefunden.

Vermeiden Sie geringere Geschwindigkeiten, dadurch wird die gesamte Verkehrssituation instabil. Aus kleinen Ursachen können so lange Staus entstehen: Wenn ein Fahrer abrupt abbremst, kann er eine Kettenreaktion auslösen und unzählige nachfolgende Fahrer ebenfalls dazu veranlassen zu bremsen, sodaß schließlich ein Stau ohne manifesten Grund entsteht.

Benutzen Sie Autobahnen tunlichst zu verkehrsschwachen Zeiten – also nachts und früh morgens.

Idealerweise sollten sich Autos wie Fische in einem Schwarm bewegen – alle gleich schnell und alle auf dieselbe Weise auf äußere Einflüsse reagierend.

Fahren Sie rechts, wechseln Sie nicht allzu oft die Fahrspur, um zu überholen, und bewegen Sie Ihr Auto mit einer gleichmäßigen Geschwindigkeit von rund 85 Stundenkilometer über die Autobahn. So fließt der Verkehr am besten.

Unvermeidlich sind Staus nur in den Ferien. In diesen Zeiten sind die Kapazitäten der Autobahnen schlicht erschöpft.

Diese Vornamen gibt es schon

Bisweilen ist man ja weniger originell, als man denkt.
Sollten Sie nach einem nicht allzu häufig vergebenen Namen für Ihr Kind suchen, lohnt sich ein Blick auf die Statistik der beliebtesten Vornamen der Gesellschaft für deutsche Sprache.

Jungen

1. Maximilian (1)
2. Alexander (2)
3. Paul (4)
4. Leon (3)
5. Lukas/Lucas (5)
6. Luca (7)
7. Felix (6)
8. Jonas (10)
9. Tim (9)
10. David (8)

Mädchen

1. Marie (1)
2. Sophie (2)
3. Maria (3)
4. Anna, Anne (4)
5. Leonie (8)
6. Lea(h) (5)
7. Laura (6)
8. Lena (7)
9. Katharina (11)
10. Johanna (13)

Quelle: GfdS Wiesbaden / Stand: 2004
Die Angaben in Klammern bezeichnen den Rang im Jahr 2003

So falten Sie blitzschnell ein T-Shirt

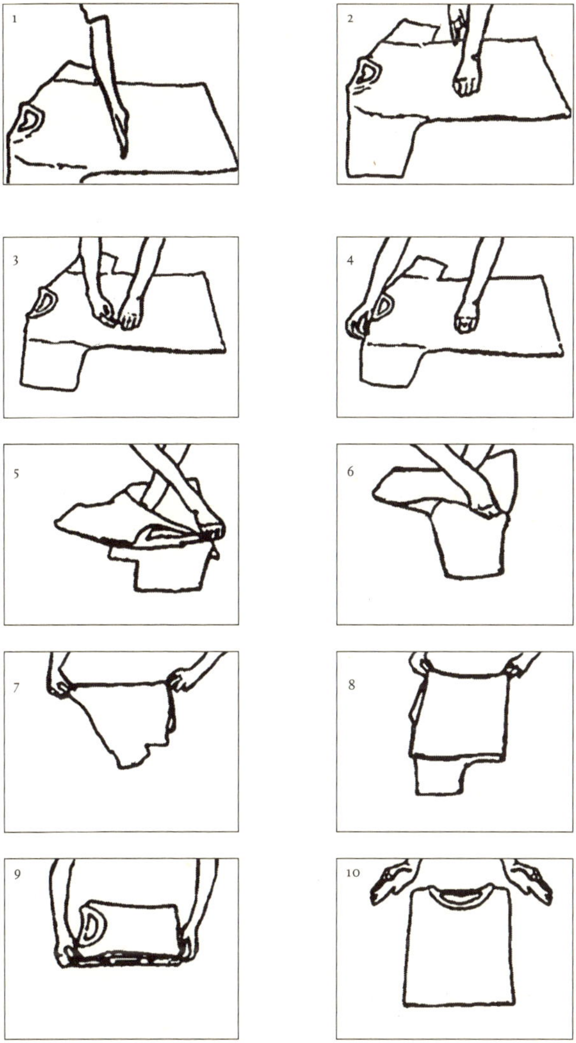

Legen Sie das T-Shirt mit der Vorderseite nach oben auf einen Tisch, der Halsauschnitt liegt rechts vor Ihnen, dessen Saum links. (1)
Ziehen Sie mit dem Finger zwei Linien auf dem T-Shirt:
- die waagerechte Mittellinie (2)
- und eine senkrechte Linie, die von der rechten Schulternaht zum Saum des T-Shirts reicht – und zwar ca. 5 bis 6 cm von der Seitennaht entfernt (3). Suchen Sie den Punkt, an dem sich diese beiden Linien schneiden.

Fassen Sie mit dem linken Daumen und Zeigefinger das T-Shirt an diesem Punkt. Mit dem rechten Daumen und Zeigefinger fassen Sie das T-Shirt an jenem Punkt, wo die senkrechte Linie die Schulternaht schneidet (4).
Führen Sie nun die rechte Hand zum Ende der senkrechten Linie (am Saum des T-Shirts) und ergreifen Sie mit denselben Fingern, die bereits die Schulternaht halten, ein Stückchen Stoff des unteren Saumes des T-Shirts (5).
Heben Sie nun beide Arme vor den Körper (6–7). Schütteln Sie das T-Shirt ein wenig, so daß es sich von selbst faltet (8).
Legen Sie abschließend das T-Shirt so auf den Tisch, daß sich dabei der nach unten hängende Ärmel unter den bereits gefalteten Teil legt (9–10).

So machen Sie sich am effektivsten unglücklich

Als Spezialist in Sachen »Anleitung zum Unglücklichsein« kann zweifellos der Psychotherapeut PAUL WATZLAWICK gelten, der 1983 einen bis heute immer wieder aufgelegten Bestseller gleichen Namens geschrieben hat. Darin gibt Watzlawick eine Reihe von Anregungen, wie man sich schnell und effektiv unglücklich macht – ganz im Sinne der paradoxen Intervention (siehe Seite 82), derzufolge der Mensch in seiner natürlichen Skepsis den Belehrungen anderer gegenüber stets das Gegenteil des Gewünschten macht – und glücklich wird.

1. Verklären Sie alle in der Vergangenheit liegenden Ereignisse und vergleichen Sie diese mit der Gegenwart; sie wird zwangsläufig enttäuschend erscheinen. Ein positiver Nebeneffekt: Wer an der Vergangenheit festhält, hat keine Zeit, sich mit der Gegenwart und damit möglichem neuen Glück zu beschäftigen. (Seite 21 ff)
2. Halten Sie stur an Lösungen fest, die irgendwann erfolgreich waren. Da sich die Umstände geändert haben, werden diese Patentlösungen nie wieder zum Erfolg führen. (28 f)
3. Üben Sie so lange, bis Sie es schaffen, sich selbst in schwierige Situationen zu bringen, ohne sich dessen bewußt zu sein. (47)
4. Konfrontieren Sie Ihre ahnungslose Umgebung, zum Beispiel einen freundlichen Nachbarn, mit dem letzten Glied einer langen, komplizierten Kette von Phantasien, in denen er eine zunehmend negative Rolle spielt*. (38)
5. Blicken Sie im Sessel sitzend durch das Fenster in den Himmel. Sie werden in Ihrem Blickfeld bald zahlreiche winzige, bläschenartige Kreise bemerken, die beim Stillhalten der Augen langsam nach unten sinken. Erwägen Sie die Möglichkeit, daß es sich um eine gefährliche Krankheit handelt.** (41 f)
6. Versuchen Sie nie, Kratzer auf Ihrer Auto- oder Wohnungstür zu bagatellisieren! Es könnte sich um absichtliche Beschädigungen oder die Spuren eines versuchten Einbruchs handeln. Gehen Sie der Sache nicht auf den Grund, sondern behandeln Sie das Problem rein gedanklich. (44)
7. Machen Sie sich stets bewußt, daß viele alltägliche Handlungen ein Element der Gefahr in sich tragen. (55)
8. Menschliche Beziehungen und Kommunikation bergen viele Chancen zum Unglücklichsein: Sparen Sie nicht mit Vorwürfen, wissen Sie besser als Ihr Gegenüber, was in ihm vorgeht, und konfrontieren Sie es damit. (81) Sagen Sie etwas oder tun Sie etwas, das man sowohl ernsthaft wie scherzhaft auffassen kann. Beschuldigen Sie dann Ihren Partner, je nach seiner Reaktion, eine ernsthafte Sache ins Lächerliche ziehen zu wollen oder keinen Sinn für Humor zu haben. (87) Verlieben Sie sich in hoffnungsloser Weise: in einen verheirateten Mann, einen Priester, einen Filmstar oder eine Opernsängerin. (106 f)

*Watzlawick schildert die Gedanken eines Menschen, der einen Hammer benötigt, diesen erst von seinem Nachbarn leihen will, sich aber dann immer rasanter auszumalen beginnt, wie der Nachbar seinen freundlichen Wunsch nach dem Hammer brüsk zurückweist. Schließlich rast der phantasiebegabte Mensch über den Flur und schreit dem öffnenden Nachbarn entgegen: »Behalten Sie doch Ihren Hammer, Sie Rüpel!«

** In Wirklichkeit handelt es sich bei den Bläschen um harmlose »mouches volantes« (»fliegende Mücken«, also kleine Trübungen in der Linse).

Verhalten bei Vergiftungen

Bevor der Krankenwagen eintrifft oder Sie das Krankenhaus erreichen, ist es ratsam, folgende Verhaltensregeln zu beherzigen – denn durch eine falsche Reaktion können Sie die Sache noch schlimmer machen:

Sofort den Giftnotruf kontaktieren.

GIFTNOTRUF:
(D) 1 92 40
(Ö) 01 406 43 43
(CH) 01 251 51 51

SEIFEN-, WASCH-, PUTZ-, SPÜLMITTEL:
Nicht erbrechen, nichts trinken! (Schaumbildung!)
Eisstücke oder Bonbons lutschen, um vom Erbrechen abzulenken.

BENZIN, PETROLEUM, (LAMPEN-)ÖL, LÖSUNGSMITTEL:
Nicht erbrechen (Einatmungsgefahr), nichts trinken! (Keine wasserlöslichen Stoffe!)

SÄUREN, LAUGEN:
Nicht erbrechen! (Neuerliche Verätzungsgefahr!)
Klares Wasser trinken.

LEBENSMITTEL:
Bei Fleischvergiftungen, aber auch nach dem Genuß von giftigen Früchten oder Pilzen: Erbrechen einleiten!
Milch trinken.

Als Faustregel gilt: In den meisten Fällen KEINE MILCH trinken! Sie ist kein Gegengift, sondern beschleunigt die Aufnahme des Giftes durch den Darm.

1 2 3 4 5 6

1 Ätzend
2 Brandfördernd
3 Explosionsgefährlich
4 Reizend
5 Sehr giftig
6 Hochentzündlich

Auf Haushaltsreinigern und anderen gefährlichen Substanzen sind Gefahrensymbole aufgedruckt (schwarz auf orangerotem Grund).

Stets weiblich

Folgende Verkehrsmittel haben im Deutschen in den allermeisten Fällen einen weiblichen Artikel – selbst wenn sie einen männlichen Namen tragen: Schiffe (*»Die Titanic«*), Flugzeuge (*»Die Lufthansa Junkers Ju 52«*) und Motorräder (*»Die KTM«*).

Schiffe
Flugzeuge
Motorräder

Die Basisausstattung eines Werkzeugkoffers

Beim Kauf von Werkzeug ist es empfehlenswert, auf beste Qualität zu bestehen. Im Zweifel sollten Sie sich für die hochwertigere Variante entscheiden, denn schlechte Verarbeitung und Materialien machen nicht nur Ihre Investition sinnlos, sondern gefährden auch Ihre Gesundheit.
Die Liste dient als Anregung, ihre Ausgestaltung im Detail ist vom Charakter des Werkzeugkoffer-Eigners ebenso abhängig wie von dessen handwerklichem Geschick und seiner Bereitschaft, sich im Haushalt handwerklich zu betätigen.

3 Schraubendreher mit Flachschlitzklinge (klein, mittel, groß)
3 Schraubendreher mit Phillipsklinge (klein, mittel, groß)
3 Schraubendreher mit Pozidrivklinge (klein, mittel, groß)
1 Spannungsprüfer (Elektriker-Schraubendreher)
1 Schlosserhammer mit 500 Gramm schwerem Kopf
1 mittelgroße Kneifzange mit isolierten Griffen
1 Wasserpumpenzange mit Quetschsicherung am Griff
1 Kombizange mit isolierten Griffen
1 Spitzzange mit isolierten Griffen
1 Zollstock mit Gelenken und Messingendkappen (Genauigkeitsklasse III)
1 Bandmaß
1 Wasserwaage
1 Satz Gabelschlüssel
1 Satz Ringschlüssel
1 Satz Stiftschlüssel (für Inbusschrauben)
1 mittelgroßer Fuchsschwanz für Holz
1 Feinsäge für Holz
1 Bügelsäge für Metall
1 Schlagbohrmaschine
1 Akkuschrauber
1 Versenker
1 Teppichmesser
1 Paket Hansaplast

Die sieben wirklich untrüglichen Anzeichen dafür, daß der Orgasmus einer Frau echt ist

Diese Liste stammt aus dem wunderbaren, leider vergriffenen Band »Die sexuellen Phantasien der Kohlmeisen« von JÖRG METES und TEX RUBINOWITZ. Es ist 1996 erschienen.

1. *Ihre Hirnanhangdrüse schüttet Oxytocin aus.*
2. *Kleinere Gegenstände bewegen sich wie von Geisterhand durch den Raum, das elektrische Licht flackert und erlischt schließlich ganz.*
3. *Sie legt ihr Buch beiseite.*
4. *Ihr Ektoplasma (Astralleib) wird sichtbar (ein Glühen im Dunkeln).*
5. *Sie ruft den Namen eines anderen Mannes.*
6. *Ihr fallen sämtliche Haare aus.*
7. *Im nächsten Moment dreht sie sich schon weg, kehrt dir den Rücken und fängt an zu schnarchen.*

Die gebräuchlichsten Zigarrenformate

	Länge in mm	Durchmesser in mm		Rauchdauer in min
Chicos	95 - 130	9 - 12	Minizigarren	10
Mini Panatela	102 - 130	10 - 13,5	kurz, dünn	15
Petit Corona	102 - 127	15 - 18,5	für kurzen Genuß	25
Short Panatela	110 - 120	13,5 - 15	kurz, schlank	20
Robusto	112 - 140	19 - 22	sehr beliebt, kurz, dick	50
Corona	130 - 170	15 - 18,5	populärstes Format	60
Slim Panatela	130 - 170	10 - 13,5	lang, dünn	30
Toro	140 - 165	18 - 21	kürzere Double Corona	70
Panatela	140 - 170	13,5 - 15,5	lang, dicker	40
Torpedo	140 - 170	19,5 - 21,5	zum Kopf spitz zulaufend	80
Corona Grande	150 - 160	16 - 17	längere Corona	60
Lonsdale	160 - 185	16 - 17,5	schlankere Churchill	70
Churchill	170 - 195	18 - 19,5	großes Format	90
Long Panatela	170 - 195	10 - 15,5	sehr lang, schlank	50
Double Corona	180 - 200	19 - 21,5	größtes Standardformat	120
Gigante	203 - 240	19 - 22	spezielles Format	150

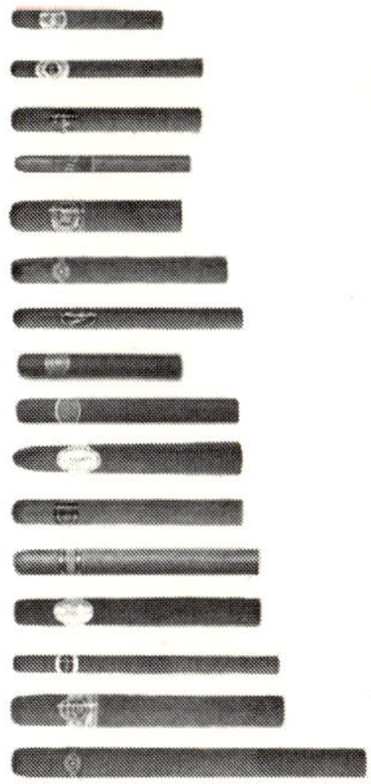

Sämtliche Angaben sind Näherungswerte, sie variieren von Hersteller zu Hersteller

So bekämpfen Sie schlechten Atem

- Die Ursache für Mundgeruch liegt in den allermeisten Fällen in der Mundhöhle und nicht im Magen.
- Der Grund für Mundgeruch sind Keime, die organische Anteile aus Speichel, Nahrungsresten etc. in gasförmige Substanzen verwandeln – u.a. in flüchtige Schwefelverbindungen; sie sind es, die schlecht riechen.
- Die Keime sitzen zwischen den Zähnen, in Zahnfleischtaschen und im Belag der Zunge. Ursache dafür, daß sich auf der Zunge Beläge bilden, sind geringe Speichelproduktion, Stress, Fasten, Rauchen, Schnarchen und schlechte Mundpflege.
- In einigen Fällen können auch HNO-Erkrankungen schuld am schlechten Atem sein.

Gegenstrategie: gründliche, tägliche Mundhygiene

- Zähne putzen
- Zahnseide verwenden
- die Zunge mit einem Zungenschaber säubern
- schwarzen Tee trinken, denn einzelne Teebestandteile, die Polyphenole, hemmen das Wachstum der Keime
- Mundwasser verwenden; es hat aber nur kurzfristige Wirkung.

Das Hauptproblem bei Mundgeruch (lat. Halitosis) ist die große Scheu der Menschen vor dem Thema. Jenen, die Mundgeruch haben, wagt es niemand zu sagen; die schlechten Atem haben, wissen nichts davon oder wagen nicht, jemanden zu fragen; und manche bilden sich nur ein, schlechten Atem zu haben (Halitophobie).

Internationale Telephonvorwahlen

Die erste Zahl bezeichnet die Vorwahl von D ins entsprechende Land, die zweite von dem entsprechenden Land nach D. Wenn man die »49« für »D« durch eine »43« bzw. eine »41« ersetzt, landet man in Österreich bzw. in der Schweiz.

Ägypten · 0020 · 0049 ☎ Andorra · 00376 · 049 ☎ Argentinien · 0054 · 0049 ☎ Äthiopien · 00251 · 0049 ☎ Australien · 0061 · 0149 ☎ Bahamas · 001242 · 01149 ☎ Bahrain · 00973 · 049 ☎ Bangladesch · 00880 · 0049 ☎ Barbados · 001246 · 01149 ☎ Belgien · 0032 · 0049 ☎ Bermudas · 001441 · 01149 ☎ Bhutan · 00975 · 0049 ☎ Bolivien · 00591 · 0049 ☎ Bosnien-Herzegowina · 00387 · 0049 ☎ Botswana · 00267 · 0049 ☎ Brasilien · 0055 · 01149 ☎ Brunei · 00673 · 0049 ☎ Bulgarien · 00359 · 0049 ☎ Caymaninseln · 001345 · 049 ☎ Chile · 0056 · 0049 ☎ VR China · 0086 · 0049 ☎ Costa Rica · 00506 · 0049 ☎ Dänemark · 0045 · 00949 ☎ Dominikanische Republik · 001809 · 01149 ☎ Ecuador · 00593 · 0049 ☎ El Salvador · 00503 · 049 ☎ Elfenbeinküste · 00225 · 0049 ☎ Estland · 00372 · 81049 ☎ Färöer Inseln · 00298 · 00949 ☎ Finnland · 00358 · 99049 ☎ Frankreich · 0033 · 0049 ☎ Georgien · 00995 · 81049 ☎ Grenada · 001473 · 01149 ☎ Griechenland · 0030 · 0049 ☎ Grönland · 00299 · 00949 ☎ Großbritannien · 0044 · 0049 ☎ Guatemala · 00502 · 0049 ☎ Haiti · 00509 · 0049 ☎ Honduras · 00504 · 0049 ☎ Hongkong · 00852 · 00149 ☎ Indien · 0091 · 0049 ☎ Indonesien · 0062 · 0049 ☎ Irak · 00964 · 0049 ☎ Iran · 0098 · 0049 ☎ Irland · 00353 · 0049 ☎ Island · 00354 · 9049 ☎ Israel · 00972 · 0049 ☎ Italien · 0039 · 0049 ☎ Jamaika · 001876 · 01149 ☎ Japan · 0081 · 00149 ☎ Jemen · 0096 · 0049 ☎ Jordanien · 00962 · 0049 ☎ Kambodscha · 00855 · 0049 ☎ Kanada · 001 · 01149 ☎ Kenia · 00254 · 00049 ☎ Kroatien · 00385 · 9949 ☎ Kuba · 0053 · 0049 ☎ Laos · 00856 · 0049 ☎ Lettland · 00371 · 0049 ☎ Libanon · 00961 · 0049 ☎ Libyen · 00218 · 0049 ☎ Liechtenstein · 00423 · 0049 ☎ Litauen · 00370 · 81049 ☎ Luxemburg · 00352 · 0049 ☎ Malaysia · 0060 · 00749 ☎ Malediven · 00960 · 649 ☎ Malta · 00356 · 049 ☎ Marokko · 00212 · 0049 ☎ Martinique · 00596 · 1949 ☎ Mauretanien · 00222 · 0049 ☎ Mauritius · 00230 · 0049 ☎ Mexiko · 0052 · 9849 ☎ Moldawien · 00373 · 81049 ☎ Montenegro · 0038 · 9949 ☎ Monaco · 00377 · 0049 ☎ Mosambique · 00258 · 0049 ☎ Myanmar · 0095 · 049 ☎ Nepal · 00977 · 0049 ☎ Neuseeland · 0064 · 0049 ☎ Nicaragua · 00505 · 0049 ☎ Niederlande · 0031 · 0049 ☎ Nordirland · 0044 · 0049 ☎ Norwegen · 0047 · 0049 ☎ Österreich · 0043 · 0049 ☎ Pakistan · 0092 · 0049 ☎ Peru · 0051 · 0049 ☎ Philippinen · 0063 · 0049 ☎ Polen · 0048 · 0049 ☎ Portugal · 00351 · 0049 ☎ Puerto Rico · 001787 · 01149 ☎ Rumänien · 0040 · 0049 ☎ Saudi-Arabien · 00966 · 0049 ☎ Schweden · 0046 · 0049 ☎ Schweiz · 0041 · 0049 ☎ Senegal · 00221 · 0049 ☎ Serbien · 00381 · 9949 ☎ Seychellen · 00248 · 049 ☎ Singapur · 0065 · 00149 ☎ Slowenien · 00386 · 0049 ☎ Spanien · 0034 · 0049 ☎ Sri Lanka · 0094 · 0049 ☎ Südafrika · 0027 · 0949 ☎ Südkorea · 0082 · 00149 ☎ Taiwan · 00886 · 00249 ☎ Tansania · 00255 · 0049 ☎ Thailand · 0066 · 00149 ☎ Tschechien · 00420 · 0049 ☎ Türkei · 0090 · 0049 ☎ Tunesien · 00216 · 0049 ☎ Ukraine · 00380 · 81049 ☎ Ungarn · 0036 · 0049 ☎ USA · 001 · 01149 ☎ Venezuela · 0058 · 0049 ☎ Vereinigte Arabische Emirate · 00971 · 0049 ☎ Vietnam · 0084 · 149 ☎ Zimbabwe · 00263 · 0049 ☎ Zypern · 00357 · 0049

Diverse Bogenformen

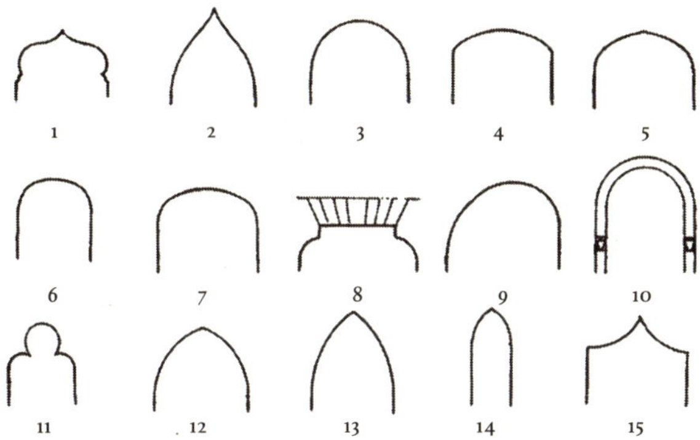

1) Eselsrücken spätgotisch 2) Kiel-Bogen spätgotisch 3) Rund-Bogen römisch, romanisch, Renaissance 4) Flach-, Stich-, Segment-Bogen romanisch 5) Tudor-Bogen englische Spätgotik 6) Korb-Bogen Renaissance 7) Elliptischer Bogen 8) Schulter-, Sturz-Bogen 9) Einhüftiger Bogen 10) Gestelzter Bogen 11) Runder Kleeblatt-, Dreipaß-Bogen spätromanisch, gotisch 12) Spitz-Bogen, normal gotisch 13) Spitz-Bogen, erhöht gotisch 14) Lanzett-Bogen engl. Gotik 15) Vorhang-Bogen spätgotisch

So parken Sie effektiv ein

Die folgende Anleitung zeigt, wie Sie möglichst effektiv am rechten Fahrbahnrand rückwärts einparken.

- Stellen Sie sich möglichst nah an das Auto, das die Parklücke nach vorne begrenzt.
- Fahren Sie nun so weit rückwärts, bis sich Ihr rechtes Hinterrad auf Höhe der hinteren linken Ecke dieses Autos befindet.
- Schlagen Sie das Lenkrad soweit wie möglich nach rechts ein.
- Fahren Sie so weit wie möglich in die Parklücke hinein und halten Sie an.
- Schlagen Sie nun das Lenkrad soweit wie möglich nach links ein und fahren Sie in die Parklücke, bis Sie sich parallel zum Bordstein befinden.
- Setzen Sie abschließend so weit nach vorne, bis sowohl Vorder- wie Hinterauto genügend Platz bleibt, um auszuparken.

Der Probleme des Einparkens nehmen sich nicht nur Fahrschulen, sondern auch Mathematiker an. NORBERT HERRMANN vom Institut für Angewandte Mathematik der Uni Hannover hat errechnet, wie groß eine Parklücke sein muß, damit man darin Platz findet und wie groß der optimale Winkel ist, in dem man in die Lücke fährt.

VW Golf: 42° / 5,5 m	Smart: 42° / 4,0 m
BMW 3er: 45° / 5,96 m	Audi A4: 43° / 5,94 m
Mercedes C: 43° / 5,88 m	

Kleine Insektenbestimmungstafel

Um bei neugierigen Fragen von Kindern nicht vollkommen ahnungslos dazustehen, empfiehlt es sich, das eine oder andere Insekt identifizieren zu können. Sollten Sie dennoch nicht wissen, was da am Finger Ihres Kleinen krabbelt, können Sie sich mit der semiprofessionellen Formel aus der Affäre ziehen: »Sieht so ähnlich aus wie eine Florfliege – dürfte aber keine sein.« Klingt deutlich besser als ein schmallippiges »Weiß ich leider nicht!«

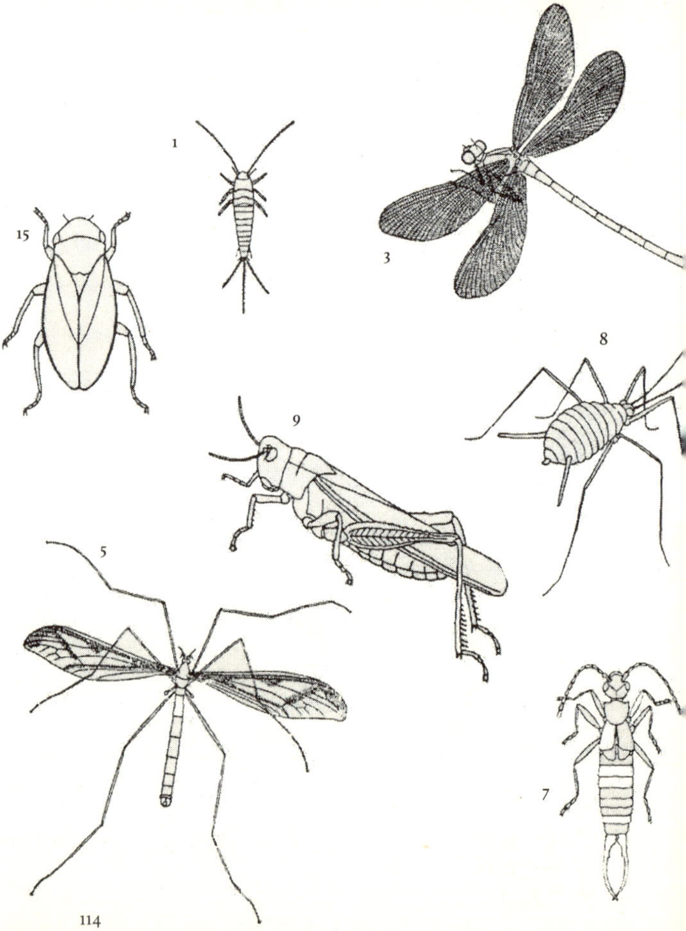

Aus: Dr. Alfred Nikl, Grundzüge der Zoologie und Somatologie, Band 1, 1969

1. Silberfischchen

2. Eintagsfliege

3. Blauflügelige
Prachtlibelle

4. Florfliege

5. Riesenschnake

6. Rinderbremse

7. Ohrwurm

8. Blattlaus

9. Feldheuschrecke

10. Kleine Hausschabe

11. Feldgrille

12. Feuerwanze

13. Rückenschwimmer

14. Wasserläufer

15. Schaumzikade

Ihr Zahnschema

Wollen Sie verstehen, was Ihr Zahnarzt sagt, sollten Sie sich sein numerisches System einprägen. Die erste Zahl bezeichnet immer den Quadranten, in dem sich Ihr Zahn von Ihnen aus gesehen befindet. Quadrant 1 liegt rechts oben, Quadrant 2 links oben, Quadrant 3 links unten und Quadrant 4 rechts unten. Die zweite Zahl bezeichnet die Position des Zahns im entsprechenden Quadranten.

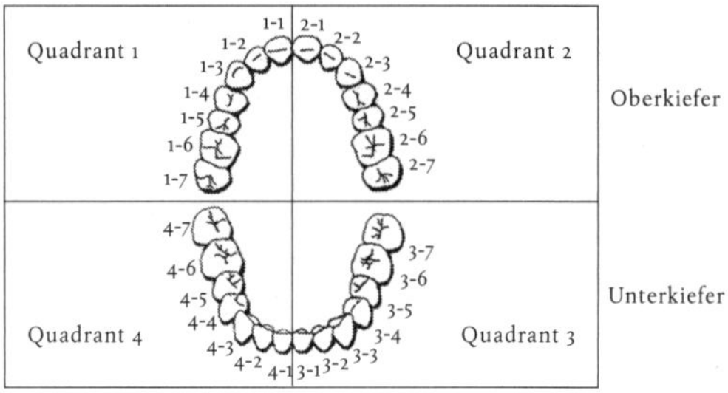

Die Geheimnisse des Mineral-, Quell- und Tafelwassers

Die Unterscheidung zwischen den verschiedenen Arten von Wasser, die wir in den Geschäften zu kaufen bekommen, ist eine Wissenschaft für sich. Die Definition der Wasserarten füllt eine eigene Verordnung gleichen Namens, die »das Herstellen, Behandeln und Inverkehrbringen von natürlichem Mineralwasser, von Quellwasser und Tafelwasser sowie von sonstigem in zur Abgabe an den Verbraucher bestimmten Fertigpackungen abgefülltem Trinkwasser« regelt.

Natürliches Mineralwasser hat seinen Ursprung in unterirdischen, vor Verunreinigungen geschützten Wasservorkommen, ist von ursprünglicher Reinheit, gekennzeichnet durch seinen Gehalt an Mineralien, Spurenelementen oder sonstigen Bestandteilen und muß am Quellort abgefüllt werden. Es dürfen nur bestimmte Inhaltsstoffe abgetrennt und Kohlensäure zugesetzt werden. Das hochwertigste Wasser, das man kaufen kann.

Quellwasser ist Wasser, das seinen Ursprung in unterirdischen Wasservorkommen hat und aus einer oder mehreren natürlichen oder künstlich erschlossenen Quellen gewonnen worden ist und das nur nach dem Muster von natürlichem Mineralwasser behandelt wurde. Mit einem Wort: gutes, u.U. aus mehreren Wässern kompiliertes Wasser.

Tafelwasser ist Wasser, das aus einzelnen der folgenden Wasserarten bzw. Zusatzstoffen hergestellt wurde: Trinkwasser, natürlichem Mineralwasser, natürlichem salzreichen Wasser (Natursole), Meerwasser, Natriumchlorid und Zusatzstoffen nach Maßgabe der Zusatzstoff-Zulassungsverordnung. Mit einem Wort: einfaches Wasser, das aus aufbereitetem Wasser und Zusatzstoffen zusammengemixt wurde.

Das verbirgt sich hinter den Angaben auf den Etiketten von natürlichem Mineralwasser

ANGABEN	ANFORDERUNGEN
Mit geringem Gehalt an Mineralien	Der als fester Rückstand berechnete Mineralstoffgehalt beträgt nicht mehr als 500 mg/l
Mit sehr geringem Gehalt an Mineralien	Der als fester Rückstand berechnete Mineralstoffgehalt beträgt nicht mehr als 50 mg/l
Mit hohem Gehalt an Mineralien	Der als fester Rückstand berechnete Mineralstoffgehalt beträgt mehr als 1.500 mg/l
Bicarbonathaltig	Der Hydrogencarbonat-Gehalt beträgt mehr als 600 mg/l
Sulfathaltig	Der Sulfatgehalt beträgt mehr als 200 mg/l
Chloridhaltig	Der Chloridgehalt beträgt mehr als 200 mg/l
Calciumhaltig	Der Calciumgehalt beträgt mehr als 150 mg/l
Magnesiumhaltig	Der Magnesiumgehalt beträgt mehr als 50 mg/l
Fluoridhaltig	Der Fluoridgehalt beträgt mehr als 1 mg/l
Eisenhaltig	Der Gehalt an zweiwertigem Eisen beträgt mehr als 1 mg/l
Natriumhaltig	Der Natriumgehalt beträgt mehr als 200 mg/l
Geeignet für die Zubereitung von Säuglingsnahrung	Der Gehalt an Natrium darf 20 mg/l, an Nitrat 10 mg/l, an Nitrit 0,02 mg/l, an Sulfat 240 mg/l, an Fluorid 0,7 mg/l, an Mangan 0,05 mg/l und an Arsen 0,005 mg/l nicht überschreiten. Bei Abgabe an den Verbraucher darf in natürlichem Mineralwasser die Aktivitätskonzentration von Radium-226 den Wert 125 mBq/l und von Radium-228 den Wert 20 mBq/l nicht überschreiten. Sind beide Radionuklide enthalten, darf die Summe der Aktivitätskonzentrationen, ausgedrückt in Vonhundertteilen der zulässigen Höchstkonzentration, 100 nicht überschreiten.
Geeignet für natriumarme Ernährung	Der Natriumgehalt beträgt weniger als 20 mg/l
natürliches kohlensäurehaltiges Mineralwasser	wenn das Wasser nach einer etwaigen Dekantation und nach der Abfüllung denselben Gehalt an eigenem Kohlendioxid (Quellkohlensäure) wie am Quellaustritt besitzt
natürliches Mineralwasser mit eigener Quellkohlensäure versetzt	wenn das Wasser einen höheren Anteil an eigenem Kohlendioxid aufweist als nach etwaiger Dekantation und nach der Abfüllung
natürliches Mineralwasser mit Kohlensäure versetzt	wenn das Wasser mit Kohlendioxid versetzt wurde, das nicht aus dem Quellvorkommen stammt

So lernen Sie Jonglieren

Unterarme im rechten Winkel vom Körper strecken

Handflächen nach oben

Bälle aus Handgelenk bis in Stirnhöhe werfen

mit 2 Bällen beginnen

zweiten Ball werfen, wenn erster am Höhepunkt seiner Flugbahn

Ball mit anderer Hand auffangen

mit 3 Bällen weitermachen

Geheimrezept

Die richtige Jonglierposition finden Sie, wenn Sie Ihre Arme erst am Körper herabhängen lassen und dann die Unterarme im rechten Winkel vom Körper strecken, Handflächen nach oben. Diese Haltung stets beibehalten!
Bälle immer aus dem Handgelenk heraus bis in Stirnhöhe werfen. Geben Sie etwas mit dem Unterarm nach, wenn der Ball auf die Hand trifft.
Üben Sie zuerst das Jonglieren mit nur zwei Bällen. Werfen Sie zunächst den Ball in Ihrer Rechten in die Höhe. Wenn er den höchsten Punkt seiner Flugbahn erreicht hat, den Ball in der Linken hochwerfen. Den Ball, der mit der rechten Hand geworfen wurde, mit der linken Hand auffangen und umgekehrt.
Wenn Ihnen diese Übung problemlos gelingt, gehen Sie einen Schritt weiter und versuchen Sie es mit drei Bällen. Halten Sie einen Ball in der linken Hand und zwei Bälle in der rechten – den zweiten Ball mit kleinem Finger, Ringfinger und Daumenballen festhalten. Werfen Sie nun die drei Bälle abwechselnd rechts und links hoch, und zwar jedesmal, wenn der vorherige Ball den höchsten Punkt seiner Flugbahn erreicht hat. Mit der jeweils anderen Hand den Ball wieder auffangen.
Fragen Sie einen Jongleur nach dem Geheimrezept des Jonglierens, wird er Ihnen antworten: »Üben, üben, üben.«

So öffnen Sie als Mann eine Bierflasche

Zum klassischen Kanon männlicher Fähigkeiten gehört es, den Kronkorken einer Bierflasche ohne Flaschenöffner zu entfernen. Dazu gehören nicht viel mehr als 2 Hände, 1 Feuerzeug und ein wenig technisches Geschick.

Den Hals der Bierflasche mit der linken Hand (so Sie Rechtshänder sind) eng und fest umfassen.

Das Feuerzeug in die Rechte nehmen, auf den Zeigefinger Ihrer Linken legen, dessen Ende unter den Rand des Kronkorkens klemmen – und zwar solcherart, daß das Feuerzeug zu Ihnen zeigt.

Nunmehr – das Hebelgesetz ausnutzend – mit der rechten Hand das Feuerzeug nach unten drücken und dadurch den Kronkorken anheben.

Ein leises Zischen verrät, daß Sie zu Recht von sich behaupten dürfen, ein Mann zu sein.

Die Farbmarkierung von Skipisten

Die Farbmarkierung einer Skipiste sagt Ihnen, welche Schwierigkeitsstufe Sie erwartet. Das Farbsystem ist durch die ÖNORM geregelt, das österreichische Pendant zur DIN.

Grün: sehr leichte Pisten, haben in der Regel kaum Gefälle; rechnen Sie mit Fußgängern.
Blau: leichte Pisten, für Anfänger geeignet, haben maximal 25% Längs- und Quergefälle.
Rot: mittelschwere Pisten, für geübtere Skifahrer geeignet, haben maximal 40% Längs- und Quergefälle
Schwarz: schwere Pisten, für Könner, haben mehr als 40% Längs- und Quergefälle.

Ein alpines Warnzeichen, dem Sie unbedingt glauben sollten

Einfacher Salto vorwärts

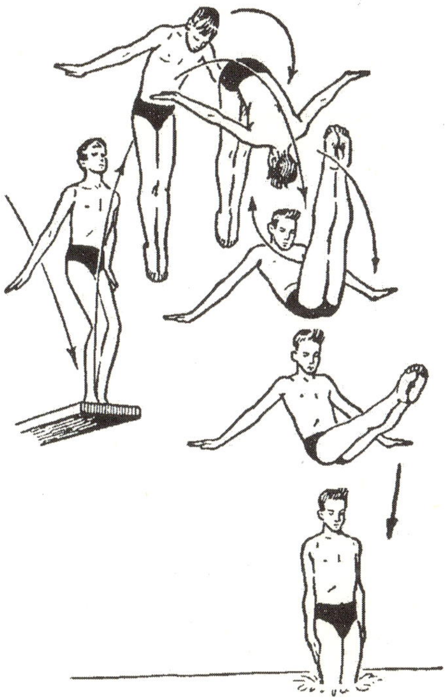

Achten Sie unbedingt darauf, daß das Becken, in das Sie springen, ausreichend tief ist.

Elf Gabeln und wozu sie dienen

Bisweilen sieht man sich bei Einladungen mit unbekannten Gabelformen konfrontiert. Hier ein kleines Who is Who – zur Sicherheit.

Nicht berücksichtigt wurden die Heu-, Mist-, Stimm-, Ast- und Fahrradgabel.

Fischgabel

Hummergabel

Salatgabel

Austerngabel

Fischvorlegegabel

Kindergabel

Serviergabel

Dessertgabel

Fleischgabel

Kuchen-/Obstgabel

Tranchiergabel

So rechnen Sie leichter im Kopf

Um Multiplikationen leichter im Kopf ausrechnen zu können, empfiehlt es sich, eine der beiden Zahlen, die miteinander multipliziert werden sollen, so auf- oder abzurunden, daß sich leichte Rechenoperationen ergeben.

So kann man beispielsweise die Multiplikation 9 x 38 in die einfache Multiplikation 10 x 38 verwandeln – und vom Ergebnis die zuviel berechneten 38 wieder subtrahieren.

9 x 38 = 10 x 38 - 1 x 38
8 x 17 = 10 x 17 - 2 x 17
2 x 237 = 2 x 240 - 2 x 3

Ein wenig mathematischer notiert sieht das so aus:

(10-1) x 38 = 10 x 38 – 1 x 38 = 380 – 38 = 342

Auf diese Weise lassen sich auf den ersten Blick schwierig anmutende Rechnungen mit ein wenig mehr Eleganz lösen.

Führen Sie nur 1 geistiges Konto

Die Welt ist kompliziert. Deshalb versuchen wir Menschen stets, sie uns einfacher zu machen. Eine Methode dazu ist das sogenannte Mental accounting. Darunter verstehen die Wirtschaftspsychologen die Eigenart von uns Menschen, für jede einzelne unserer wirtschaftlichen Handlungen ein eigenes, unabhängiges mentales Konto zu eröffnen, auf dem wir Kosten und Gewinn verbuchen. Das klingt plausibel, birgt aber einige Nachteile.

So verführt uns das Mental accounting dazu, denselben Verlust bzw. Gewinn ganz verschieden einzuschätzen. Als Beispiel für diese Mechanik dient den Psychologen die Sache mit den Konzertkarten (siehe Situation A und B). Obwohl es in beiden Fällen um denselben Verlust geht (100 Euro), schätzen die Menschen die beiden Situationen verschieden ein: In Situation A würden die meisten keine zweite Karte kaufen, in Situation B würden sie sich ihre Karte kaufen. Der Grund: Im ersten Fall ist das Konto »Konzertkarten« bereits mit 100 Euro belastet – nochmals 100 Euro kommen nicht in Frage. Im zweiten Fall gehen die verlorenen 100 Euro auf das Bargeldkonto, während das Konzertkartenkonto noch unbelastet ist – ergo würden die meisten Menschen die Konzertkarte kaufen.

SITUATION A
Sie kaufen eine Konzertkarte für 100 Euro, verlieren sie, kommen zum Konzert und könnten nochmals eine für denselben Preis kaufen. Tun Sie es?

SITUATION B
Sie reservieren eine Konzertkarte für 100 Euro, verlieren auf dem Weg zum Konzert 100 Euro, kommen zur Kasse und können Ihre Karte kaufen. Tun Sie es?

Die getrennte Kontoführung verführt uns zu weiteren Fehlern: Sie läßt uns ungebührlich lange an einem verlustbringenden Börsen-Engagement festhalten, weil wir dessen Konto erst ausgleichen wollen, bevor wir es schließen – anstatt uns einzugestehen, daß unsere Entscheidung schlecht war, den Verlust zu realisieren und mit einer anderen Investition weiterzumachen. Stattdessen warten wir verbissen, bis der Wert einer Aktie wieder jene Summe erreicht, die wir bezahlt haben – um dann rasch zu verkaufen.

Ein weiterer Nachteil: Wir neigen dazu, die einzelnen Projekte falsch zu bewerten, weil wir nicht erkennen, daß sie einander sinnvoll ergänzen. So erscheint erst die gleichzeitige Investition in zwei Firmen, deren Erfolg vom Wetter abhängt, als sinnvoll – wenn nämlich die eine Bade- und die andere Regenartikel herstellt. Für sich genommen jedoch erscheinen beide zu riskant.

Deutlich klüger ist es also, alle Projekte auf einem gemeinsamen Konto zu verbuchen, denn letztlich geht es um die Gesamtheit unserer Aus- und Einnahmen und die richtige Verteilung von Risiken.

So falten Sie die Flagge der USA

Niemand weiß besser, wie man die Flagge der Vereinigten Staaten korrekt faltet, als das »U.S. Department of Veterans Affairs« in Washington. Hier die Anleitung für das richtige Auftuchen, wie der Vorgang in der Fachsprache heißt – Sie brauchen dazu mindestens einen Helfer.

1. Spannen Sie die US-Flagge zwischen sich auf.

2. Falten Sie die Flagge der Länge nach, indem Sie den unteren Saum auf den oberen legen.

3. Falten Sie die Flagge ein zweites Mal nach demselben Muster.

4. Klappen Sie das rot-weißgestreifte Ende der Flagge nach oben.

5. Klappen Sie das rot-weißgestreifte Ende der Flagge nach innen ...

6. ... und anschließend nach unten. Beginnen Sie mit diesem Dreischritt von vorne, bis Sie schließlich ...

7. ... die gefaltete Fahne in Dreiecksform vor sich haben.

So berechnen Sie Ihren Tapetenbedarf

Messen Sie die Räume, die Sie tapezieren wollen, genau aus: Umfang des Raumes und dessen Höhe. Multiplizieren Sie die beiden Zahlen und teilen Sie sie durch 5. Das Ergebnis sagt Ihnen, wie viele Rollen Tapeten Sie benötigen. Um ganz sicher zu sein, rechnen Sie noch 10% für Verschnitt und ein paar Meter für Fenster- und Türnischen dazu.

Anm.: Dieser Berechnung liegt die Annahme zugrunde, daß Sie Tapeten ausgewählt haben, die in Standard-Eurorollen verkauft werden, also eine Breite von 53 cm und eine Länge von 10.05 m haben.

Vater unser

Vater unser im Himmel,
Geheiligt werde Dein Name,
Dein Reich komme,
Dein Wille geschehe,
Wie im Himmel
So auf Erden.

Unser tägliches Brot gib uns heute,
Und vergib uns unsere Schuld,
Wie auch wir
Vergeben unser'n Schuldigern,
Und führe uns nicht in Versuchung
Sondern erlöse uns von dem Bösen,
Denn Dein ist das Reich
Und die Kraft und die Herrlichkeit
In Ewigkeit. *Amen.*

Das am weitesten verbreitete Gebet des Christentums ist das »Vater unser«. Es wird – bis auf wenige Ausnahmen – von allen christlichen Konfessionen gebetet. Laut der Bibel hat Jesus Christus es seine Jünger gelehrt. Nebenstehend finden Sie die ökumenische deutsche Fassung.

So retten Sie versalzene Speisen

Fachleute empfehlen in der Regel zwei Wege: Entweder geben Sie der versalzenen Speise eine geschälte Kartoffel bei (um ihre Aufnahmefähigkeit zu erhöhen, können Sie sie in Scheiben schneiden). Oder aber Sie füllen ein Teesieb mit zwei bis drei Eiweißen und hängen es in die Speise; bei klaren Suppen können Sie die Eiweiße auch direkt beigeben. Sobald die Kartoffel salzgetränkt bzw. das Eiweiß gestockt ist, die ursprünglich nicht vorgesehenen Ingredienzien entfernen.

geschälte Kartoffel

2–3 Eiweiß

So mixen Sie den wahren Gimlet

Wie Sie den beliebten Drink mixen, erfahren Sie in **Raymond Chandler's** *The Long Goodbye*. Darin sitzt der berühmte Detektiv Philip Marlowe mit seinem geheimnisvollen Freund Terry Lennox »in a corner of the bar at Victor's and drank gimlets.« Worauf Lennox sagt: »They don't know how to make them here. What they call a gimlet is just some lime or lemon juice and gin with a dash of sugar and bitters. A real gimlet is half gin and half Rose's Lime Juice and nothing else. It beats martini hollow.« Worauf Philip Marlowe antwortet: »I was never fussy about drinks.«

Halb Gin

Halb »Rose's Lime Juice«

So basteln Sie ein Tangram

Tangram ist ein über zweitausend Jahre altes chinesisches Legespiel. Es besteht aus sieben einfachen geometrischen Formen, die sich aus der Teilung eines Quadrats ergeben. Ziel des Spiels ist es, aus den sieben Formen vorgegebene Figuren zu legen.

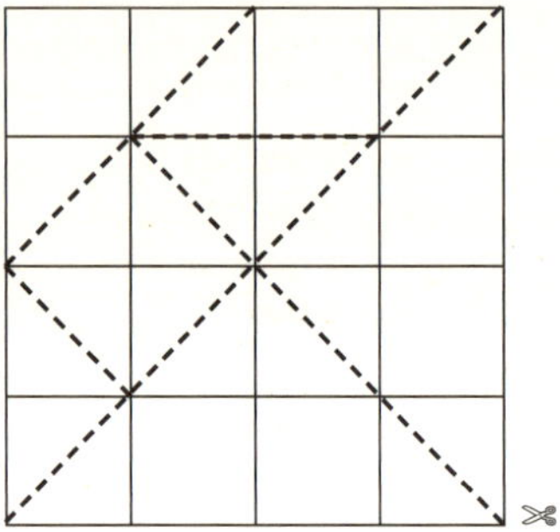

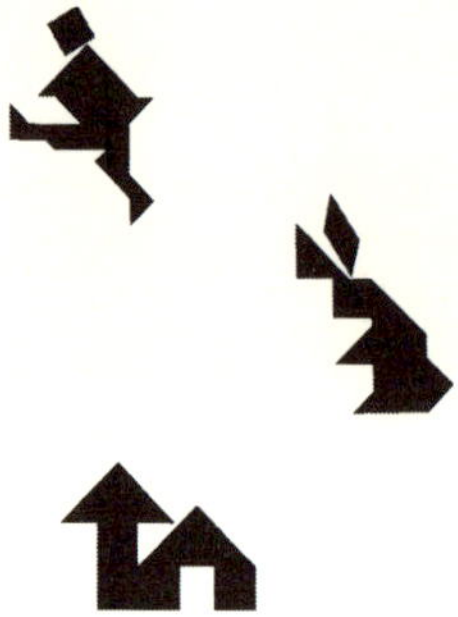

Kleine Zwiebelkunde

Die Zwiebel gehört zur Familie der Liliengewächse (Liliaceae) und ist schon seit über 5 000 Jahren als Nahrungsmittel bekannt. In Deutschland nimmt die Speisezwiebel 8% der Gemüseanbaufläche ein.

Zwiebelsorten	Beschreibung	Geschmack	Verwendung
Küchenzwiebel	kugelig, kupferfarbige Außenhaut, Tischtennisball- bis Tennisballgröße	scharf, würzig	Universalzwiebel
Gemüsezwiebel	bis 15 Zentimeter Durchmesser, dunkelbeige, faustgroß, kupferfarbene Schale, innen weiß	mild, süßlich	geeignet zum Würzen und Braten oder als gefüllte Zwiebel
Französische Schalotte	birnenförmig, rötlich-braune Schale, innen weiß	pikant würzig	französische Küche
Weiße Zwiebel	rund, weiße Außenhaut	mild, zart	universell
Rote Zwiebel	rund, rotviolette Außenhaut und innen zart rot	mild, süßlich	Salate, Antipasti
Frühlingszwiebel	Kleine, weiße Knolle, mit 20 cm langem Lauch	saftig, besonders mild	Salat, Eintopf, Ragout, asiatische Küche

Deutsche und internationale Buchstabiertafel

	DEUTSCHLAND	INTERNATIONAL
A	Anton	Amsterdam
Ä	Ärger	
B	Berta	Baltimore
C	Cäsar	Casablanca
CH	Charlotte	
D	Dora	Danmark
E	Emil	Edison
F	Friedrich	Florida
G	Gustav	Gallipoli
H	Heinrich	Havanna
I	Ida	Italia
J	Julius	Jerusalem
K	Kaufmann	Kilogramm
L	Ludwig	Liverpool
M	Martha	Madagaskar
N	Nordpol	New York
O	Otto	Oslo
Ö	Ökonom	
P	Paula	Paris
Q	Quelle	Quebec
R	Richard	Roma
S	Samuel	Santiago
SCH	Schule	
ß	Eszett	
T	Theodor	Tripolis
U	Ulrich	Uppsala
Ü	Übermut	
V	Viktor	Valencia
W	Wilhelm	Washington
X	Xanthippe	Xanthippe
Y	Ypsilon	Yokohama
Z	Zeppelin	Zurich

So werfen Sie einen Bumerang

Halten Sie – als Rechtshänder – den Bumerang zwischen Daumen und Zeigefinger, und zwar senkrecht (und keinesfalls waagerecht wie ein Frisbee!).

Bumerang parallel zum Bodenniveau werfen.

Als rechtshändiger Werfer lassen Sie den Wind von schräg hinten über Ihre linke Schulter kommen; der Bumerang dreht sich dann in den Wind und kehrt schließlich mit dem Wind zu Ihnen zurück.

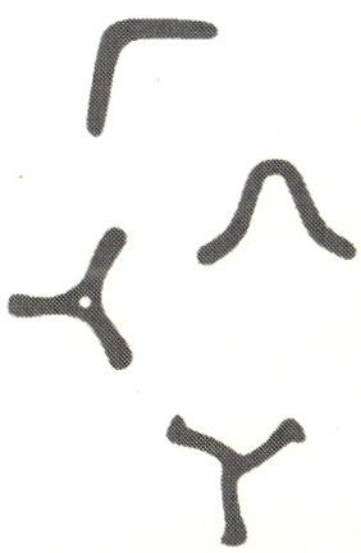

Kleine Managerkochschule: So schmieren Sie ein Butterbrot

Ziehen Sie sich in einen Raum zurück, in dem Sie sich wohl fühlen und angstfrei bewegen können. In Ihr Arbeitszimmer also. Damit es losgehen kann, brauchen Sie:

- Brot, 1 Scheibe, etwa fingerdick
- Butter, etwas
- Buttermesser, 1
- Teller, klein

Ein *Buttermesser* ist ein länglicher, metallener Gegenstand. Er ist doppelt so lang wie ein Handy und doppelt so breit, wie ein PDA dick ist, und gehört zur Gattung des Bestecks (siehe auch: Gabel, Löffel). *Buttermesser* finden Sie in jenem Raum Ihrer Wohnung, den Sie noch nie betreten haben und von dem Sie sich schon oft gefragt haben, was sich darin verbergen mag. Gehen Sie hinein. Das Schlimmste, was Ihnen passieren kann, ist, daß Sie einer fremden Frau begegnen. Keine Angst: Sie wohnt seit langem mit Ihnen unter einem Dach. Wünschen Sie ihr einen guten Tag.

Das *Besteck* liegt in einer Schublade, die sich für gewöhnlich in der Nähe eines auffälligen Kastens befindet. Dieser Kasten hat oben vier schallplattenartige Scheiben und vorne Knöpfe, wie Sie sie aus Ihrem BMW525d kennen. Wenn Sie an den Knöpfen drehen, starten Sie das Gerät. Besser, Sie rühren es nicht an. Oder fragen Sie die Frau, die Sie mittlerweile mißtrauisch beobachtet. Nehmen Sie das *Buttermesser* aus der Schublade und verlassen Sie den Raum.

Brot gibt es in eigens dafür eingerichteten Brotverteilstellen. Man erkennt sie an den Schaufenstern, in denen riesengroße, staubige Brezel aus Salzteig liegen, die nie jemand kauft. Lassen Sie sich davon nicht entmutigen. Wenn doch, denken Sie an Ihre Mutter. Treten Sie ein und verlangen Sie: »Eine Scheibe Brot, bitte.« Brot notiert derzeit mit 32 Cent die Scheibe. Der Kurs ist fest. Die *Butter* liegt im Kühlregal. Sie ist in Folie eingeschlagen und durch die Aufschrift »Du darfst« gekennzeichnet.

Nun zum schwierigsten Teil der Sache. Legen Sie die *Scheibe* auf den Teller, nehmen Sie eine Messerspitze von der zimmerwarmen (!) *Butter*, und stellen Sie sich folgende Szene vor: Sie sitzen in einer Vorstandssitzung, Meyer hat ein Papier präsentiert. Vorstandsvorsitzender Krawehl, einer Ihrer Intimfeinde, findet Meyers Papier Scheiße. Da Meyer Ihr loyal ergebener Product Manager ist, müssen Sie nun mit der Eleganz eines Raubtieres, mit drängender,

Mal angenommen, Sie sind ein Manager, kommen abends nach Hause, und es steht kein Essen auf dem Tisch. Dann müssen Sie hungrig ins Bett. Zumindest mit einiger Wahrscheinlichkeit. Denn 44 Prozent der Männer können kein Butterbrot schmieren. Das hat die immer noch aktuelle Iglo-Forum-Studie '95 herausgefunden – in einer repräsentativen Umfrage mit dem Namen »Kochen in Deutschland«.
Nun haben Sie zwei Möglichkeiten. Entweder Sie rufen Ihre Mutter an. Oder Sie lernen, wie man ein Butterbrot schmiert. Kopieren Sie die nebenstehende Anleitung in Ihren Laptop und lesen Sie sie auf Ihrem nächsten Business-Class-Flug.
Also morgen.

gleichwohl respektvoller Argumentation den Krawehl niederbügeln und ihm zugleich schmeicheln und damit Meyer, den Idioten, raushauen. Dieses Gefühl transponieren Sie nun in Ihre Rechte und führen damit das *Messer* samt *Butter* über die Oberfläche der *Brotscheibe*. Hin und her. Hin und her. Bis die *Butter* so dünn ist wie eine ideale Personaldecke.

Obacht: Butterbrote werden – entgegen Ihrer sonstigen Gewohnheit, alles sehr gründlich zu machen – nur einseitig bestrichen. Fertig.
Nun können Sie vorne, wo die Scheibe schmal und rund zuläuft, in das Butterbrot hineinbeißen.

So verhalten Sie sich bei einem Tsunami

Wenn es eine Tsunami-Warnung gibt, sollten Sie:

≈ unverzüglich ins Landesinnere flüchten und sich mindestens 300 Meter von der Küste entfernen;

≈ auf eine Anhöhe klettern (mindestens 30 Meter hoch);

≈ keinesfalls nach der ersten oder zweiten Welle an den Strand zurückkehren.

≈ Sollte die Flucht nicht möglich sein, klettern Sie auf einen Baum oder klammern Sie sich an irgend etwas Schwimmfähiges.

≈ Für den Fall, daß es keine Tsunami-Warnung gibt, sind Sie darauf angewiesen, die drohende Gefahr selbst zu erkennen. Die zerstörerische Meereswoge kündigt sich dadurch an, daß sich das Meer weit vom Ufer zurückzieht (bis zu 100 Meter) – um kurze Zeit später mit voller Wucht zurückzukehren.

Ein Tsunami (japanisch für »Hafenwelle«) ist eine Meereswoge, die meist durch ein Erdbeben auf dem Meeresgrund ausgelöst wird. Ein Tsunami breitet sich mit hoher Geschwindigkeit (500 bis 1.000 km/h) und über sehr weite Entfernungen aus (bis zu 20.000 km). Während auf hoher See alles ruhig bleibt, wird die Meereswoge in der Nähe des Ufers 30 bis 50 Meter hoch und richtet riesige Zerstörungen an.

Wie schnell sich ein Tsunami bewegt, hängt von der Meerestiefe ab: Je tiefer das Meer, desto schneller bewegt sich der Tsunami vorwärts, je flacher, desto langsamer. Als grobe Faustregel kann gelten, daß sich ein Tsunami mit der Geschwindigkeit eines Passagierflugzeugs bewegt und solcherart binnen Stunden ganze Ozeane durchqueren kann.

Auf diese Weise kräftigen Sie Ihren Körper

Leiter
Seil
Stange
Mast

Mit seinem achtbändigen »Hauslexikon« gab **Gustav Theodor Fechner** seinen Lesern ab 1834 ein »vollständiges Handbuch praktischer Lebenskenntnisse für alle Stände« in die Hand – von Aachener Heilquellen bis zu Zygophyllum.

Mit bloßem Aufsteigen beginnen

»K l e t t e r n, gehört zu denjenigen gymnastischen Uebungen, welche, zweckmäßig benutzt, viel dazu beitragen, den Körper kräftiger u. gelenker zu machen. Die Turnkunst benutzt als Kletter-Apparate: die Leiter, das Seil, die Stange u. den Mast.

Kletterseil mit beiden Händen umfassen

Das bloße Auf- u. Absteigen auf der Leiter kann passender Weise den Anfang machen, wenn der Schüler nicht frei von Schwindel ist. Das Kletterseil ist 1–1 1/2 Zoll stark u. hängt von einem Baumaste senkrecht herab. Man umfaßt es mit beiden Händen, zieht dann durch Beugung der Arme den Körper nach, zieht die Schenkel an den Unterleib an, u. fasst nun das Seil auch mit den Füßen. Auf diese Weise helfen die Füße den Körper tragen, während die eine Hand höher greift u. der Arm durch eine zweite Beugung den Körper nachzieht.

Nie bis zur Erschöpfung hochklettern

Die Vorsicht erfordert, nie bis zur Erschöpfung emporzuklettern, damit man Kraft genug zum Herabsteigen habe.

Stärkt Brustmuskel und Athem, befreit von Schwindel

Das Klettern stärkt hauptsächlich die Brustmuskeln, erkräftigt das Athmen, befreit von Schwindel, u. kann in mancherlei Fällen des Lebens, vor allen bei Feuersgefahr, großen Nutzen gewähren.«

Zu diesen Tageszeiten sind Sie am leistungsfähigsten

Der Mensch ist zu verschiedenen Tageszeiten unterschiedlich leistungsfähig. Der Grund: die Chronobiologie.

11.00 bis 13.00 Uhr	:	Hohe geistige Leistungsfähigkeit
14.00 Uhr	:	Geringste geistige Leistungsfähigkeit
ab 15.00 Uhr	:	Hohe geistige Leistungsfähigkeit
ab 17.00 Uhr	:	Hohe körperliche Leistungsfähigkeit
vor 24.00 Uhr	:	Besonders erholsamer Schlaf

Alle Angaben sind Näherungswerte; so gibt es Morgen- und Abendmenschen, deren Eigenheiten angeboren sind und sich nicht »wegtrainieren« lassen.

Die Flugbilder einiger Vögel

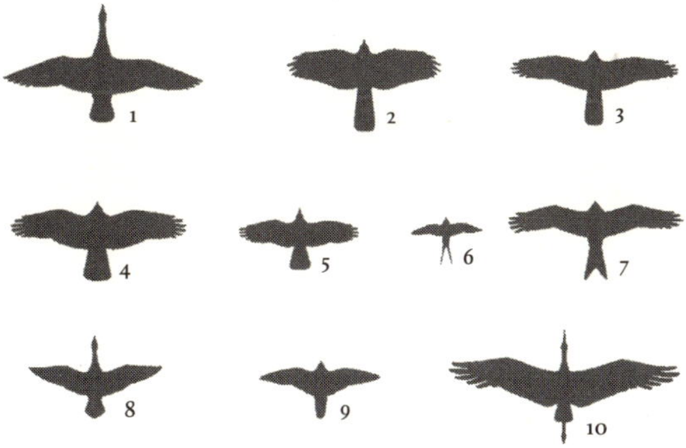

1 Graugans
2 Hühnerhabicht
3 Kornweihe
4 Mäusebussard
5 Rabenkrähe
6 Rauchschwalbe
7 Roter Milan
8 Stockente
9 Wanderfalke
10 Weißer Storch

Männlich, weiblich, sächlich

I. MASKULINA

1. Hauptregel:
Als **männlich** merk die Wörter wohl, / auf **-or**, **-os**, **-er** nebst **sal** und **sol**!

II. FEMININA

2. und 3. Hauptregel:
Die **Weiblichen** bestimmst du so: / Als weiblich werte die auf **-o**! / Dann die mit Werfall-Endung **-s**; / statt **-s** ist **-x** nichts Seltenes. / (Doch -s gehört dann **nicht** hierher, / wird es im Genitiv zu **r**.)

III. NEUTRA

4. Hauptregel (Konsonantenstämme):
Als **sächlich** sieht man an nicht nur / ein Wort auf **-men** sowie auf **-ur**, / auch die auf **-or** mit kurzem **-oris**, / dann die auf **-us** mit **-eris**, **oris**, / und die auf **-us** mit Wesfall **-uris**, / sind gleichfalls sächlich wie ius, iuris.
5. Hauptregel:
(i-Stämme)
Ein **i-Stamm** auf **-e**, -ar und **-al** / ist **Neutrum** wie animal.

Diese bewährten gereimten Hauptregeln für die Substantiva der dritten Deklination mit grammatischem Geschlecht wurden von **Dr. Emil Gaar** und **Dr. Mauritz Schuster** in ihrer lateinischen Grammatik aufgeführt, die »mit Erlaß des [österreichischen] Bundesministeriums für Unterricht, Zl. 137.518-V/1/67, vom 9. Februar 1968 zum Unterrichtsgebrauch an allgemeinbildendenden höheren Schulen zugelassen« wurde.

Zu den Klassikern zeitgenössischer Einwände gegen das Latein gehört, man müsse es nicht lernen, weil es niemand mehr spreche. Das ist allein deshalb ein großer Irrtum, weil sich wesentliche Teile diverser Fachsprachen sowie viele Fremdwörter dem Lateinischen verdanken. Es gehört freilich zur Natur der Sache, daß man diese Vorteile des Lateins erst zu schätzen lernt, nachdem man sich mit ihm jahrelang am Rande des Scheiterns abgequält hat.

So beugen Sie der See- und Reisekrankheit vor

- Ingwerwurzel in Stücke schneiden und kauen. Aufgrund fehlender Studien, aber langer Praxis meint die Stiftung Warentest: »Mit Einschränkung geeignet«.
- Rezeptfreie Antihistamine wirken besser, machen aber müde (also gut für Reisende, die sich nur bewegen lassen müssen). Die Stiftung empfiehlt Einstoffpräparate mit dem Antihistamin Diphenhydramin.
- Diverses. Es gibt noch eine Reihe von Mittelchen und technischen Hilfen wie Akupressurbänder, Akupunktur im Ohr, eine Spezialbrille mit einem flüssigkeitsgelagerten Balken als künstlichem Horizont sowie rezeptpflichtige Medikamente mit Wirkstoffen wie Cinnarizin oder Flunarizin.

Seekrankheit (med. »Kinetose«) entsteht, wenn unser im Innenohr befindliches Gleichgewichtsorgan durch das Schaukeln eines Schiffes oder Autos stark irritiert wird. Die Folgen sind Schwindel, Übelkeit, Weltekel.

Während der Reise kann man sich das Leben mit folgenden Kniffen angenehmer gestalten:

- Ruhige Plätze in der Mitte des Schiffs wählen (im Flugzeug über den Tragflächen, im Bus direkt hinter der Vorderachse, im Auto auf dem Beifahrersitz)
- Frische Luft (aufs Oberdeck gehen)
- Einen festen Punkt fixieren (z.B. den Horizont; im Bus die Straße vor dem Bus*)
- Den Kopf oben halten (sich nicht bücken)
- Starke Gerüche vermeiden (verstärken den Brechreiz)
- Flach hinlegen und Augen schließen (bei hohen Wellen)
- Als Trost führt die Stiftung an, daß bei über 90 Prozent der Betroffenen die Symptome der Seekrankheit nach zwei bis drei Tagen abflauen.

Die STIFTUNG WARENTEST hat sich des Themas im Juli 2004 angenommen, einige Gegenmittel getestet und Ratschläge zur Vorbeugung entwickelt.

* Verhalten Sie sich, als wären Sie der Fahrer – dem wird nämlich nie schlecht, weil seine Augen stets rechtzeitig die bevorstehenden Bewegungen an das Gehirn und das Gleichgewichtsorgan weitermelden.

So häuten Sie eine Tomate

Überbrühen und abschrecken

Die Tomate kurz mit kochend heißem Wasser überbrühen, kalt abschrecken. Anschließend läßt sich die Haut mit Hilfe eines scharfen Messers leicht abziehen.

So sitzen Sie richtig

Weil wir die überwiegende Zeit unseres Arbeitslebens an Tischen sitzen, empfiehlt es sich, darauf zu achten, wie wir sitzen und worauf.

Das Magazin *Ökotest* hat fünf Regeln des ergonomisch korrekten Sitzens formuliert, die Sie beachten sollten.

1. Nicht vorne auf dem Stuhl sitzen mit gekrümmtem Rückgrat. Vielmehr sollten Sie ganz auf dem Stuhl sitzen, Sitzfläche und Lehne vollständig ausnutzen.
2. Nicht nach vorne gebeugt auf dem Stuhl kauern. Vielmehr sollten Sie aufrecht sitzen! Stützen Sie Ihre Wirbelsäule, indem Sie sich an die Rückenlehne des Stuhls lehnen.
3. Nicht auf dem Stuhl herumrutschen! Wenn Sie sich im Stuhl bewegen wollen, bleiben Sie, wie in Punkt 1. und 2. beschrieben, aufrecht sitzen und bewegen Sie sich mit der Rükkenlehne vor oder zurück.
4. Die Höhe des Stuhls richtig einstellen, sodaß sowohl Unterarme als auch Oberschenkel waagerecht liegen. Benutzen Sie Armlehnen, Fußstützen und Handballenauflagen.
5. Wenn Sie längere Zeit sitzen, sollten Sie zwischendurch aufstehen, um Ihre Arme und Beine zu bewegen und sich zu entspannen.

Die Größe von Herrenhemden

Kragenweite in cm	Größe international	Kragenweite in inches
37/38	S	14 1/2 – 15
39/40	M	15 1/4 – 15 3/4
41/42	L	16 – 16 1/2
43/44	XL	17 – 17 1/2
45/46	XXL	18 – 18 1/2
47/48	XXXL	19 – 19 1/2
49/50	XXXXL	20 – 20 1/2

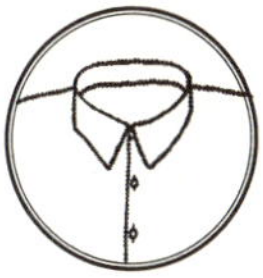

So planen Sie ein Stelldichein

Laut FLANN O'BRIEN braucht es für ein Stelldichein nur zwei Dinge. Entnommen ist der Ratschlag dem Büchlein »Trost und Rat«, © 2003 by Kain & Aber AG, Zürich.

»Es ist nötig, (a) eine Zeit und (b) einen Ort anzugeben. Lassen Sie mich erläutern, was ich meine. Ich möchte jede Mehrdeutigkeit vermeiden. Also angenommen, ich sage dem einen oder anderen Mädchen, daß ich mich mit ihm um 20:30 h treffen möchte, und mache damit eine Angabe über (a), aber nicht über (b). Was geschieht? Sie erscheint prompt genug beim, sagen wir mal, beim Haus in Hoey's Court, wo Dekan Swift geboren wurde. Aber unterdessen warte ich geduldig im »Bull Ring« in Wexford und inhaliere lustlos eine Lulle nach der anderen. Ergebnis: Wir verpassen einander, und mit der nächsten Post machen sich Briefe voller leidenschaftlicher Anschuldigungen auf den Weg.«

So finden Sie das passende Synonym

Das Institut für Informatik an der Universität Leipzig – Abt. Automatische Sprachverarbeitung – betreibt seit 1995 ein wunderbares Projekt: das Wortschatz-Lexikon. Es birgt derzeit 35 Millionen Sätze mit 500 Millionen Wörtern. Wenn Sie in die Suchmaske ein Wort eingeben, spuckt die Datenbank dessen Grundform ebenso aus wie Synonyme, Formen und Beispiele der Anwendung. Ringen Sie also das nächste Mal um das richtige Wort, gehen Sie auf die Homepage, die Sie mit ihrer Lust am Sammeln und Auswerten gefangen nehmen wird: http://wortschatz.informatik.uni-leipzig.de Die nebenstehenden Beispiele lieferte die Datenbank nach der Eingabe der Begriffe »Dr. Ankowitschs Kleines Universal-Handbuch«.

Dr.

* Grundform: Dr.
* Abkürzung von: Druck, Doktor, Drama, Drucksache
* Teilwort von: Dr. Seltsam, Präsident Dr. Gerd Niebaum, Dr. Helmut Kohl, Dr. Gerd Niebaum, Dr. Rainer Haas, Dr. Wolfgang Schuster, Dr. Jekyll und Mr. Hyde (...)
* Form(en): Dr.

Ankowitschs

* Grundform: Ankowitsch
* Teilwort von: Christian Ankowitsch
* Form(en): Ankowitsch

kleines

* Grundform: klein
* Teilwort von: kleines Kind, kleines Stück, kleines Mädchen, ein kleines Vermögen, ein kleines Problem, kleines Unternehmen, ein kleines bisschen (...)

universal

* Synonyme: absolut, allgemein, allgemeingültig, allseitig, allumfassend, erdumfassend, geltend, gemein, gemeinsam, gesamt, global, gültig, international, multilateral, supranational, umfassend, universell, vielseitig, weltumfassend, weltumspannend, weltweit
* Ist Synonym von: allgemein, allgemeingültig, allumfassend, enzyklopädisch, global, umspannend, vielseitig
* wird referenziert von: allgemein, allumfassend, gesamt, umfassend

Handbuch

* Synonyme: Abriß, Kompendium, Lehrbuch, Lehrgang, Leitfaden, Nachschlagewerk, Ratgeber, Schulbuch, Verzeichnis
* Vergleiche: Kompendium, Manual
* Ist Synonym von: Enzyklopädie, Fibel, Führer, Handreichung, Katalog, Lehrbuch, Lehrgang, Liste, Nachschlagewerk, Ratgeber, Register, Übersicht, Verzeichnis, Wegweiser
* Wird referenziert von: Leitfaden

Mit diesen Tanzschritten können Sie sich zumeist behelfen

Wer einen einfachen Tanz sucht, mit dem er elegant über die Runden kommt, ist gut beraten, Foxtrott zu erlernen. Er läßt sich in den meisten Fällen zur Anwendung bringen und ist leicht zu erlernen, denn jeder Schritt erfolgt auf je einen Taktschlag. Foxtrott wird im Vier-Viertel-Takt getanzt und zwar im stets gleichbleibenden Rhythmus langsam-langsam-schnell-schnell langsam-langsam-schnell-schnell etc. Beginnen Sie mit den Schritten 1+2.

Die Schritte des Herren:
linker Fuß vorwärts (langsam)
rechter Fuß vorwärts (l)
linker Fuß seitwärts & kleine Linksdrehung (schnell)
rechter Fuß schließen (s)

linker Fuß rückwärts (l)
rechter Fuß rückwärts (l)
linker Fuß klein seitwärts & kleine Linksdrehung (s)
rechter Fuß schließen (s)

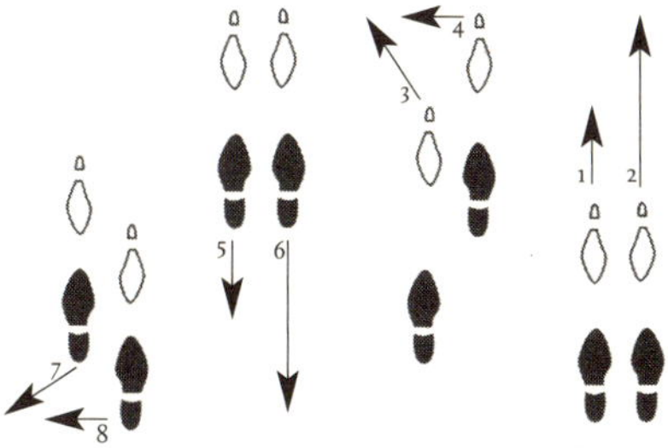

Die Schritte der Dame:
rechter Fuß rückwärts (l)
linker Fuß rückwärts (l)
rechter Fuß seitwärts (s)
linker Fuß schließen (s)

rechter Fuß vorwärts (l)
linker Fuß vorwärts (l)
rechter Fuß seitwärts (s)
linker Fuß schließen (s)

So merken Sie sich leichter Telephonnummern

1. Achten Sie darauf, ob Ihr Finger – wählen Sie eine Telephonnummer – eine bestimmte Form auf der Tastatur beschreibt bzw. einem eingängigen Rhythmus folgt. So bildet Ihr Finger etwa, wählen Sie die Nummer 12 37 89, ein »Z«, bei der Nummer 14 789 ein »L«. Buchstaben merken.

2. Sollten Sie damit nicht weiterkommen, achten Sie auf die Buchstaben, die sich unter den einzelnen Zahlen befinden. Suchen Sie sich zu jeder Zahl der Telephonnummer einen Buchstaben aus und bilden Sie aus der sich ergebenden Buchstabenfolge ein Wort – es kann (wenn es sich nicht vermeiden läßt) den Regeln der neuen Rechtschreibung bzw. Ihrer privaten Orthographie folgen. Wort merken.

3. Sollten Sie auch damit nicht weiterkommen, suchen Sie sich zu jeder Zahl der Telephonnummer einen Buchstaben aus, nehmen ihn als Initial eines Wortes – und bilden aus der sich ergebenden Wortfolge einen mehr oder minder sinnvollen Satz. Satz merken.

Auf der Suche nach einem geeigneten Begriff kann Ihnen u.U. die »T9«-Funktion Ihres Mobiltelephons behilflich sein: Aktivieren Sie die Schreibfunktion und tippen Sie die Nummer in eine SMS – wenn Sie Glück haben (und die Nummer keine Eins und Null enthält), ergibt sich ein geeignetes Wort.

Einige seltene Verkehrszeichen

Selbst geübte Autofahrer sehen sich bisweilen mit Zusatzschildern (schwarz auf weißem Grund) von Verkehrszeichen konfrontiert, die ihnen nicht geläufig sind. Hier einige davon.

Nimmt bestimmte Kraftfahrzeuge von einem allgemeinen bzw. teilweisen Verkehrsverbot aus, das beispielsweise aufgrund von Luftverunreinigung erlassen wurde.

Erlaubt Kindern, auch auf der Fahrbahn und den Seitenstreifen zu spielen. Auch Sport kann an den entsprechenden Orten durch ein Zusatzschild erlaubt sein.

Erlaubt die Ausübung von Wintersport, aber nur in der Zeit von 10.00 bis 16.00 Uhr.

Weist darauf hin, daß der kreuzende Radweg in beiden Richtungen befahren werden darf. Der Autofahrer muß den Radfahrern Vorfahrt gewähren.

Weist darauf hin, daß in 200 Metern Entfernung die Autofahrer einander nach dem Reißverschluß-Prinzip abwechselnd einfädeln lassen müssen (wenn zweispurige Straßen zu einspurigen werden).

Weist auf etwaige Krötenwanderung hin.

Lesen Sie die Wahlverwandtschaften

In seinem Journal »Das Gewicht der Welt« (1977) ruft PETER HANDKE nach einem Werk, das er Wort für Wort lesen könnte. Wir sollten es ihm gleichtun.

»ICH BRAUCHE ETWAS, DAS ICH WORT FÜR WORT LESEN KÖNNTE – UND NICHT DIESE SÄTZE, DIE MAN AUF DEN ERSTEN BLICK ERKENNT UND ÜBERSPRINGT, WIE IN ZEITUNGEN FAST IMMER UND LEIDER AUCH FAST IMMER IN BÜCHERN! SEHNSUCHT NACH DEN »WAHLVERWANDTSCHAFTEN«.«

Waldläuferzeichen

Wollen Pfadfinder, die in freier Natur unterwegs sind, einander Hinweise geben, bedienen sie sich dazu sogenannter Waldläuferzeichen; sie sind vor allem in unbekanntem Gelände und bei Spielen sehr nützlich. Waldläuferzeichen können aus verschiedenen, in der Natur greifbaren Materialien angefertigt werden wie Steinen, Ästen oder Tannenzapfen. Sie sollen so dezent angebracht werden, daß nur geübte Waldläufer sie zu dechiffrieren vermögen. Hier einige Zeichen.

Folgt diesem Weg!

Weg zu Trinkwasser

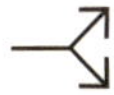
Trennt euch!

Weg mit Hindernis

Weg ins Lager

Freund

Falscher Weg

Weg zu einer Nachricht

Feind

Gefahr!

Graben!

Ich habe meine Aufgabe erfüllt und bin nach Hause gegangen.

So essen Sie stilecht eine Münchner Weißwurst

Eine original Münchner Weißwurst besteht aus Kalb- und Jungrindfleisch, Schweinefleisch, Speck und 5 bis 15% reiskorngroßem Bindegewebe. Gefüllt wird sie in den Dünndarm eines Schweins*.
Dieser Darm wird keinesfalls mitgegessen (1). Um ihn abzuziehen, gibt es eine klassische Methode: Man ritzt ihn der Länge nach ein, hält die Wurst mit der Gabel fest und rollt sie heraus. Nicht mehr en vogue ist die Variante, die Wurst aus ihrer Haut zu »zuzeln«, also zu saugen (2).
Perfekt wird ein Weißwurst-Menü erst mit süßem Senf der Marke Händlmaier's, Laugenbrezel und Weißbier (1 & 2).
Um die Reinheit der Münchner Weißwurst zu garantieren, hat sich eine gleichnamige »Schutzgemeinschaft« gebildet. Sie hat erreicht, daß das Deutsche Patent- und Markenamt sie in ihrem Bestreben unterstützt, die EU dazu zu bewegen, die Bezeichnung »Münchner Weißwurst« als »geschützte geographische Angabe« anzuerkennen – und zwar auf der Basis der Verordnung (EWG) Nr. 2081/92 des Rates vom 14. Juli 1992.

* Die derzeit gültige Rezeptur wurde am 15. März 1972 im Amtsblatt der Landeshauptstadt München festgehalten.

Die Frage, woraus eine Münchner Weißwurst zu bestehen habe und wann und wie sie zu essen sei, ist seriöserweise nur durch allerhöchste Bayerische Autoritäten zu beantworten: durch das Bayerische Staatsministerium für Unterricht und Kultus, das Bayerische Staatsministerium für Wirtschaft, Infrastruktur, Verkehr (1) und die Freunde des Münchner Oktoberfests (2).

Hüten Sie sich vor Schmeichlern

In seinem Traktat »Der Fürst« (erschienen 1532) erteilt der italienische Politiker und Philosoph NICCOLÒ MACHIAVELLI dem Herrscher Ratschläge, wie er an die Macht gelangt und sie bewahrt.
Sein Werk ist bis heute ebenso aktuell wie umstritten, was sein Hinweis, man möge Schmeichler meiden, anschaubar macht.

Weil Herrscher selbstgefällig sind und unfähig, sich selbst richtig einzuschätzen, neigen sie laut Machiavelli dazu, sich mit Schmeichlern zu umgeben.
Das grundsätzlich beste Mittel gegen Schmeichler ist daher, seiner Umgebung beizubringen, daß man ihm, dem Herrscher, die Wahrheit sagen kann; er fasse das nicht als Beleidigung auf.
Wenn freilich jeder dem Herrscher die Meinung sagen kann, dann wird es bald an Ehrerbietung ihm gegenüber fehlen.
Daher soll der Herrscher laut Machiavelli einen dritten Weg wählen: Er möge weise Männer auswählen, die ihm die Wahrheit sagen sollen, je freimütiger, desto besser – aber nur, wenn er sie nach ihrer Meinung fragt. Ansonsten hätten sie zu schweigen.
Die Meinung anderer soll der Herrscher nicht einholen.
An einmal gefällten Entscheidungen soll er unverbrüchlich festhalten.

So dechiffrieren Sie das Kleingedruckte auf technischen Geräten

Auf technischen Produkten finden sich immer wieder kryptische Symbole, deren Bedeutung sich nicht von selbst erschließt. Hier einige der gebräuchlichsten und was sie zu bedeuten haben:

VDE-Symbol: Befindet sich auf Elektrogeräten, Medizinprodukten und Installationsmaterial. Bestätigt, daß das Produkt vom VDE-Institut*, einem neutralen und unabhängigen Prüf- und Zertifizierungsinstitut, als sicher eingestuft wurde – und zwar nach einschlägigen Normen und allgemein anerkannten Regeln der Technik.

ÖVE-Symbol: Das österreichische Pendant zum VDE-Symbol.

VDE-GS-Symbol: Befindet sich auf verwendungsfertigen Elektrogeräten. Bestätigt, daß das Gerät den einschlägigen Normen und den Anforderungen des deutschen GSG (Gerätesicherheitsgesetz) entspricht.

CE-Symbol (Communautés Européennes): Wenig aussagestarkes Symbol, da kein Prüfzeichen. Es besagt lediglich, daß der Hersteller selber versichert, sein Produkt entspreche den grundlegenden Anforderungen einschlägiger EU-Richtlinien.

DIN-Geprüft (Deutsches Institut für Normung): Dieses Zeichen bestätigt, daß ein Produkt, eine Dienstleistung oder ein Prozess den DIN-, DIN EN- oder DIN EN ISO-Normen entspricht; vergeben wird das Zeichen aufgrund der Prüfung und regelmäßigen Überwachung durch ein neutrales Institut.

* VDE = Verband der Elektrotechnik, Elektronik, Informationstechnik e.V.

So stopfen Sie eine Socke

Nehmen Sie ein Stopfei bzw. einen Stopfpilz bzw. wenn Sie auch das nicht haben bzw. nicht wissen, was es ist, einen Kochlöffel. Das hölzerne Ding dient als Unterlage der Stopfarbeit.

Säumen Sie mit dem Faden – der tunlichst die Farbe und die Materialqualität des Sockens haben sollte – das Loch, um weiteres Ausfransen zu verhindern. Stechen Sie am Rande des Lochs den Faden ein und ziehen Sie nun eng und parallel nebeneinanderliegende Fäden über das Loch – hin und her, hin und her.

Drehen Sie die Socke um 90 Grad.

Führen Sie nun wieder eng und parallel nebeneinanderliegende Fäden über das Loch – und zwar solcherart, daß Sie den jeweiligen Faden mit der Nadel (nach dem Webstuhlprinzip) abwechselnd unter und über die querlaufenden Fäden führen.

Lassen Sie sich fallen

Mit der richtigen Falltechnik lassen sich schwerwiegendere Verletzungen verhindern – vorausgesetzt, Sie tragen Sturzhelm, Knie-, Ellbogen- und Handschützer.

Skatern drohen im Grunde nur zweierlei Gefahren: Entweder sie verlieren das Gleichgewicht, stürzen und prallen auf die harte Fahrfläche. Oder sie kollidieren mit einem immobilen bzw. mobilen Hindernis.

Beides kann durch kontrolliertes Fallenlassen verhindert oder abgemildert werden:

1. Leiten Sie den Sturz ein, indem Sie den Körperschwerpunkt absenken. Dazu gehen Sie in die Knie und senken Sie die Hüfte.
2. Lassen Sie sich anschließend erst auf die Knie fallen, danach auf die Ellbogen und schließlich auf die Handballen.
3. Den Kopf stets im Nacken lassen.

Warnzeichen und was sie bedeuten

Um berufstätige Menschen vor Schaden am Arbeitsplatz zu bewahren, gibt es die »Berufsgenossenschaftliche Vorschrift für Sicherheit und Gesundheit bei der Arbeit«, kurz BGV A 8. Neben einer Reihe anderer Zeichen (Sicherheits-, Verbots-, Gebots-, Rettungs-, Brandschutz-, Hinweis-, Zusatz-, Kombinations- und Bildzeichen) gibt es auch sogenannte Warnzeichen.
Darunter versteht man ein »Sicherheitszeichen, das vor einem Risiko oder einer Gefahr warnt«. Sollten Sie also eines der untenstehenden Warnzeichen sehen, seien Sie auf der Hut.

Warnung vor einer Gefahrstelle

... vor feuergefährlichen Stoffen

... vor explosionsgefährlichen Stoffen

... vor gesundheitsschädlichen oder reizenden Stoffen

... vor Gasflaschen

... vor giftigen Stoffen

... vor ätzenden Stoffen

... vor radioaktiven Stoffen oder ionisierenden Strahlen

... vor explosionsfähiger Atmosphäre

... vor Quetschgefahr

... vor schwebender Last

... vor Flurförderzeugen

... vor gefährlicher elektrischer Spannung

... vor automatischem Anlauf

... vor heisser Oberfläche

... vor optischer Strahlung

... vor Laserstrahl

... vor brandfördernden Stoffen

... vor Rutschgefahr

... vor Gefahr durch eine Förderanlage im Gleis

... vor elektromagnetischem Feld

... vor magnetischem Feld

... vor Stolpergefahr

... vor Gefahr durch Batterien

... vor Handverletzung

... vor Absturzgefahr

... vor Biogefährdung

... vor Kälte

... vor Kippgefahr beim Walzen

... vor Einzugsgefahr

Eine Pflanze gegen Gicht und angezauberte Liebe

Laut der 1098 geborenen Ordensfrau und Klostergründerin **Hildegard von Bingen** hilft der Wegerich gegen eine Reihe von Beschwerden: gegen Gicht*, geschwollene Drüsen**, Biß giftiger Tiere, Knochenbrüche***, als Wundmittel, Mittel gegen Gedächtnisverlust und angezauberte Liebe sowie als Schutz vor Zauberworten.

* »Der Wegerich ist warm und trocken. Nimm daher Wegerich und drücke seinen Saft aus, und nachdem er durch ein Tuch geseiht ist, mische ihn mit Wein oder Honig und gib ihn jenem zu trinken, der von der Gicht geplagt wird, und die Gicht wird weichen.«
** »Aber auch wer Drüsen in sich hat, der brate seine Wurzel im Feuer. Und er lege sie so warm auf die Drüsen und binde ein Tuch darüber, und jener wird sich besser fühlen.«
*** »Wenn aber einem Menschen an irgendeiner Stelle ein Knochen durch einen Unfall zerbrochen wird, dann schneide er Wegerich-Wurzeln in Honig, und er esse es täglich nüchtern, und er koche auch mäßig die grünen Blätter der Malve und fünfmal so viel Blätter oder Wurzeln von Wegerich mit Wasser in einem neuen Topf, und er lege sie oft warm auf die Stelle, wo es schmerzt, und der gebrochene Knochen wird geheilt werden.«

Verhaltensregeln für Babysitter und für Eltern, die deren Dienste in Anspruch nehmen

__Babysitter sollten__ sich über die Eltern ein Bild machen und etwaige andere Babysitter dazu befragen für eventuelle Notfälle vorbereitet sein immer die Eltern anrufen, wenn es Probleme oder Fragen gibt niemals Fremden die Türe öffnen das Kind niemals unbeaufsichtigt lassen dem Kind kein Essen und keine Medikamente geben, wenn dies von den Eltern nicht ausdrücklich erbeten wurde.

__Eltern sollten__ den Babysitter vor dem ersten Engagement treffen und seine Referenzen prüfen sicher gehen, daß er Erste-Hilfe-Kenntnisse besitzt prüfen, ob er der Aufgabe altersmäßig, seelisch und organisatorisch gewachsen ist ihm die Kinder vorstellen ihm die Eigenheiten der Wohnung bzw. des Hauses erklären den Babysitter für den Fall einer Notsituation instruieren ihn über Allergien oder Besonderheiten des Kindes informieren vorab Schlaf- und Essgewohnheiten besprechen Taschenlampe und Erste-Hilfe-Paket bereitlegen den Babysitter informieren, wo sie sind und wann sie zurückkommen.

Bevor Sie sich auf den Weg zum Abendessen oder ins Kino machen, sollten Sie dem Babysitter folgende Telephonnummern notieren:

- Ihre eigene unterwegs (Handynummer)
- die der Nachbarn
- des Hausarztes
- der Feuerwehr
- der Polizei
- ihre eigene daheim
- sowie die eigene Anschrift

So schützen Sie sich vor Zecken

Vor allem im Frühsommer steigt in manchen Gebieten Deutschlands, Österreichs und der Schweiz die Gefahr, von Zecken gebissen zu werden – und danach an FSME (Frühsommer-Meningoenzephalitis, also Hirnhautentzündung) oder Lyme-Borreliose zu erkranken. Während es gegen die FSME eine Schutzimpfung gibt, kann man sich gegen die Borreliose nicht wappnen; zudem kündigt sie sich durch unspezifische Allgemeinsymptome wie Kopfschmerz, Fieber, Muskelschmerzen an.

- Tragen Sie auf die Haut vor Ihrem Ausflug auf Wiesen und in Wälder sogenannte Zecken-Repellents, also zeckenabstoßende Lotionen auf.* Die Stiftung Warentest verweist darauf, daß auch natürliche Wirkstoffe aus Kokosfettsäuren (z.B. »Zanzarin Bio-Hautschutz Lotion«, »Nexa Lotte natur Hautschutz-Milch«) oder eine Mischung aus ätherischen Ölen von Zeder, Nelke, Weihrauch und Patschouli (für Hunde »Taoasis Floh Zecken Stop Spray«) Zecken wirksam fernhalten.
- Ziehen Sie geschlossene Kleider mit langen Ärmeln und Hosenbeinen an, denn Zecken sitzen besonders im Unterholz und an Gräsern; hohe Schuhe tragen oder Socken über die Hosen ziehen (sieht schrecklich aus, aber was soll man machen). Die Kleidung sollte hell sein, so erkennen Sie Zecken leichter.
- Nach dem Ausflug in gefährdete Gebiete** in D: Hessen, Thüringen, Rheinland-Pfalz, Sachsen, Sachsen-Anhalt. In Ö: ländliche Regionen der Steiermark, Kärntens, Niederösterreichs, Oberösterreichs, sowie Salzburg, das Burgenland, der Stadtrand Wiens. In CH: Hochrisikogebiete befinden sich in den Kantonen Aargau, Bern, Graubünden, Luzern, Schaffhausen, Solothurn, St. Gallen, Thurgau, Zug, Zürich. den ganzen Körper nach Zecken absuchen. Sie lassen sich länger (drei bis vier Stunden) Zeit, bis sie sich in der Haut festbeißen. Zecken lieben dünne und warme Hautstellen (Achselhöhlen, Kniekehlen, Hals, Kopf, Schritt).
- Sollte sich die Zecke festgebissen haben – keinesfalls mit Öl bestreichen, ausbrennen etc. (das animiert die Zecke, die Krankheitserreger in die Haut abzugeben). Zecke vielmehr mit einer feinen Pinzette bzw. einer speziellen Zeckenpinzette direkt über der Haut anfassen, leicht und kontinuierlich herausziehen. Wunde desinfizieren (nützt aber nichts gegen etwaige Infektion). Zecke in Filmdose aufbewahren. Bißstelle beobachten. Arzt befragen.

Diese Tageszeitung sollte ein Geistesmensch lesen

DIE »NEUE ZÜRCHER ZEITUNG«.

NZZ

Dieser nachdrücklichen Empfehlung widmet der österreichische Schriftsteller **Thomas Bernhard** (1931-1989) in seiner Erzählung »Wittgensteins Neffe« aus dem Jahr 1982 eine lange Passage, die davon handelt, wie der Erzähler vergeblich unzählige Kilometer mit dem Auto fährt, um auf dem flachen (österreichischen) Land ein aktuelles Exemplar der NZZ zu kaufen.

Bernhards Fazit: »Und es ist mir damals klar geworden, daß ein Geistesmensch nicht an einem Ort existieren kann, in dem er die Neue Zürcher Zeitung nicht bekommt.«

So flechten Sie einen Zopf

Gleichgültig, ob Sie nun einen Hefeteig oder langes Haar zu einem Zopf flechten wollen – die Technik ist stets dieselbe. Wir wollen uns hier auf zwei klassische Zöpfe beschränken – den flachen Drei- und den Vierstrangzopf. In der Backstube kennt man Einstrang- bis Sechsstrangzöpfe.

DREISTRANGZOPF:

In einem Wechselspiel den jeweils rechts bzw. links außen liegenden Strang nach innen schlagen.

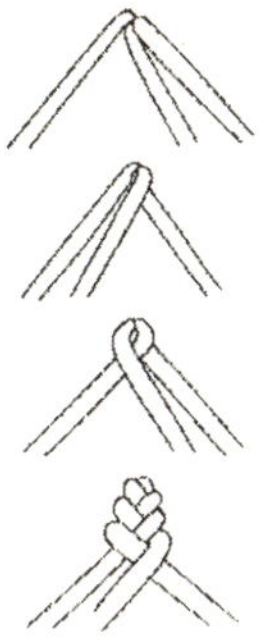

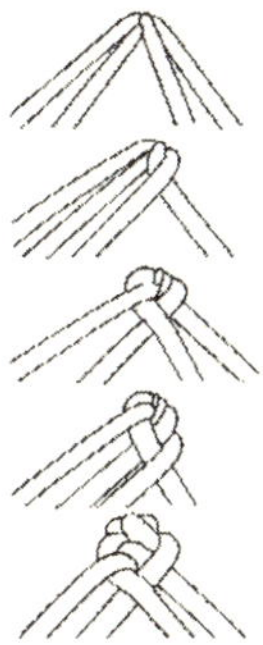

VIERSTRANGZOPF:

Wird wie der Dreistrangzopf geflochten, nur mit dem Unterschied, daß nach jedem abgeschlossenen Flechtgang ein Wechsel zwischen dem jeweiligen linken Außenstrang und dem letzten Wechselstrang erfolgt.

Die richtige Serviertemperatur einiger Getränke

Kaffee, Tee	50°C – 55°C
Grappa, Brandy, Destillate allgemein	18°C
Volle Rotweine, Bordeaux	16°C – 18°C
Roter Burgunder	16°C – 17°C
Leichte, tanninarme Rotweine, Chianti, Zinfandel, Côtes du Rhône	14°C – 16°C
Bester weißer Burgunder, Port, Madeira	14°C – 15°C
Beste Weißweine, Beaujolais	12°C – 14°C
Doppelbock, volle, aromatische Weißweine, Portwein, Süßweine, Banyuls, Sherry	10°C – 12°C
Bockbier	10°C
Mineralwasser	8°C – 14°C
Limonade, leichte, frische Weißweine, Riesling Kabinett, Rosé, Lambrusco, Champagner	8°C – 10°C
Pils	7°C – 9°C
Lager, Märzenbier, Weizenbier	8°C
Leichtbier	6°C
Wodka	5°C
Coca Cola	3,3°C

Trinken Sie Tee oder Kaffee zu heiß (55–67°C), so erhöht sich Ihr Risiko beträchtlich, an Speiseröhrenkrebs zu erkranken. Bei Wein verstärken tiefe Temperaturen die Wirkung des Gerbstoffs und hohe die Säureempfindung, weshalb Rotweine höher und Weißweine tiefer temperiert werden. Auch für Bier gibt es optimale Trinktemperaturen; es wird häufig zu kalt getrunken, wodurch sich sein Geschmack nicht voll entfalten kann und die Entwicklung des Schaumes gehemmt wird.

So spenden Sie neues Leben

Zu den existentiellen Fragen unseres Lebens gehört, was mit uns werden soll, wenn wir überraschend sterben.
Eine Möglichkeit, über Ihren Tod hinaus anderen ein neues Leben zu ermöglich, ist es, Organspender zu werden. Dazu müssen Sie sich nur einen Organspendeausweis besorgen (z.B. beim Arzt oder in der Apotheke), ihn ausfüllen und stets gemeinsam mit Ihren Papieren bei sich tragen (oder einer Vertrauensperson übergeben). Sollte Ihnen – nie soll es geschehen! – etwas zustoßen, schaffen Sie durch Ihren Ausweis Klarheit. Sonst überlassen Sie Ihren Angehörigen die sehr schwere Entscheidung.
Diesen Ausweis auszustellen ist Ihre vollkommene Privatangelegenheit: Er wird von keinem Amt vergeben, registriert oder abgestempelt. Sie haben es ganz allein in der Hand.

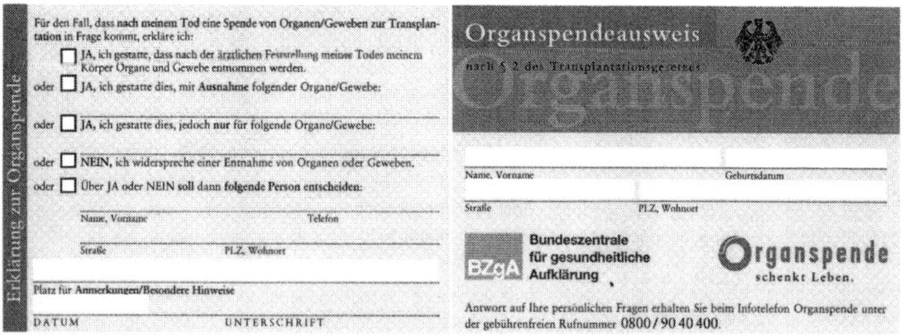

Erklärung zur Organspende

Für den Fall, dass nach meinem Tod eine Spende von Organen/Geweben zur Transplantation in Frage kommt, erkläre ich:

☐ JA, ich gestatte, dass nach der ärztlichen Feststellung meines Todes meinem Körper Organe und Gewebe entnommen werden.
oder ☐ JA, ich gestatte dies, mit Ausnahme folgender Organe/Gewebe:
oder ☐ JA, ich gestatte dies, jedoch nur für folgende Organe/Gewebe:
oder ☐ NEIN, ich widerspreche einer Entnahme von Organen oder Geweben.
oder ☐ Über JA oder NEIN soll dann folgende Person entscheiden:

Name, Vorname Telefon
Straße PLZ, Wohnort
Platz für Anmerkungen/Besondere Hinweise
DATUM UNTERSCHRIFT

Organspendeausweis
nach § 2 des Transplantationsgesetzes
Organspende

Name, Vorname Geburtsdatum
Straße PLZ, Wohnort

BZgA Bundeszentrale für gesundheitliche Aufklärung
Organspende schenkt Leben.

Antwort auf Ihre persönlichen Fragen erhalten Sie beim Infotelefon Organspende unter der gebührenfreien Rufnummer 0800/90 40 400.

Die Teilbarkeit von Zahlen

Wer rasch wissen will, ob eine größere Zahl durch eine andere teilbar ist, kann sich dieser Tricks bedienen.

Zahl ist teilbar durch …	wenn folgende Bedingungen erfüllt sind:
: 2	Letzte Ziffer ist durch 2 teilbar bzw. lautet 0.
: 3	Quersumme ist durch 3 teilbar.
: 4	Letzte beide Ziffern sind durch 4 teilbar bzw. lauten 00.
: 5	Letzte Ziffer ist 0 oder 5.
: 6	Zahl ist gerade und die Quersumme durch 3 teilbar.
: 8	Letzte drei Ziffern sind durch 8 teilbar bzw. lauten 000.
: 9	Quersumme ist durch 9 teilbar.
: 10	Letzte Ziffer ist 0.
: 25	Die beiden letzten Ziffern lauten 00, 25, 50, 75.

So beeinflussen Sie Ihre Träume

Um Ihre Träume beeinflussen zu können, erlernen Sie am besten die Kunst des Klarträumens. Von einem Klartraum – oder von einem luziden Traum – spricht man, wenn man träumt und sich dessen zugleich bewußt ist und daher aktiv ins Traumgeschehen eingreifen kann.*

Es kann mitunter sinnvoll sein, aktiv in Ihr Traumgeschehen einzugreifen – beispielsweise, wenn Sie von Alpträumen verfolgt werden. Eine Technik, um den Ablauf Ihrer Träume zu beeinflussen, hat der deutsche Psychologe PAUL THOLEY (gestorben 1998) entwickelt und in seinen 10 Geboten zum Erlernen des Klarträumens zusammengefaßt.

** Ein schönes Beispiel eines Klartraums gibt Samuel Pepys in seiner Tagebucheintragung vom 15.8.1665:*
»Mir fiel dabei mein Traum der letzten Nacht wieder ein, der wohl schönste, den ich je hatte. Ich träumte, ich hätte Lady Castlemaine in Armen und dürfte mit ihr tun, was ich wollte, und dann träumte ich, daß es unmöglich wahr, sondern nur ein Traum sein konnte. Aber da es nur ein Traum war und ich dennoch so viel echtes Vergnügen verspürte, wie großartig wäre es erst, könnten wir in unserem Grab träumen, wie auch Shakespeare sagt, und zwar solche Träume wie den meinen, weil wir dann den Tod nicht so zu fürchten brauchten wie in dieser Zeit der Pest.«
(zitiert nach: Samuel Pepys, Die geheimen Tagebücher, Eichborn Berlin, 2004)

• Um das Klarträumen zu erlernen, sollten Sie sich während des Tages mehrmals die Frage stellen, ob Sie wachen oder träumen – um sich dann vorzustellen, daß Sie träumen.
• Idealerweise stellen Sie sich die Frage immer dann, wenn Sie Situationen erleben, die auch für Träume typisch sein könnten.
• Stellen Sie sich im Wachzustand immer wieder Dinge vor, die es in der Realität nicht gibt, daß Sie also beispielsweise fliegen können; dabei stellen Sie sich wieder vor, Sie träumten.
• Erwarten Sie während des Einschlafens stets, daß Sie in der kommenden Nacht einen Klartraum haben werden. Nehmen Sie sich zudem vor, während des Träumens ungewöhnliche Dinge zu tun (Wände hochzusteigen etc.).
So vorbereitet, verspricht Paul Tholey, werden Sie eines Tages einen Klartraum erleben.

So tranchieren Sie Geflügel

1.
10 Minuten ruhen lassen!

Vor dem Tranchieren das Huhn bzw. die Ente ca. zehn Minuten ruhen lassen; während des Bratens konzentriert sich nämlich der Saft im Brateninneren, durch das Ruhen verteilt er sich wieder überall (gut zudecken, damit das Fleisch nicht auskühlt). Zum Tranchieren benötigen Sie ein scharfes Tranchiermesser, eine Tranchiergabel und eine Geflügelschere.

2.

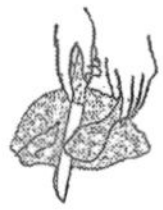

Legen Sie den Braten auf ein großes Brett. Ziehen Sie die Flügel ein wenig zur Seite und trennen Sie sie an den Gelenken ab.

3.

Ebenso ziehen Sie die beiden Keulen vom Körper, bis Sie die Gelenke sehen – trennen Sie sie ebenfalls ab.

4.

Handelt es sich um gefülltes Geflügel, durchschneiden Sie mit der Geflügelschere die Rippen – und zwar sowohl entlang des Brustbeins wie entlang des Rückgrats. Nunmehr das Brustfleisch von den beiden Hälften lösen und quer zur Fleischfaser aufschneiden. Aus dem Geflügelinneren die Fülle entnehmen.

5.

Wenn Sie das Geflügel nicht gefüllt haben, können Sie sich die Sache mit der Geflügelschere sparen und die Brustfilets gleich von den Knochen lösen.

Machen Sie größere Ausgaben, auch wenn Sie das prinzipiell ablehnen

SAMUEL PEPYS war hoher Verwaltungsbeamter in London und führte von 1660 bis 1669 ein Tagebuch; teilweise in einer selbst entwickelten erst 1825 entzifferten Geheimschrift; das Werk war nicht zur Veröffentlichung bestimmt und ist daher von schonungsloser, unterhaltsamer Offenheit.

»FÜR DAS ANGENEHME LEBEN, DAS WIR JETZT SEIT EINIGER ZEIT FÜHREN, WOLLEN WIR GOTT DANKEN UND SEINEN NAMEN PREISEN. UND OBWOHL ICH ENTSCHIEDEN GEGEN ÜBERTRIEBENE AUSGABEN BIN, HALTE ICH ES FÜR DAS BESTE, JETZT EIN GEWISSES MASS AN VERGNÜGUNGEN AUSZUKOSTEN, DA WIR BEI GUTER GESUNDHEIT SIND UND DIE MITTEL UND DIE GELEGENHEIT DAZU HABEN, ANSTATT ZU WARTEN, BIS WIR ALT ODER ARM GEWORDEN SIND UND DAS LEBEN NICHT MEHR RICHTIG GENIESSEN KÖNNEN.«

(Samuel Pepys, Die geheimen Tagebücher, 20.5.1662, Eichborn Berlin, 2004)

So überholen Sie unbehelligt eine lange Warteschlange

Eine erfolgreiche Methode, um sich – in Ausnahmefällen, versteht sich – an einer langen Warteschlange vorbeizumogeln, besteht darin, sich das Handy ans Ohr zu drücken und ein intensives Gespräch zu führen; wenn Sie schauspielerisch begabt sind, reicht ein fiktives Gespräch.
Christine Rosen vom »Ethics and Public Policy Center« in Washington hat nämlich herausgefunden, daß ein Handy ein wirkungsvolles Instrument ist, sich andere Menschen vom Leib zu halten, und das aus vielerlei Gründen: Sie respektieren Ihre Privatsphäre, vermuten hinter Ihrem Telefonat eine Besprechung mit einer wichtigen Persönlichkeit oder halten Sie für jemanden, der berechtigt ist zu tun, was er da eben tut. Auch im Falle, daß Sie zu spät zur Arbeit kommen, hilft ein fingiertes Handygespräch, um Sie zu retten: Alle werden vermuten, der Mensch am Telefon sei wichtig und an Ihrer Verspätung schuld, weshalb es sich genaugenommen um keine Verspätung handelt, sondern um einen dienstlichen Vorgang, der bereits auf dem Wege ins Büro begonnen hat.

Über den Umgang mit Verliebten

In seiner berühmten Sammlung von Lebensregeln namens »Über den Umgang mit Menschen« von 1788 widmet sich **Adolph Freiherr Knigge** auch ganz speziellen Fällen. Zu Beginn des 4. Kapitels des 2. Teils schreibt er:

»Mit Verliebten ist vernünftigerweise gar nicht umzugehn; sie sind, so wenig als andre Berauschte, zur Geselligkeit geschickt; außer ihrem Abgotte ist die ganze Welt tot für sie. Man mag übrigens leicht mit ihnen fertig werden, wenn man nur Geduld genug hat, sie von dem Gegenstande ihrer Zärtlichkeit reden zu hören, ohne zu gähnen, wenn man im Gegenteil dabei einiges Interesse zeigt …

♥ Hören Sie Verliebten ohne zu gähnen dabei zu, wie sie vom Gegenstand ihrer Zärtlichkeit reden.

Und so hätte ich dann über diesen Gegenstand weiter nichts zu reden – doch noch ein paar Bemerkungen! … Ist es Euch … darum zu tun, eine teilnehmende, empfindelnde Seele zu finden, die mit Euch klage, winsle, oder Euch ohne Sicherheit Geld borge, auf etwas subskribiere, ein reiches Almosen gebe, ein armes Mädchen ausstatte, einen beleidigten Vater besänftigen helfe, oder mit Euch Ritterstreiche mache, Kindereien treibe, oder Eure Verse, Eure Liederchen und Sonaten lobe, so wendet Euch nach den Umständen an einen glücklichen oder leidenden Liebhaber!«

♥ Wenden Sie sich an Verliebte, wenn Sie:
- ohne Sicherheiten Geld borgen wollen;
- jemanden suchen, der mit Ihnen Ritterstreiche macht;
- jemanden brauchen, der Ihre Sonaten lobt.

Das Wiener Schnitzel in seiner Eigentlichkeit

Eigentlich ist immer alles gefährdet oder philosophisch ausgedrükkt: Immer ist die Eigentlichkeit gefährdet. In diesem Sinne hat ein deutscher Dichter im österreichischen Fernsehen gesagt: Heutzutage machen sie einem alles im Bordell, aber einen »anständigen Fick« gibt es eigentlich kaum. In so einem Diskurs stellt sich bald die Frage: Gibt es eigentlich noch das Wiener Schnitzel, und zwar in seiner Eigentlichkeit?
Wir packen die Rucksäcke, ich stecke mir die Zahnprothese auf den sensiblen Gaumen. Die Expedition startet in den inneren Bezirken Wiens, und niemand hätte gedacht, wie lange es dauern wird. Nach Tagen verließen wir die Stadt, von der aus wir, sie in immer größeren Kreisen umkreisend, uns schließlich bis ins Gebirge fortbewegt hatten. Des langen Marsches kurzer Sinn: Eigentlich kein Schnitzel!
Aber eines Tages, als wir über den Traunstein hinunter in die Stadt Gmunden stiegen, gelangten wir zum Gasthaus »Spies« (Kirchengasse 3) und fragten, ob es eigentlich ein Schnitzel gäbe. Als es auf den Tisch kam, erkannten wir sofort: vom Schwein der Kaiserteil (der ist, ohne fett zu sein, weniger trocken); geklopft, gewürzt mit Salz und Pfeffer; paniert (Mehl, Ei, Brösel) und in Butterschmalz herausgebacken. Eigentlich, sagte ich als Leiter der Expedition, ist das Wiener Schnitzel aus Kalbfleisch, aber wir wollen daraus kein Dogma machen, sondern das wohlschmeckende, gelbbraune Schnitzel vom »Spies« in Gmunden für das Wiener Schnitzel in seiner Eigentlichkeit nehmen!

Die kleine philosophische Erörterung des Wiener Schnitzels stammt von FRANZ SCHUH, dem angesehenen österreichischen Essayisten und Schriftsteller (»Hilfe! Ein Versuch zur Güte«, Styria; »Schreibkräfte. Über Literatur, Glück und Unglück«, Dumont; »Der Stadtrat. Eine Idylle«, Ritter).

- Schnitzel (ca. 140 g)
- mit Salz & Pfeffer würzen
- in Mehl wenden
- in verrührtes Ei tauchen
- in Semmelbrösel (Paniermehl) wenden (nicht festdrücken)
- in heißem Butterschmalz (schwimmend) goldbraun herausbacken

Anm.: Schnitzel erst kurz vor dem Backen panieren und beim Backen nur 1 Mal wenden

So viele Tage hat ein bestimmter Monat

Sollten Sie immer wieder vergessen, wie viele Tage die Monate haben, können Sie das anhand Ihrer beiden Handrücken problemlos eruieren: Ein Fingerknöchel bedeutet 31 Tage, die Kuhle dazwischen 30 bzw. weniger Tage. Beginnen Sie also mit dem 1. Fingerknöchel (= Januar = 31 Tage) und zählen Sie sich solcherart an der einen Hand bis zum letzten Fingerknöchel (= Juli = 31 Tage) durch. Wechseln Sie die Hand, beginnen Sie wieder mit dem 1. Fingerknöchel (= August = 31 Tage), um schließlich beim Dezember zu enden.

Verhalten bei der Begegnung mit gefährlichen Tieren

Bären

Ist der BÄR weiter entfernt, Hände über dem Kopf schwenken und rufen, damit er Sie bemerkt und sich entfernen kann. Ist der Bär nah und hat er Sie bemerkt, keinesfalls flüchten – er würde Sie verfolgen (er läuft bis zu 50 km/h schnell). Machen Sie sich so breit und groß es geht (Hände in die Hüften, Jacke mit beiden Händen öffnen, Arme rechts und links ausstrecken), ruhig auf ihn einreden. Keinesfalls pfeifen (das könnte er für die Ausdrucksweise eines Beutetiers halten). Keinesfalls dem Bären in die Augen sehen. Langsam bewegen und weggehen. Wenn der Bär Ihnen folgt, stehenbleiben, wieder langsam weggehen. Wenn sich der Bär auf die Hinterbeine stellt – keine Angst. Er will sehen, was los ist. Kommt ein Bär schnell auf Sie zu, am besten etwas Eßbares, zur Not irgendeinen Gegenstand fallen lassen.

Greift Sie ein Schwarzbär an, sollten Sie versuchen, ihn einzuschüchtern (Anschreien, Stock). Flucht auf Bäume ist zwecklos, da der Schwarzbär gut klettert.

Greift Sie hingegen ein Grizzly an, keinesfalls wehren. Stellen Sie sich tot (auf den Boden legen, Knie und Ellbogen anziehen), reglos warten, bis der Grizzly abzieht. Flucht auf Bäume ist sinnvoll, da der Grizzly schlecht klettert.

Stiere / Bullen

Bevor ein BULLE angreift, warnt er durch seine Körperhaltung (er zeigt seine Breitseite). Anschließend senkt er den Kopf und schaufelt mit den Vorderbeinen Erde in die Luft. Angriffe können jedoch auch ohne diese Drohgebärde erfolgen.

Nie eine Weide mit Stieren betreten. Nicht schnell bewegen. Bei Angriff versuchen, den Bullen auf die Nase zu schlagen. Letzte Rettung: siehe Grizzly (auf den Boden legen und tot stellen).

Haie

Auf den HAI zuschwimmen. Keine Angst, das löst keinen Angriff aus (das würde nur das Wegschwimmen tun); er wird wegschwimmen bzw. größere Distanz suchen.

Hai stets im Auge behalten. Sie müssen dem Hai zu erkennen geben, daß Sie ihn gesehen haben.

Keinesfalls in das Riff schwimmen. Ein Riffhai könnte das als Verletzung seines Territoriums verstehen. Schwimmen Sie zum Strand oder ins offene Wasser.

Einige sportliche, kulturelle und politische Distanzen

Distanzen zwischen verschiedenen sportlichen, kulturellen und politischen Weltentwürfen werden meist durch intellektuelle Mittel bestimmt.
Um eine neue Dimension in die vielen Debatten zu bringen, haben wir den TourPlaner des ADAC gebeten, die zentrale Frage auf eine elementare Ebene herunterzubrechen und uns doch freundlicherweise darüber Auskunft zu geben, wie lange es dauert, die Distanz zwischen Bayern München und Schalke 04 mit dem Auto zu überwinden.

Bundesliga

Bayern München	→	FC Schalke 04	*629,32 km*	5:50 Std
FC Schalke 04	→	Werder Bremen	*245,57 km*	2:20 Std
Werder Bremen	→	Hertha BSC	*377,34 km*	3:50 Std
Hertha BSC	→	VfB Stuttgart	*626,09 km*	5:55 Std
VfB Stuttgart	→	Bayer Leverkusen	*373,81 km*	3:40 Std
1. FC Köln	→	Bayern München	*573,15 km*	5:30 Std

Festspiele

Wiener Festwochen	→	Schubertiade Hohenems	*655,15 km*	6:10 Std
Schubertiade Hohenems	→	Bad Hersfelder Festspiele	*468,77 km*	4:20 Std
Bad Hersfelder Festspiele	→	styriarte 2005 Graz	*745,70 km*	6:55 Std
styriarte 2005 Graz	→	Salzburger Festspiele	*281,09 km*	2:50 Std
Salzburger Festspiele	→	Bayreuther Festspiele	*379,80 km*	3:35 Std

Parteien

SPD Berlin, Wilhelmstr. 141	→	CDU Berlin, Klingelhöferstr. 8	*3,84 km*	0:06 Std
CDU Berlin, Klingelhöferstr. 8	→	CSU München, Nymphenburger Str. 64	*582,70 km*	5:30 Std
CSU München, Nymphenburger Str. 64	→	FDP Berlin, Reinhardtstrasse 14	*585.76 km*	5:35 Std
FDP Berlin, Reinhardtstrasse 14	→	Bundnis90/Die Grünen Berlin, Platz vor dem Neuen Tor 1	*1,15 km*	0:02 Std

Daran erkennen Sie die idealen Körperproportionen

Der Umfang der Faust ≈* der Schuhgröße.

Die Spanne zwischen den Fingerspitzen der Mittelfinger – bei seitwärts ausgestreckten Armen ≈ ungefähr der Körpergröße.

Der Halsumfang ≈ dem Umfang der Wade direkt unterhalb des Knies.

Das Verhältnis zwischen Kopf- und Gesamtlänge beträgt bei Neugeborenen 1:4, bei Erwachsenen 1:8.

Die Handlänge ≈ der Gesichtslänge – vom Kinn bis zum Haaransatz.

* entspricht ungefähr

Der bedeutende griechische Bildhauer POLYKLET, der etwa von 450 bis 410 v. Chr. tätig war, legte ein System idealer menschlicher Proportionen fest, das bis heute von großem Einfluß auf die abendländische Kunst ist.

So ermitteln Sie Ihre Ringgröße

Das in Deutschland und Österreich gebräuchliche Maß zur Angabe von Ringgrößen ist das »Wiener Vereinigungsmaß«.
Es richtet sich nach dem Umfang Ihres Fingers.
Mißt Ihr Finger also 58 Millimeter, haben Sie Ringgröße 58.
Um Ihre Größe zu ermitteln, gibt es zwei Möglichkeiten: Legen Sie einen Papierstreifen um Ihren Finger und kleben Sie ihn mit Tesaband zusammen (der Streifen muß sich noch über den Knöchel streifen lassen!). Abmessen, in Millimeter umrechnen = Ringgröße. Oder Sie nehmen an einem gutsitzenden Ring Maß.

1. Papierstreifen zusammenrollen, in gutsitzenden Ring stecken

2. Ende des Papierstreifens markieren

3. Von der Außenkante des Papierstreifens bis zur Markierung abmessen. In Millimeter umrechnen = Ringgröße.

So schaffen Sie eine harmonische Umgebung

FENG-SHUI (wörtlich »Wind und Wasser«) ist eine jahrtausendealte chinesische Lehre, die u.a. auf dem Yin- und Yang-Prinzip beruht.

Feng-Shui bietet einfache Regeln für die Gestaltung von Räumen und Gebäuden an. Bedenke man sie, lebe man im Einklang mit der Natur und sich selbst, schaffe man eine harmonische Ordnung zwischen Himmel und Erde.

- Wählen Sie für die Einrichtung Ihrer Wohnung nur Objekte mit regelmäßigen Formen (Quadrate, Rechtecke); vermeiden Sie hingegen Dreiecke und Dinge mit spitzen Winkeln.
- Räume sollten nicht allzuviele Fenster und Türen haben, andernfalls versiegt das Glück zu schnell.
- Vermeiden Sie Fenster direkt gegenüber einer Tür, andernfalls fließt die Energie direkt durch den Raum und verläßt ihn auf der anderen Seite wieder.
- Stellen Sie einen kleinen Springbrunnen in Ihren Räumen auf – in die Nordecke, die Südostecke eines Raums oder links von der Eingangstür. Er bringt Glück.
- Nutzen Sie die Kraft von Spiegeln, denn sie verstärken alles, was sie reflektieren. Niemals jedoch sollten Sie einen Spiegel an eine Wand hängen, die einer Tür gegenüberliegt – alle hereinströmende Energie wird reflektiert, das Zirkulieren der Energie verhindert.
- Streichen Sie Eingangstüren der Himmelsrichtung entsprechend, in die sie zeigen: Rot für S, SW, NO; Blau für N, O, SO; Weiß für W, NW, N; Grün für O, SO, S.
- Stellen Sie Ihr Bett in jene Ecke, die der Schlafzimmertür schräg gegenüberliegt. Auf diese Weise vermeiden Sie es, in einer Energiebahn zu schlafen.
- Ihre Schlafzimmertür sollte niemals der Küchen- oder Badezimmertür gegenüberliegen, weil sonst das Schlafzimmer negativen Energien ausgesetzt wird. Energien haben nämlich die Eigenart, von einem Raum der Wohnung in den anderen zu fließen.
- Stereoanlage stets an der Westwand des Wohnzimmers aufstellen bringt Glück.
- Verwenden Sie Paravents als Raumteiler, denn sie sind das ideale Hilfsmittel für die Lenkung von Energien im Raum.
- Wäsche nur tagsüber aufhängen, vor Einbruch der Dunkelheit abnehmen – andernfalls nimmt sie die falsche Energie auf (Yin).
- Spielen Sie täglich rund zehn Minuten lang laute Musik in Ihrer Wohnung. Das reinigt die Räume, da die Musik dabei hilft, alte Energien zu vertreiben.

So berechnen Sie den Nettowert

Teilen Sie den Bruttowert durch den Nenner 1,xx. An die Stelle xx setzen Sie die entsprechende Prozentzahl, die die Bruttosumme enthält.

$$\frac{\text{Bruttowert}}{\text{1,Prozentzahl}}$$

Haben Sie also im Restaurant 47 Euro bezahlt, und diese Summe enthält 16% MWSt, dann teilen Sie 47 durch 1,16. Und Sie erhalten damit den Nettowert von 40,51 Euro.

So meistern Sie ein Fernseh-Interview

Sollten Sie eingeladen werden, sich im Fernsehen interviewen zu lassen, und diese Einladung auch annehmen wollen, so empfiehlt es sich, nicht mit dem Interviewer zu streiten und ein hellblaues Hemd zu tragen.

Was Sie noch alles beherzigen sollten, das verrät Ihnen der erfahrene und bekannte österreichische ORF-Moderator (»Zeit im Bild 2«) ARMIN WOLF.

• Erkundigen Sie sich vorher, in welche Sendung Sie da genau eingeladen sind und was man von Ihnen als Gast erwartet.
• Schauen Sie sich die Sendung vorher einmal an.
• Seien Sie Sie selbst.
• Lügen Sie nicht (und wenn doch, dann wirklich gut).
• Fassen Sie sich kurz. Noch kürzer.
• Verwenden Sie keine komplizierten Fachbegriffe.
• Überlegen Sie sich vorher, was Sie sagen wollen.
• Vergessen Sie nicht, es auch zu sagen.
• Streiten Sie nicht mit dem Interviewer. (Der/die sitzt meistens dort, weil er/sie beim Publikum recht beliebt ist. Falls Sie noch beliebter sind, können Sie auch streiten.)
• Kleidung für Damen: Dezente Farben, kein allzu pompöser Schmuck, kein allzu tiefer Ausschnitt (außer bei ganz bestimmten Sendungen). Makeup ist egal. (Sie werden ohnehin im Studio geschminkt. Herren übrigens auch und zwar wegen der starken Scheinwerfer).
• Kleidung für Herren: Hellblaues Hemd, dezente Krawatte (dunkelrot geht immer), dunkles Sakko, keine kleinen Muster, keine lustigen Muster, kein Schmuck.
• Lampenfieber ist ganz normal. Es hilft Ihnen, aufmerksam und konzentriert zu sein.
• Bleiben Sie so lange im Studio sitzen, bis Ihnen jemand sagt, daß Ihr Auftritt vorüber ist.
• Schauen Sie sich Ihr Interview nachher an. Und fragen Sie jemanden, der ehrlich zu Ihnen ist.
• Auch Interviews sind Routine: Beim nächsten Mal wird es besser.

Die Zeitzonen und der Jetlag

Wenn Sie Zeitzonen per Flugzeug überwinden, kämpfen Sie mit dem klassischen Jetlag. Dagegen hilft:

- Passen Sie sich gleich nach der Landung dem Rhythmus der aktuellen Zeitzone an – bleiben Sie wach bzw. gehen Sie schlafen, wenn alle es tun.

- Bereiten Sie sich vor, indem Sie Tage vor der Abreise nach Westen die Schlafenszeit nach hinten verschieben, bei Reisen in den Osten nach vorne.

- Essen Sie eiweißreich (Fleisch, Eier, Milchprodukte), das hilft Ihnen, wach zu bleiben; kohlenhydratreiche Kost hilft einzuschlafen; kein Alkohol und Kaffee.

- Durch Einnahme des Hormons Melatonin können Sie Ihren Schlafrhythmus beeinflussen – sollten Sie das planen, kommen Sie um eine detailliertere Information an geeigneter Stelle nicht herum.

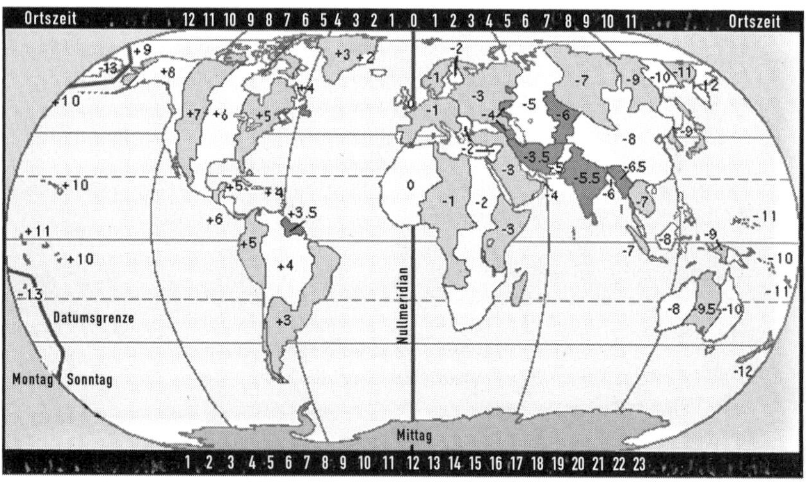

Entdecken Sie Ihren blinden Fleck

Es ist für eine gesunde Selbstwahrnehmung überaus hilfreich, wenn wir erkennen, daß wir mit einem blinden Fleck geschlagen sind. Mit dieser Graphik können Sie ihn entdecken: Blicken Sie geradeaus, schließen Sie das linke Auge, heben Sie das Buch hoch, bis sich das Kreuz exakt auf der Höhe und im Zentrum Ihres rechten Auges befindet. Fixieren Sie das Kreuz, führen Sie das Buch immer näher an Ihr Gesicht – in einer Distanz von ca. 25 cm wird der schwarze Punkt plötzlich verschwinden.

Der Grund: Der Sehnerv durchbricht an der Rückwand des Augapfels die Netzhaut. An dieser Stelle sind wir blind.

So beschneiden Sie einen Buchsbaum

Sorten: Je kleinblättriger, desto besser. Die klassische Sorte unter den rund 30 Arten ist der *Buxus sempervirens var. arborescеus,* der in der Mittelmeerregion baum- und in unseren Breiten strauchartig wächst. Buchsbäume sind immergrün und wachsen auf jedem Boden, vertragen Schatten wie Sonne. Vermehrung durch Stecklinge.

Zeitpunkt: Erst im zweiten Jahr nach dem Setzen zu stutzen beginnen. Dann jährlich beschneiden.
Am besten zweimal pro Jahr: Die Grundform im Frühjahr (bis spätestens Juni), Feinschnitt dann im Mai bis Juni. Alternativ dazu können Sie auch nur einmal im Jahr Ihren Buchsbaum beschneiden, und zwar im September.

Formen: Kugeln, Kegel, Würfel, Hecke. Um gerade Kanten zu schaffen, bedienen Sie sich Hilfsmittel wie Schnüren und Bambusstöcken.

Die Haltbarkeit von Lebensmitteln

	-18°C	1°C
Rind	15 Monate	
Schwein	12 Monate	
Huhn	10 Monate	
Pute	6 Monate	
Äpfel		180 Tage
Birnen		120 Tage
Eisbergsalat		21 Tage
Erdbeeren		5 Tage
Himbeeren		5 Tage
Karotten		150 Tage
Kiwi		120 Tage
Knoblauch		180 Tage
Küchenkräuter		30 Tage
Quitten		90 Tage
Radieschen		14 Tage
Weintrauben		90 Tage

Die angegebenen Zeiten sind maximale Richtwerte; bei Obst und Gemüse kommt es auf eine ausreichend feuchte Lagerung an.

Himmel & Hölle

Das Kinderspiel »Himmel & Hölle« gibt es in unzähligen lokalen Varianten, bei denen stets das Hüpfen und ein Stein eine Rolle spielen. Es existieren auch viele verschiedene Schemata, die aber stets mit Kreide auf den Asphalt gemalt werden müssen.

Eine mögliche Spielregelvariante lautet: Das Feld, in dem der Stein liegt, nie betreten; ihn bei jeder erfolgreich absolvierten Runde ein Feld weiterlegen, in der Hölle beginnen.

Auf Einzelfelder (1, 4, 7, 8, 9) darf mit nur einem Fuß gesprungen werden, auf Doppelfelder (2/3 und 5/6) mit zwei Füßen. Im Himmel muß man jedesmal einen 180-Grad-Drehsprung hinlegen, so daß man wieder zurück in die Hölle springen kann.

Gewonnen hat, wer als erster den Stein von der Hölle über die Felder 1–9 bis in den Himmel befördert hat und die finale Runde fehlerlos zu Ende gesprungen ist.

Ein paar wichtige Hinweise für das Marathontraining

Basis-Training: Gehen Sie dreimal pro Woche laufen.
Distanz: ca. 10 Kilometer.
Tempo: Nicht zu schnell! Sie bewegen sich mit der richtigen Geschwindigkeit, wenn Sie die optimale Herzfrequenz erreichen (Faustformel: 180 minus Lebensalter).
Beginnen Sie zehn Wochen vor dem Lauf mit der speziellen Vorbereitung für den Marathon:

Erste bis vierte Woche: Vier Tage Training pro Woche. Pensum von 40 auf 45 Kilometer pro Woche steigern. 6 bis 10 Kilometer pro Tag und ein sonntäglicher langer, ruhiger Dauerlauf von 20 bis 25 Kilometer, der in der achten Woche auf 30 Kilometer verlängert wird.

Neunte Woche: Laufen Sie im angestrebten Marathontempo drei mal drei Kilometer mit Pausen von 8 Minuten.
In der letzten Woche: Ruhiger trainieren, keine Strecke über 10 Kilometer.

Am Tag vor dem Marathon: 3 Kilometer Lauftraining.
Außerdem: Treiben Sie Gymnastik und nehmen Sie gesunde, kohlehydratreiche Nahrung zu sich. Trinken Sie vor und während des Trainings ausreichend.
Bestes Marathonwetter: Frühjahr oder Herbst. Daher bietet sich z.B. der Berlin-Marathon im September als Debüt an.

Wollen Sie eines Tages die Strecke von 42,195 km überwinden, wie es der griechischen Mythologie zufolge der Läufer PHEIDIPPIDES getan hat, als er die Nachricht vom Sieg der Griechen über die Perser bei Marathon nach Athen überbrachte, dann sollten Sie nebenstehende Hinweise beachten.

Kleiner Taschengeldratgeber

Alter	Betrag (monatlich)	Auszahlung
5 bis 6	5 Euro	wöchentlich (w)
7 bis 9	12-20 Euro	w
10 bis 12	25-35 Euro	monatlich (m)
13*	35-40 Euro	m
14*	50 Euro	m
15*	50-60 Euro	m
16 bis 17*	60-80 Euro	m
18	100 Euro**	m

* kleinere Nebenverdienste erkunden

** bzw. nach Absprache

**Damit Kinder lernen, wie sie mit Geld umgehen, ist es sinnvoll, ihnen Taschengeld zu geben, über das sie frei verfügen können.
Die Zahlen stammen von der »Zentralen Schuldnerberatung Stuttgart«. Kinder haben übrigens keinen Rechtsanspruch auf Taschengeld.**

Kleine Warenkunde für CDs und DVDs

Wer CDs (Compact Discs) kaufen will, um auf ihnen etwas zu speichern, hat es einfach.

1. Wie oft wollen Sie auf der CD etwas speichern?	Wählen Sie diese CD
nur einmal	CD-R
bis zu 1.000 Mal	CD-RW

2. Wie viel Musik wollen Sie speichern?	Wählen Sie diese CD
74 Minuten	650 MB (MegaByte)
80 Minuten	700 MB
90 Minuten	800 MB

Wer DVDs (Digital Versatile Discs) kaufen will, um auf ihnen etwas zu speichern, hat deutlich mehr Entscheidungen zu treffen.

1. Wie oft wollen Sie auf der DVD etwas speichern?	2. Welchem Standard soll die DVD entsprechen?	Wählen Sie diese DVD
nur einmal	Minus-Standard	DVD-R
	Plus-Standard	DVD+R
50 bis 100 Mal	Minus-Standard	DVD-RW
	Plus-Standard	DVD+RW
unbegrenzt oft; zudem will ich die höchste Datensicherheit	Minus-Standard	DVD-RAM

3. Was wollen Sie speichern?	4. Wo wollen Sie die DVD abspielen?	Wählen Sie diese DVD
bewegte Bilder und Ton	im DVD-Player	DVD-Video
Standbilder und Ton	im DVD-Player	DVD-Audio
Daten	am Computer	DVD-ROM
Bilder, Filme, Töne und Daten	im DVD-Player und am Computer	Hybrid-DVD

5. Welche Datenmenge wollen Sie speichern?	Anmerkungen	Bitte wählen Sie diese DVDs
ca. 4,3 GigaByte	einseitig beschrieben	DVD-5
ca. 7,9 GB	einseitig	DVD-9
ca. 2 x 4,3 GB	zweiseitig	DVD-10
ca. 7,9 GB & 4,3 GB	zweiseitig	DVD-14
ca. 2 x 7,9 GB	zweiseitig	DVD-18

Die Geschmacksrichtungen von Gummibären

Farbe	Geschmack	Wahrscheinlichkeit*
Gelb	Zitrone	1:6
Grün	Erdbeer	1:6
Orange	Orange	1:6
Rot	Himbeer	1:3
Weiß	Ananas	1:6

* sie beim blinden ziehen zu erwischen

Ein Klassiker unter den Süßigkeiten sind Haribos Gummibären. Sie werden in fünf Farben hergestellt – Blau fehlt, da es sich, wie Haribo bekanntgibt, nicht natürlich herstellen lasse.

So fällen Sie einen Baum

Das Fällen des Baumes

* machen Sie den Bodenbereich um den Stamm frei
* entfernen Sie die Äste am Baumstamm bis zur Höhe Ihrer Schultern
* bringen Sie mit der Motorsäge die Fallkerbe an – und zwar auf jener Seite des Baumes, auf die er fallen soll
* führen Sie zuerst den Oberschnitt und dann den Unterschnitt der Fallkerbe durch
* der Oberschnitt führt von schräg oben nach unten, der Unterschnitt waagerecht in den Baumstamm, so-daß Sie einen Keil aus dem Stamm sägen
* bringen Sie die Fallkerbe möglichst in Bodennähe an, das erhöht Ihre Sicherheit
* steigen Sie für Fällarbeiten keinesfalls auf eine Leiter – Sie bringen sich in höchste Gefahr!
* nunmehr von der Stammseite, die der Fallkerbe gegenüberliegt, ein wenig oberhalb der Fallkerbe in einem Zug den Fällschnitt anbringen
* führen Sie jedoch den Fällschnitt keinesfalls bis ganz zur anderen Seite, sondern stoppen Sie kurz vor der Fallkerbe – die so entstehende Bruchleiste wirkt wie ein Scharnier und verhindert, daß der Baum seitlich wegrutscht; vielmehr stabilisiert diese Leiste den Fall des Baums; die Bruchleiste sollte ca. 1% des Durchmessers betragen und gleichmäßig breit sein
* sobald der Baum die Bereitschaft erkennen lässt zu fallen, suchen Sie auf dem vorgesehenen Weg das Weite.

Die Vorbereitung

*** Berechnen Sie die Fallrichtung und den Radius der Fläche, auf die der Baum möglicherweise fallen wird.**

*** Niemand außer Ihnen darf sich in der Gefahrenzone befinden.**

*** Planen Sie Ihren Fluchtweg, der schräg hinter der errechneten Fallrichtung des Baumes liegt.**

Die Namen einiger sehr großer, sehr kleiner und sehr normaler Zahlen

Zahlwort	Vorsilbe	Potenz	Dezimalbruch
Trillion	Exa	10^{18}	1 000 000 000 000 000 000
Billiarde	Peta	10^{15}	1 000 000 000 000 000
Billion	Tera	10^{12}	1 000 000 000 000
Milliarde	Giga	10^{9}	1 000 000 000
Million	Mega	10^{6}	1 000 000
Tausend	Kilo	10^{3}	1 000
Hundert	Hekto	10^{2}	1 00
Zehn	Deka	10^{1}	10
Eins		10^{0}	1
Zehntel	Dezi	10^{-1}	0,1
Hundertstel	Zenti	10^{-2}	0,01
Tausendstel	Milli	10^{-3}	0,001
Millionstel	Mikro	10^{-6}	0,000 001
Milliardstel	Nano	10^{-9}	0,000 000 001
Billionstel	Pico	10^{-12}	0,000 000 000 001
Billiardstel	Femto	10^{-15}	0,000 000 000 000 001
Trillionstel	Atto	10^{-18}	0,000 000 000 000 000 001

So bereiten Sie sich auf eine Reise durch die Galaxis vor

DON'T PANIC

Laut **Douglas Adams** *brauchen Sie dazu nur zweierlei:*

1. den Reiseführer »Per Anhalter durch die Galaxis«*. Er sieht aus wie »ein etwas groß geratener Rechenschieber«.»An ihm befanden sich ungefähr hundert winzigkleine flache Knöpfe und ein etwa zehn mal zehn Zentimeter großer Bildschirm, auf den blitzschnell jede einzelne von einer Million ›Buchseiten‹ eingespielt werden konnte.« Das elektronische Buch steckt in einer Plastikhülle, auf die »mit großen freundlichen Buchstaben die Worte KEINE PANIK gedruckt waren«. Erschienen ist der Reiseführer bei einem der großen Verlage von Ursa Minor.
2. ein Handtuch. Und zwar weil man es, wie im Reiseführer steht, mannigfaltig verwenden kann. Man kann sich darin einwickeln, darauf legen, darunter schlafen, es als Segel verwenden, es im nassen Zustand als Nahkampfwaffe verwenden, es sich vor das Gesicht binden, als Notsignal schwenken und »sich natürlich damit abtrocknen, wenn es dann noch sauber genug ist«.

* So auch der Titel eines seiner Bücher

Gähnen, aber richtig

Unser Atem und unsere Gefühle hängen eng miteinander zusammen. So beginnen wir zum Beispiel heftig zu atmen, wenn wir Angst empfinden. Doch umgekehrt klappt es auch: Wenn wir unseren Atem beruhigen und uns bewußt machen, gelingt es, unsere Gefühle zu beeinflussen.
Eine Möglichkeit, uns zu entspannen, ist es, herzhaft zu gähnen. Dazu legen Sie Ihre Handflächen auf den unteren Brustkorb; anschließend den Brustkorb dehnen und schließlich Ihre Arme ruhig und entspannt herabhängen lassen. Und schon müßten Sie eigentlich ... uaahhhh ... herzhaft ...

So stellen Sie das Wesen der Dinge dar

Laut **Piet Mondrian** (1872–1944), einem der wichtigsten Maler des 20. Jahrhunderts, lassen sich alle sichtbare Phänomene auf folgende einfache Gestaltungsprinzipien zurückführen:

- die Horizontale
- die Vertikale
- und die Primärfarben Rot, Blau und Gelb.

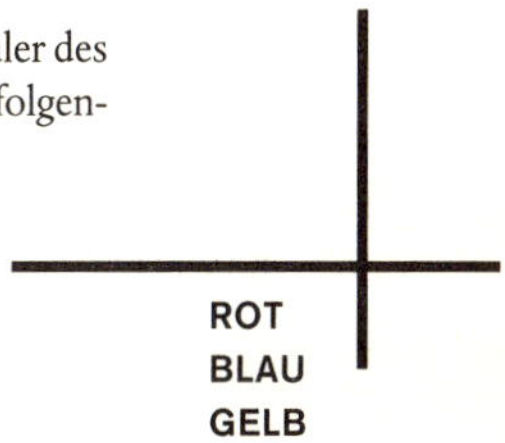

Die Anatomie Ihres Schreibtischs

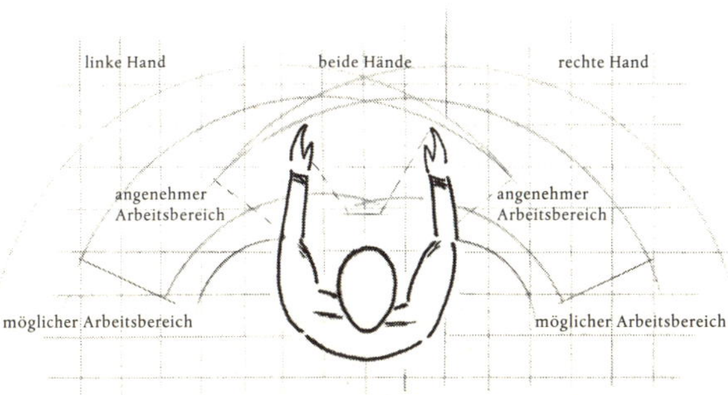

Wenn Sie sich an die Gestaltung Ihres Schreibtisches machen, bedenken Sie, daß Sie die häufig gebrauchten Dinge im angenehm erreichbaren Arbeitsbereich positionieren.

Die Karosserie einer BMW Isetta 250

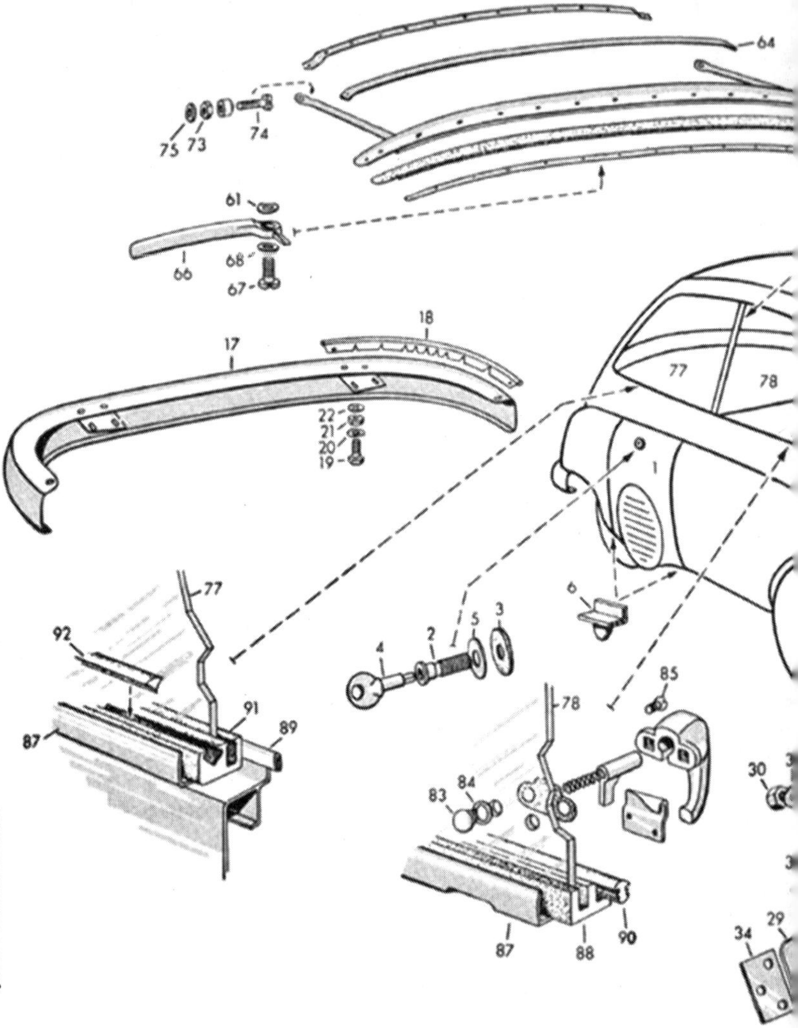

Quelle: www.isetta-online.de

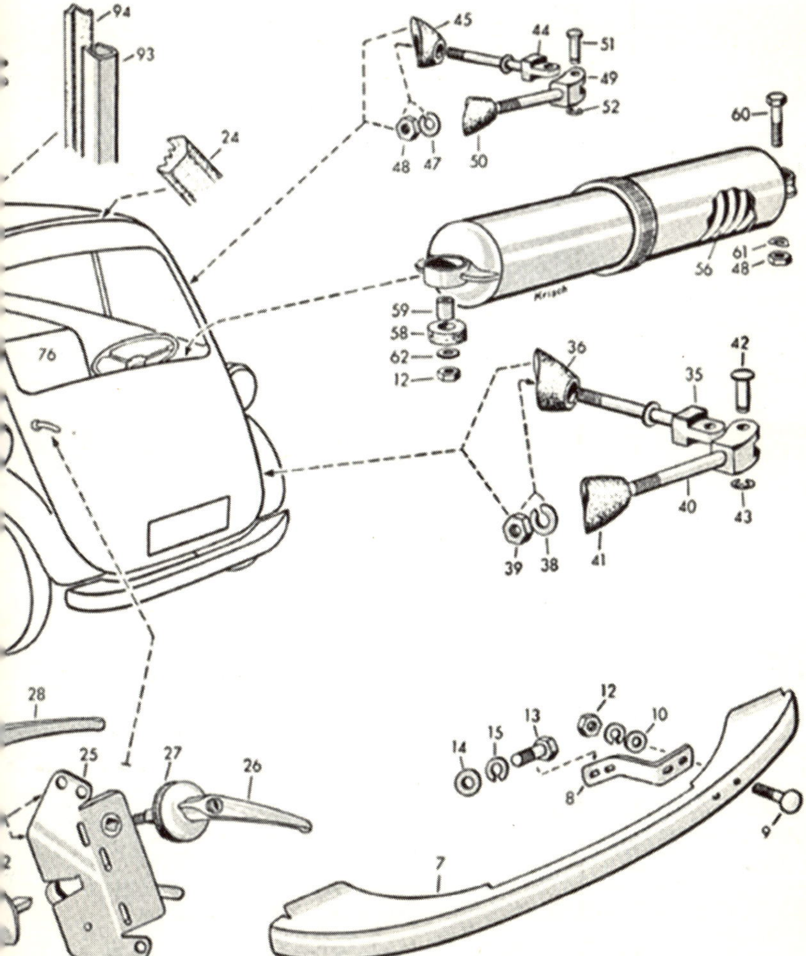
94
93
24
76
45
44
51
49
52
50
48
47
60
56
61
48
59
58
62
12
36
42
35
40
43
41
39
38
28
25
27
26
14
15
13
12
10
8
9
7

So behalten Sie den Überblick über Ihre E-Mails

Wenn Sie ein paar grundsätzliche Regeln beachten, gelingt es Ihnen ohne allzugroße Anstrengungen, auch bei vielen E-Mails den Überblick zu bewahren.

1. Legen Sie ein schlüssiges Archivsystem an.

Dieses macht es Ihnen leicht, E-Mails wiederzufinden. Bilden Sie Haupt- und Untergruppen wie z.B. Privat → Freizeit → Yoga oder Job → Projekte → Kunde A → Projekt A.

2. Öffnen und bearbeiten Sie E-Mails zu fixen Zeiten.

Am besten nur zweimal pro Tag. Deaktivieren Sie alle Alarmsysteme, die Sie ununterbrochen von eingehender Post unterrichten.

3. Fassen Sie jede E-Mail tunlichst nur ein einziges Mal an.

Beantworten Sie die E-Mails, sobald Sie sie geöffnet haben, und speichern Sie die Antwort (bzw. die keine Antwort erfordernde, aber aufbewahrungswürdige E-Mails) anschließend in Ihrem Archiv.

4. Schicken Sie sich selbst Kopien Ihres Postausgangs.

Wenn Ihre E-Mails es erfordert, daß sich der Adressat meldet, schicken Sie sich selber eine Blindkopie (Bcc:) dieser E-Mails und speichern Sie sie in einem eigenen Ordner, der da heißen könnte »Offene Antworten«. Gehen Sie diesen Ordner immer wieder durch, um den Überblick zu behalten, wer Ihnen noch eine Antwort schuldig ist. Sobald die Antwort erfolgt ist, löschen Sie die entsprechende Kopie.

5. Verlagern Sie zu bearbeitende E-Mails in einen eigenen Ordner.

Falls es sich nicht machen läßt, daß Sie eine E-Mails sofort beantworten, verlagern Sie sie in einen eigenen To-Do-Ordner. Vereinbaren Sie fixe Zeiten mit sich, zu denen Sie diesen Ordner abarbeiten.

6. Die Inbox ist kein E-Mail-Parkplatz.

Die Inbox sollte nach jeder E-Mailsichtung leer sein. Unerledigtes und Archivierenswertes gehört nicht hierher.

7. Machen Sie sich die Technik untertan.

Nutzen Sie die technischen Möglichkeiten Ihres E-Mails-Programms und filtern Sie bestimmte E-Mails automatisch in bestimmte Ordner. Das empfiehlt sich zum Beispiel für all die E-Mails-Newsletter, die Sie in einer schwachen Minute bestellt haben. Lesen Sie die Newsletter zu einer bestimmten Zeit durch.

Kleine homöopathische Apotheke für den Verletzungsfall

ARNICA (Bergwohlverleih): Das wichtigste Verletzungsmittel. Bei mechanischen Verletzungen der Weichteile, Sturz, Schreck, Schmerzen nach einem Schlag oder Stoß, Blutungen, Nasenbluten nach einem Schlag, Gehirnerschütterungen mit Benommenheit, Schock nach Kopfverletzungen.
BELLIS PERENNIS (Gänseblümchen): Oft nach Sportverletzungen, dickem Knöchel, Geschwulst bzw. Schwellung.
HYPERICUM (Johanniskraut): Nervenmittel, zerquetschte Nerven nach Traumen.
SYMPHYTUM (Beinwurz): Bei Frakturen, Verletzungen, Stürzen, Schlägen, z.B.: bei Augenverletzungen nach einem Schlag, bei verletzten Knochen, Sehnen, Bändern und bei Verstauchungen.
LEDUM (Sumpfporst): Bei Stichwunden, Insektenstichen, Prellungen, Bissen, blauem Auge, Prellungen und Quetschungen besonders um das Auge herum.

In vielen Fällen beschleunigen homöopathische Mittel die Heilung von Verletzungen – in Notfällen ist selbstverständlich eine Klinik aufzusuchen. Diese kleine Notfall-Apotheke hat der Hamburger Homöopath ATUL AGARWALA zusammengestellt.
* Die Mittel in Globoli-Form und in der Potenz C 30 verabreichen.
* Pro Gabe 5 Kügelchen.
* Sobald sich die Symptome verschlechtern, neuerliche Gabe, bis zur Heilung.

Obst und Gemüse richtig lagern

	nicht im Kühlschrank lagern	*getrennt lagern von* Obst	*Gemüse*
Äpfel		x	x
Ananas	x		x
Auberginen	x	x	
Bananen	x		x
Erbsen		x	
Grüne Bohnen	x	x	
Gurken	x	x	
Karotten		x	
Kartoffeln	x	x	
Kohl		x	
Kürbis	x	x	
Mangos	x		x
Papayas	x		x
Paprika	x	x	x
Rote Rüben		x	
Sellerie		x	
Tomaten	x	x	x
Wassermelonen	x		x
Zitrusfrüchte	x		x
Zucchini	x	x	
Zwiebeln		x	

Es ist nicht damit getan, frisches Obst und Gemüse zu kaufen – es sollte auch richtig gelagert werden. So gibt es einige Obstsorten, die man besser nicht im Kühlschrank aufbewahren sollte, und einige Gemüse- und Obstsorten, die sich nicht miteinander vertragen. Äpfel z. B. sollte man getrennt von allem anderen lagern, denn sie geben die Substanz Äthylen ab; diese beeinflußt den Reifungsprozess von Obst und Gemüse.

So bauen Sie ein Baumhaus

BAUMHÄUSER sind eine zu wichtige Angelegenheit, als daß man die Bauanleitung Laien überlassen könnte. Daher haben es die renommierten Berliner Architekten ARMAND GRÜNTUCH und ALMUT ERNST (www.gruentuchernst.de) übernommen, die entscheidenden Hinweise zu geben.

Ein BAUMHAUS ist ein Kindheitstraum ebenso wie ein Zufluchtsort für Träumer. Bauen Sie daher für sich und Ihre Kinder ein BAUMHAUS – das ist weder schwer noch allzu aufwendig.

Der Standort, die Wuchsform und die Festigkeit sind Entscheidungskriterien für die Wahl des Baumes. Ein 1000jähriger Redwood Tree wäre ideal, aber auch alte Eichen oder Kastanien bieten oft einladende Gabelungen, die den Stamm in 3–4 dicke Äste aufweiten und sich hervorragend für ein Menschennest eignen. Ein BAUMHAUS kann zur Not auch zwischen zwei oder mehreren Bäumen errichtet werden.

Geeigneten Baum suchen

Podest einmessen und auf dem Boden erstellen

Seile befestigen, Podest hochziehen und verspannen

Aufstieg mit Brettern und Nägeln

Danach Aufstieg mit Büchern, Mückensalbe und Proviant

Strickleiter einziehen

Der Welt abhanden kommen

Als Klassiker der »parasitären Architektur« nutzt das BAUMHAUS die Tragstruktur des Baumes und stellt sich keinesfalls auf Stützen daneben. Ein BAUMHAUS muß aus Holz sein, darf aber das lebende Holz nicht verletzen. Das ist nur möglich, wenn es als Seilkonstruktion in das Tragwerk des Baumes gehängt wird. Es wird wie ein Schiff in der Blätterflut der Baumkronen vertäut. Auch der Zugang sollte wie bei einem Schiff immer nur temporär zur Verfügung gestellt werden. Eine Leiter wird hinabgelassen, um Gäste aufzunehmen, die durch eine kleine Öffnung auf das Podest klettern. Einfache Bretter umschließen den Baumraum, ein leichtes Dach ergänzt den Wetterschutz des Laubes. Vorhandene Äste dürfen nicht beschnitten werden, sondern durchdringen das Raumvolumen.

Ein BAUMHAUS bietet den Rückzug in luftige Höhen mit dem Blick in die Weite der Landschaft. Es ist ein Ort für Menschen, die sich nicht von der Natur abgrenzen wollen, sondern mit Klimaschwankungen und tierischen Baumbewohnern ihre Freizeit genießen können. BAUMHÄUSER wachsen und schrumpfen mit den wechselnden Jahreszeiten. Wie das Laub der Bäume sich erneuert, müssen die Schäden der Herbststürme im Frühling ausgebessert werden.

Einige Varianten von Espresso & Cappuccino

Espresso

doppio	*doppelter E.*
ristretto	*halbe Menge Wasser*
doppio ristretto	*doppelte Menge Kaffeepulver mit Wassermenge eines einfachen E.*
lungo	*verlängerter*
corretto	*mit einem Schuß Grappa o.ä.*
macchiato	*mit Milchschaumhaube*
marocchino	*E. macchiato mit Kakaopulver*

Cappuccino

chiaro	*hell*
scuro	*dunkel*
bollente	*sehr heiß*
caldo	*warm*
tiepido	*lau*
con poca schiuma	*mit wenig Schaum*
senza schiuma	*ohne Schaum*
in vetro	*im Glas*
freddo	*kalt, süß*

Seit einigen Jahren hat sich durch die Expansion der Kette »Starbucks Coffee« eine gewisse Kaffeekultur entwickelt. Gleichwohl kann man aus dem Umstand, daß wir fast überall eine akzeptable Latte macchiato, also eine »gefleckte Milch«, bekommen, noch nicht schließen, die wahre Kaffeekultur habe sich bereits durchgesetzt. Im Gegensatz zu Italien, wo man allein aus der Bestellung eines Cappuccinos, also eines Espressos mit geschäumter Milch, eine Wissenschaft machen kann.

So gewinnen Sie einer Krise etwas ab

Auch wenn es nur allzu verständlich ist, daß Sie den verlorenen Dingen nachtrauern: Vermeiden Sie es, sich als Opfer einer Entwicklung zu sehen, gegen die Sie nichts unternehmen können. Das macht Sie handlungsunfähig.

Sehen Sie in der aktuellen Krise eine Veränderung Ihrer Lebenswirklichkeit, mit der Sie aktiv umgehen müssen und können.

Machen Sie sich bewußt, daß

- Sie für Ihr Handeln und Ihre Gefühle selbst verantwortlich sind.
- Sie immer irgendwie durchkommen.
- es nicht immer so geht, wie Sie gerne möchten.
- Sie die Folgen Ihrer Entscheidungen selber tragen müssen.
- jede Wahl mit Vor- und Nachteilen verbunden ist.

Geben Sie der neuen Situation, in die Sie durch die Krise gekommen sind, einen Sinn und entdecken Sie deren Vorteile. Machen Sie sich klar, welche Ziele Sie nunmehr erreichen wollen. Sagen Sie nur, was Sie wollen – keinesfalls das, was Sie nicht wollen.

Neurolinguistisches Programmieren, kurz NLP, ist eine weit verbreitete und nicht unumstrittene Technik, mit der menschliches Verhalten positiv verändert werden soll. Das heißt: NLP gibt Menschen Methoden an die Hand, die rasch wirken und einfach anzuwenden sind.

Verleihen Sie sich dynamisch Ausdruck

Wenn Sie professionelle kalligraphische Übungen machen wollen, empfiehlt es sich, 5-mm-Karopapier zu verwenden. Ziehen Sie darauf Hilfslinien mit einem Bleistift. Die Schriftzeichenhöhe sollte 4 Karos betragen, der Zwischenraum jeweils 2 Karos.

Wer sich mit Kalligraphie, also der Kunst des Schönschreibens per Hand und mit der Feder, beschäftigen will, sollte sich zuerst die wichtigste der abendländischen Schriften vornehmen, die Antiqua. Sie stammt von der römischen Schrift und der karolingischen Minuskel. Schreiben Sie sie idealerweise mit einer 3 mm breiten, spatenförmigen Breitfeder; diese halten Sie in einem Winkel von 30 bis 40 Grad zur Waagerechten, wodurch die dynamische Wirkung entsteht, fallen doch die senkrechten Linien stärker aus als die Schrägen. Bewegen Sie Ihre Hand beim Schreiben von oben nach unten und von links nach rechts.
Auf der untenstehenden Graphik können Sie anhand der Vorlage ein wenig üben.

Ein paar Handreichungen für eine gelungene Konversation

Opener:
- Lächeln Sie.
- Fragen Sie Ihr Gegenüber, woher es den Gastgeber kennt bzw. fragen Sie, ob Ihr Gegenüber zum erstenmal hier ist.
- Flechten Sie ein, wie das bei Ihnen ist, und stellen Sie sich beiläufig vor.

Ist erstmal die allerereste Hürde genommen, kommen eine Reihe weiterer Gesprächsthemen in Frage:
- Ort, an dem Sie leben, Land, Leute, Stadt und Straße
- Familie und Kinder
- Tiere aller Arten
- Beruf, Tätigkeit, Studium, Ausbildung
- Hobbys, Sport
- Urlaub, Reisen

Tabu hingegen sind folgende Themen:
- Politik
- Religion
- Krankheiten
- Kritik am Essen oder am Gastgeber
- Eheprobleme
- überhaupt Probleme
- Geld und Geschäfte

Allgemein sollten Sie bedenken:
- Äußern Sie sich positiv, loben und preisen Sie die schönen Dinge des Lebens.
- Hören Sie zu.
- Stellen Sie Fragen und lassen Sie den anderen erzählen; dabei sollten Sie weniger nach Fakten fragen als nach Einschätzungen.
- Prägen Sie sich den Namen des Gegenübers ein und sprechen Sie Ihr Gegenüber immer wieder einmal damit an; das schafft Vertrauen. Vgl. S. 47
- Vermeiden Sie einsilbige Antworten.
- Bleiben Sie Sie selber.

Es gibt zweifellos Aufregenderes, als Konversation zu machen, denn das Wesen eines gelungenen Smalltalks ist, daß Sie auf freundliche Weise die Zeit verstreichen lassen und auf kultivierte Weise mit Ihrem Gegenüber ins Gespräch kommen, ohne dabei allzusehr in die Tiefe zu gehen. Gleichwohl kann es lebensrettend sein, zu wissen, wie man einen Abend in einer Runde unbekannter Menschen übersteht.

So berechnen Sie Ihren Anhalteweg

Während Autobesitzer meist in der Lage sind anzugeben, in wie vielen Sekunden ihr Wagen von 0 auf 100 km/h beschleunigt, können deutlich weniger den umgekehrten Vorgang beschreiben: Wie lang der Weg ist, bis ihr Wagen wieder steht.

Ob Ihr Auto wieder rechtzeitig zum Stillstand kommt, hängt nicht nur davon ab, wie schnell es fährt, wie schwer es ist und wie die Straße beschaffen ist – Sie müssen auch noch die Reaktionszeit bedenken, die Sie für die Einleitung des Bremsmanövers benötigen.

Als Faustformel für den Anhalteweg (Reaktionsweg + Bremsweg) kann gelten:

Reaktionsweg = Geschwindigkeit x 3 : 10
Bremsweg = (Geschwindigkeit : 10)^2

Ein Beispiel:
Fahren Sie zügige 90 km/h, beträgt der Anhalteweg eindrucksvolle 108 m: Reaktionsweg = 90 x 3 = 270 : 10 = 27 Meter; plus Bremsweg 90 : 10 = 9; 9^2 = 81 Meter).

Wenn Sie nebenbei an Ihrem iPod fummeln und die Straße naß ist, verlängert sich der Anhalteweg deutlich.

Korrekt applaudieren in der Oper und im Konzert

Sie sind begeistert.

Sie wollen dem Ausdruck verleihen. Nur zu!

Die Künstler freuen sich über Ihre Zuwendung – vorausgesetzt, Sie halten sich an ein paar einfache Regeln.

KLATSCHEN IST ERLAUBT

- in der Oper und im Konzert, wenn der Dirigent an sein Pult geht.
- in der Oper, wenn sich der Vorhang senkt.
- in der Oper bei einem Bildwechsel (angekündigt durch einen Lichtwechsel).

KLATSCHEN IST NICHT ERLAUBT

- in der Oper während einer Szene.
- im Konzert zwischen den einzelnen Sätzen einer Sinfonie.

STANDING OVATIONS SIND ERLAUBT

- am Ende einer Oper bzw. eines Konzerts (spätestens am Anfang der Zugabe wieder Platz nehmen).

So viele Haustiere passen in 80 Liter Wasser

Einfache Zuchtfische sind klein und stumm, überleben auch mehrere Tage ohne Futter, müssen nicht spazierengehen, nehmen Ihre Kinder nur bedingt für sich ein (erträgliche Trauer im Todesfall!) und passen notfalls in jedes WC.
Zu beachten ist nur: Packen Sie nie zu viele Fische in ein Aquarium. Als Faustregel gilt: 1 cm Fisch pro 1 l Wasser. Das heißt: Mißt Ihr Becken 70 x 30 x 40 cm, faßt es 80 l Wasser; darin haben 20 Fische von 4 cm Länge bzw. 40 Fische von 2 cm Länge Platz.

Kommt die Phase, in der Ihre Kinder nach einem Haustier verlangen, versuchen Sie durch alle Ihnen zu Gebote stehenden Kräfte, das Sehnen der Kinder auf ein Aquarium zu richten – andernfalls sind die Kinder längst aus dem Haus, und Sie gehen immer noch mit dem Herzenswunsch Ihrer Tochter Gassi. Bei einem Aquarium halten sich die Langzeitfolgen in Grenzen.

Begrüßung und Verabschiedung in Deutschland

»Guten Morgen« – ist die übliche Grußformel bis spätestens zwölf Uhr am Mittag.
»Guten Tag« – von ungefähr zwölf Uhr mittags bis zum Abend.
»Guten Abend« – ab ungefähr 18 Uhr. Viele begrüßen sich auch mit »Hallo«.
»Auf Wiedersehen« – bei der Verabschiedung. Die Kurzform ist »Wiederseh'n«.
Man kann sich auch mit dem italienischen »Ciao«, mit »Tschüs«, »Tschö« oder »Tschüssi« verabschieden.
»Hallo«, »Tschau«, »Tschüs«, »Tschö« und »Tschüssi« sind weniger förmliche Grußformeln. Zur Begrüßung sagt man in Bayern, Baden-Württemberg und Teilen der Pfalz zu jeder Tageszeit »Grüß Gott« und »Servus«, zur Verabschiedung »Pfiat di Gott« oder »Ade«. In Norddeutschland, in den Küstenregionen Ost- und Nordfrieslands grüßt man sich zum Beispiel »Moin« oder »Moin, Moin«.

»Gute Nacht« – lautet die Verabschiedung vor dem Schlafengehen.

»Mahlzeit« sagen sich Arbeitskollegen, wenn sie sich um die Mittagszeit begegnen. Mit diesem Ausdruck verbinden sie das Grüßen mit dem Wunsch, daß der andere eine gute Mahlzeit genießen möge.

In ihrem »Handbuch für Deutschland« gibt die Beauftragte der Bundesregierung für Migration, Flüchtlinge und Integration auf über 240 Seiten Einblick in das Leben in Deutschland.
Das Handbuch richtet sich an all jene, die nach Deutschland einwandern und sich über ihre neue Heimat informieren wollen.

Die nebenstehende Passage ist dem Handbuch entnommen.

So schreiben Sie das Nachwort zu einem kleinen Universal-Handbuch

Im Gegensatz zum Vorwort eines Universal-Handbuchs (siehe Seite 5) erlaubt es das Nachwort, gleich zur Sache zu kommen.

Auf der Suche nach Ratschlägen und liebevollen Ermahnungen, die Ihnen, geschätzte Leserin, geschätzter Leser, von Nutzen sein könnten, durchstreifte der Autor die Welt, seinen Freundeskreis, das Internet und seine Bibliothek, um all das Nützliche an seinem zuweilen entlegenen Ort aufzuspüren: in den Werken von Schriftstellern, auf Homepages, in bäuerlichen Kochbüchern, in der Bibel, in Gesetzestexten oder in den Köpfen lieber Freunde und Bekannter.

Denken Sie unbedingt daran, all jenen zu danken, die Sie mit Ideen, Anregungen, Zwischenrufen und Beiträgen unterstützt haben. Ohne sie säßen Sie heute noch an Seite 35.

So versteht es sich von selbst, daß vielen Menschen zu danken ist, die am Entstehen dieses Ratgebers beteiligt waren. Allen voran Elisabeth Gronau für die Hilfe bei der Recherche und Cosima Schneider für die liebevolle graphische Gestaltung – durch sie findet dieses Büchlein erst seine wirkliche Form. Oliver Thomas Domzalski gilt es für die Begleitung & Förderung dieses Bandes von Anfang an zu danken. Für Beiträge, Ratschläge, Aufmunterungen, Illustrationen, Gewährung von Nachdruckrechten und penibles Korrekturlesen wiederum dankt der Autor Maria Ankowitsch und Ulrike Fiebrandt, Bettina Schneuer, Werner Gruber, Katharina Hagena, Christof Siemes, André Müller, Annette Humpe, Heinrich Ankowitsch, Armin Wolf, Ludwig Rauch, Frauke Hunfeld, Christian Luckey, Jörg Metes, Leoni Hof, Tex Rubinowitz, Almut Ernst & Armand Grüntuch, Franz Schuh, Michael Schneuer, Eva Wendel & Pit Stenchoff, Matthias Estel, Andreas Karner, Richard Bamberger, Alexandra von Rehlingen und Renate Vasold.

Laden Sie Ihre Leser ein, Ihnen via E-Mail Anregungen zukommen zu lassen und die Meinung zu sagen. Sie werden sich wundern, was Ihren Lesern alles einfällt und was sie entdecken; Sie werden wünschen, all das schon vorher gewußt zu haben – selbst dann, wenn man Sie ein wenig zaust und neckt.

Der Autor hat sich bemüht, Fehler nach bestem Wissen und Gewissen zu vermeiden; allein, er fürchtet, daß sich die eine oder andere Unkorrektheit eingeschlichen haben könnte. Sollten Sie einen dieser Fehler aufspüren, Einwände gegen die Auswahl der Bucheinträge resp. Anregungen für spätere Ausgaben haben – zögern Sie bitte nicht, dem Autor eine E-Mail zu senden. Er versteht sie als eine Form der Anteilnahme an diesem Büchlein, die Zuneigung sehr nahe kommt; für den Fall, daß Sie dieser Interpretation vorbeugen wollen, lassen Sie es bitte an deutlichen Worten nicht fehlen. Herzlichen Dank im voraus für Ihre Nachrichten.

Nennen Sie Ort & Datum, zu dem Sie das Nachwort verfaßt haben – das weist dezent auf den Stand der Informationen in Ihrem Buch hin und bietet Anlaß für die eine oder andere Ausrede.

Dr. Christian Ankowitsch
Berlin, im Juli 2005

drankowitsch@universalhandbuch.de
www.universalhandbuch.de

Polemisieren Sie ein bißchen gegen die neue Rechtschreibung, ohne dogmatisch zu werden.

PS: Das Buch folgt – so der Autor durch die neue Rechtschreibung nicht schon ganz irre geworden ist – der alten; dies als Kritik an der neuen Rechtschreibung zu interpretieren ist durchaus im Sinne des Verfassers und seines Lektors.

Index